Florian Kreutzer

Stigma »Kopftuch«

Zur rassistischen Produktion von Andersheit

(unter Mitarbeit von Sümeyye Demir)

[transcript]

Bibliografische Information der Deutschen Nationalbibliothek
Die Deutsche Nationalbibliothek verzeichnet diese Publikation in der Deutschen Nationalbibliografie; detaillierte bibliografische Daten sind im Internet über http://dnb.d-nb.de abrufbar.

Umschlaggestaltung: Kordula Röckenhaus, Bielefeld
Printed in Germany
Print-ISBN 978-3-8376-3094-7
PDF-ISBN 978-3-8394-3094-1

Gedruckt auf alterungsbeständigem Papier mit chlorfrei gebleichtem Zellstoff.
Besuchen Sie uns im Internet: *http://www.transcript-verlag.de*
Bitte fordern Sie unser Gesamtverzeichnis und andere Broschüren an unter: *info@transcript-verlag.de*

Inhalt

Vorwort

Als ich nach dem 11. September 2001 mit Studierenden der Rice University in Houston/Texas über das Tragen des Kopftuchs in verschiedenen europäischen Ländern diskutierte, fanden bei jenen die Diskriminierungen gegen das Kopftuch keinerlei Akzeptanz: In der nächsten Seminarstunde erschienen einige Studentinnen demonstrativ mit einem Kopftuch. Im Wintersemester 2006/2007 erlebte ich in einem Seminar mit Lehramtsstudenten an der Universität Stuttgart die umgekehrte Reaktion: Die Studierenden hatten den sogenannten „Radikalenerlass" von 1972, durch den die Mitgliedschaft in einer als verfassungsfeindlich eingestuften Organisation – insbesondere aber in der Deutschen Kommunistischen Partei (DKP) – zu einer Verweigerung der Einstellung im öffentlichen Dienst führen konnte, m.E. zu Recht kritisiert. Meine Behauptung, dass das Gesetz gegen ostentative religiöse Symbole – insbesondere aber gegen das Kopftuch – für Lehrerinnen im staatlichen Bildungswesen Baden-Württembergs das gegenwärtige Äquivalent zum damaligen Radikalenerlass sei, löste heftige Empörung aus: Hier handele es sich um unterdrückte Frauen, um ein Symbol des islamischen Fundamentalismus und Terrorismus, das man den Schülern nicht zumuten könne. Keine der sich gegen die kopftuchtragenden Lehrerinnen erregenden Lehramtsstudentinnen kannte jedoch eine solche Frau persönlich.

Als sich Sümeyye Demir bei mir im Frühjahr 2012 für ein siebenmonatiges Praktikum im Rahmen meines Projektes „Berufsrückkehrerinnen: Die Vereinbarkeit von Familie und Beruf" vorstellte, wurden wir uns sogleich über den zentralen Inhalt ihres Praktikums einig: Sie würde (verschleierte) Frauen mit türkischem Migrationshintergrund interviewen, die versuchen, Kindererziehung und Erwerbstätigkeit miteinander zu vereinbaren. Die von ihr durchgeführten zwanzig Interviews mit verschleierten Frauen stellen die empirische Grundlage dieser Studie dar. Ihrer Mitarbeit gilt daher an erster Stelle mein Dank, denn ohne Sümeyye Demir wäre das Buch nicht entstanden.

Erst in den Jahren 2013/14 fand ich dann Zeit, auf dieser Basis die vorliegende Studie zu schreiben. Der Hochschule der Bundesagentur für Arbeit (HdBA) danke ich für die Übernahme der Druckkosten. Für die kritischen Diskussionen, die Erstellung des Typoskripts sowie das Korrektorat möchte ich Bushra Mahmood, Alexandra-Elena Iuga, Laura Beckmann, Imegyul Taratun und Camila Heinisch danken. Das Buch möchte ich den Frauen widmen, die in ihm zu Wort kommen.

Mannheim, Dezember 2014

1. Die Stigmatisierung des Kopftuchs

1.1 Rhetorische Modernisierung und kolonialer Diskurs

Ende des Jahres 2014 demonstrierten in Dresden jeden Montag zunächst hunderte, dann tausende, schließlich zehntausend und mehr Menschen „gegen die Islamisierung des Abendlandes".[1] Mit dem Ruf „Wir sind das Volk" knüpfen die PEGIDA-Anhänger an die Montagsdemonstrationen am Ende der DDR an, kehren deren Inhalt jedoch um: Es geht Ihnen nicht um eine Öffnung der Grenzen, im Gegenteil, sie fordern die Schließung der Grenzen gegenüber Zuwanderern. Die ethnische Einheit Deutschlands ebenso wie die kulturelle Einheit Europas markieren sie mittels einer religiösen Differenz: Sie grenzen die Identität eines christlichen Abendlandes gegenüber einem muslimischen Anderen ab. Die Integration der Zuwanderer in die deutsche Gesellschaft soll durch Assimilation erfolgen, d.h. durch Aufgabe der Herkunftskultur und Übernahme der deutschen Kultur, was der zur gleichen Zeit erhobenen Forderung der CSU entspricht, dass Migranten angehalten werden sollen, zu Hause Deutsch zu sprechen.

In Dresden und anderen Orten wird gegen die relativ offene und multikulturelle Gesellschaft, in der wir in Deutschland und Europa (noch) friedlich zusammen leben, demonstriert – und es ist unserer aller Aufgabe, Farbe zu bekennen und dagegen zu demonstrieren. Die Islamfeindlichkeit, die in Dresden und

1 Das Akronym PEGIDA, mit dem sich diese Anti-Islam-Bewegung bezeichnet, steht für „Patriotische Europäer gegen die Islamisierung des Abendlandes"1.

anderen deutschen Städten auf die Straße geht, wird im öffentlichen Gegen-Diskurs mitunter als rassistisch bezeichnet, da sie auf herabmindernden stereotypen Vorurteilen beruht und keinerlei Bereitschaft zu einem differenzierten offenen Dialog erkennen lässt.[2] Es handelt sich dabei um einen sich (noch) selbst verleugnenden Rassismus, der (leicht durchschaubar) verschleiert, was er praktiziert, indem er sich im scheinheiligen Duktus der sozialen Fürsorge präsentiert: So wird die Forderung einer „Pflicht zur Integration“ mit der Forderung nach mehr Polizei *und* mehr Sozialarbeitern verbunden.[3] Ebenso wird die Gleichsetzung des Islamismus als *pars pro toto* des Islam einerseits praktiziert und andererseits so getan, als würden Unterschiede gemacht: Dabei wird die Behauptung einer wie auch immer gearteten eigenen Identität offensichtlich erst durch die Abgrenzung gegenüber den Fremden möglich.

Die eklatanten Widersprüche, die sich dabei auftun, legen das generative Muster des Handelns offen. Im Bundesland Sachsen, in dem 80 Prozent der Bürger keine Christen sind, in dem der Ausländeranteil mit 2,5 Prozent vergleichsweise sehr gering ist und in dem es mit 0,1 Prozent so gut wie keine Menschen muslimischen Glaubens gibt, entsteht eine Bürgerbewegung gegen Überfremdung durch Ausländer und gegen eine Islamisierung des Abendlandes.[4] Bereits diese wenigen Zahlen deuten an, dass es sich hier nicht um eine auf gelebter Identität und Erfahrungen basierende Positionierung, sondern um die Übertragung und Verschiebung eines sozialen Konfliktes auf eine angesichts des medialen Diskurses bereits als radikal, gewalttätig und frauenfeindlich stereoty-

2 Vgl. dazu z.B. „Neues aus der Tabuzone“ (DIE ZEIT 52/2014), „Pegida ist eine Schande für Deutschland“ (Süddeutsche.de, 14.12.2014) oder „Pegida Märsche gegen Ausländer: Demonstrativer Irrsinn“ (Spiegel online, 16.12.2014).

3 Siehe „Positionspapier der PEGIDA“ im Internet.

4 Vgl. DER SPIEGEL 51/2014, S. 25; FAZ 16.12.2014, S. 2. Und laut DIE ZEIT sind nur 0,4 Prozent der Asylantinnen und Asylanten in Sachsen Muslime (17.12.2014, S.3). In Deutschland leben insgesamt ca. fünf Prozent, das sind ca. 4 Millionen Muslime (Gamper 2011:19; Haug/Müssig/Stichs 2009). Kai Hafez und Sabrina belegen mittels der Daten des Religionsmonitors, dass sich islamfeindliche Stereotype und Feindbilder gerade dort ausbreiten können, wo sie durch keine persönlichen Kontakte relativiert werden: „Negative Stereotype und Feindbilder entstehen durch selektive Wahrnehmung, die aus der Distanz sehr viel einfacher aufrechtzuerhalten ist als im direkten Miteinander.“ Diese fehlenden Kontaktmöglichkeiten gelten für Ostdeutschland ebenso wie für die ländlichen Gebiete: „Während in eher ländlichen Gebieten 57 Prozent der Befragten angeben, sich vom Islam bedroht zu fühlen, sind es in den großstädtischen Gebieten nur 43 Prozent“ (dies. 2015: 52f.; auch 57-59).

pisierte und stigmatisierte Religion und Gruppe handelt (Schiffer 2005a/b; 2010; Shooman 2014).

Das generative Muster dieses Handelns haben Norbert Elias und John L. Scotson in ihrer Gemeindestudie über „Etablierte und Außenseiter" dargestellt: In dieser wird die gesellschaftliche Außenseiterposition der etablierten Arbeiterfamilien überwunden, indem die neu in die Gemeinde hinzugekommenen Arbeiterfamilien zu Außenseitern erklärt werden (dies. 1965). Die sozioökonomische Außenseiterposition und Stigmatisierung der ehemaligen Bürgerinnen und Bürger der DDR als später zur BRD Hinzugekommene wird von einigen wenigen dadurch kompensiert, dass sie die zugewanderten Ausländerinnen, Asylanten und Musliminnen zu den Außenseitern erklären, die ihre kulturelle Identität bedrohen würde.[5] Und so wie die neu hinzugezogenen Arbeiterfamilien durch die alteingesessenen, etablierten Arbeiterfamilien stigmatisiert wurden, indem die Beispiele schlechten Verhaltens zum *pars pro toto* für alle neu hinzugezogenen Familien gemacht wurden, so dient ein stereotypes Bild des Islamismus dem Rechtspopulismus (der PEGIDA-Bewegung) zur Stigmatisierung der muslimischen Bevölkerung.

Dieser Mechanismus, der die Guten der eigenen Gruppe zum *pars pro toto* des Eigenen und die Schlechten der anderen Gruppe – d.h. die radikalen Islamis-

5 Während die Kompensation der ethnischen Stigmatisierung der Ostdeutschen in der deutschen Gesellschaft das Entstehen einer rechtspopulistischen Bewegung „gegen die Islamisierung des Abendlandes" in Dresden zum Teil erklären mag, sind es vor allem sozioökonomische Abstiegserfahrungen oder -ängste, die eine solche Bewegung in beiden Teilen Deutschlands nachhaltig gefährlich machen können. Mit anderen Worten: Die zunehmenden vertikalen Spannungen zwischen den oberen und unteren Schichten in unserer Gesellschaft und die damit verbundenen sozioökonomischen Abstiegserfahrungen und -ängste sind Ansätzen der „relativen Deprivation" zufolge der entscheidende Auslöser für horizontale Konflikte zwischen den verschiedenen Segmenten und Gruppen einer Gesellschaft (vgl. Hafez/Schmidt 2015: 45). Und dies trifft für die deutsche Gesellschaft ebenso zu wie für andere europäische Gesellschaften – und für die westdeutsche nicht weniger als für die ostdeutsche (vgl. Zick et al. 2011). Es wäre daher vollkommen verfehlt, die Problematik der PEGIDA-Bewegung als eine lediglich ostdeutsche zu deuten. In Dresden gehen tausende Menschen aufgrund der kollektiven Erfahrungen sozioökonomischer Abstiegsängste und Empfindungen der Bedrohung der eigenen Identität (d.h. der Stigmatisierung, vgl. Goffman 1963) auf die Straße; andernorts ist dies in jener kollektiven Geschlossenheit zwar (noch) nicht der Fall – das kann sich jedoch sehr schnell ändern, denn Sarrazins Bestseller „Deutschland schafft sich ab" wurde überall verkauft (vgl. Hentges 2014; Butterwegge 2014).

ten – zum *pars pro toto* der Anderen erklärt, macht den Weg zur Idealisierung des Eigenen und zur Herabminderung der Anderen frei. Je geringer die Kenntnisse des Christentums zum einen und die konkrete Erfahrung mit Muslimen zum anderen sind, desto einfacher wird es, sich mit dem Christentum zu identifizieren, um den Islam abzulehnen. Wie haltlos die Behauptungen und Forderungen der PEGIDA-Bewegten sind, zeigt ihr beredtes Schweigen, ihre Unfähigkeit zum Dialog. Wie sehr es sich dabei um den Versuch handelt, das selbst empfundene sozioökonomische Außenseitertum und dessen Stigmatisierung zu überwinden, wird insbesondere an den Führungspersonen deutlich, die nur innerhalb der Bewegung akklamatorische Zustimmung und damit lautstarkes Charisma durch die Gruppe genießen, während sie von außen als „Rattenfänger“ bezeichnet werden, denen zu folgen eine Schande sei.[6]

Das Auftreten einer Anti-Islam-Bewegung zeigt die Aktualität der Problematik, die Thema dieser Studie ist. Die in dieser Studie am Beispiel des Kopftuchs untersuchte Fremdenfeindlichkeit und deren in der Tendenz rassistischen Praktiken sind schon seit langem in der deutschen Gesellschaft präsent, ohne dass sie dadurch an Virulenz und Dynamik verlieren würden – und dies im Westen wie im Osten, in der Mitte der Gesellschaft ebenso wie in den oberen und unteren Schichten, im politischen ebenso wie im medialen Diskurs (ausführlicher dazu die Abschnitte 1.2 und 1.3).

Die Fragestellung dieser Studie lautet, wie die stereotype Stigmatisierung des Kopftuchs zu einer rassistischen Produktion von Andersheit führt. Der Schleier, so die korrekte Bezeichnung für das muslimische Kopftuch, wird dabei zu einem Symbol für das, was die hegemoniale Mehrheitsgesellschaft für den Islam hält. Angesichts dieser rassistischen Produktion von Andersheit wird jedoch auch deutlich, wie verschleierte Frauen um Anerkennung kämpfen und durch ihre Lebensgeschichte und ihr alltägliches Handeln jene Stigmatisierungen konterkarieren. So machen die Erzählungen der interviewten Frauen deutlich, dass sie sich in ihrer Art und Weise Familie und Beruf zu vereinbaren nicht wesentlich von anderen Frauen unterscheiden. Je mehr sie sich jedoch beruflich in die Mitte der deutschen Gesellschaft bewegen, desto offensichtlicher sind die Diskriminierungen, die sie aufgrund der Sichtbarkeit des Schleiers erfahren. So werden einerseits die Praktiken des *doing race* und *racial othering* sichtbar, die mit der Stigmatisierung des Schleiers verbunden sind; andererseits durchkreuzen die verschleierten Frauen jedoch jene Praktiken durch ihr Handeln, das wir somit als

6 Siehe zu Charisma und Schande als Qualitäten, die jemand nicht *ad personam* hat, sondern von einer Gruppe zugeschrieben werden, den Vortrag von Norbert Elias über „Gruppencharisma und Gruppenschande“, den er auf dem Soziologentag 1964 hielt (dokumentiert in ders. 1964 und 1998).

undoing difference bzw. *undoing race* interpretieren können (vgl. Hirschauer 2014). Als eine kleine Minderheit können sie die Diskriminierungen der Mehrheitsgesellschaft jedoch nicht ungeschehen machen. Daher sollen in dieser Studie nicht nur das Unterlaufen der Stigmatisierung durch die interviewten Frauen, sondern auch die Möglichkeit eines „Ungeschehen-machen" der Stigmatisierung durch die Mehrheitsgesellschaft reflektiert werden.

Die Integration in moderne Gesellschaften erfolgt ganz wesentlich über die Teilhabe an Bildung und Erwerbsleben. Dies gilt für muslimische Frauen, die ein Kopftuch tragen, ebenso wie für alle anderen Mitglieder der Gesellschaft. Daher haben wir für diese Studie biographische Interviews mit verschleierten Frauen mit türkischem Migrationshintergrund durchgeführt (siehe zur empirischen Methode und Grundlage dieser Studie ausführlich Abschnitt 1.4). Thematisiert werden insbesondere deren Bildungs- und Erwerbserfahrungen sowie die Vorstellungen und Möglichkeiten der Vereinbarkeit von Familie und Beruf. Das narrative Interview erschließt die subjektiven Erfahrungen, Handlungs- und Deutungsmuster dieser Frauen, über die oft geschrieben wird, ohne dass sie selbst zu Wort kommen. Ein wesentliches Anliegen dieser Studie ist es daher, den subjektiven Erfahrungen der Frauen eine Stimme zu geben.

Der Schleier, das von einer Muslima getragene Kopftuch, ist ein komplexes und umkämpftes Symbol, das vielen verschiedenen Deutungen unterliegt. Das muslimische Kopftuch wird so zum Signifikant von widersprüchlichen Bedeutungen, die miteinander im Konflikt stehen. Was der öffentliche Diskurs als Kopftuch bezeichnet, ist für die Muslima ein Schleier, der den Akt der Verschleierung als eine symbolische Handlung sichtbar macht.[7] Der Schleier ist ein sowohl religiöses als auch politisches Symbol, das in den verschiedenen Geschlechter- und Wissensordnungen des Islam und des Christentums, des Westens und des Ostens durchaus unterschiedlich verwendet und interpretiert wird (vgl. Braun von/Mathes 2007). Diese Studie kann weder das Wesen des Schleiers klären noch will sie dessen widersprüchliche Mehrdeutigkeit hinsichtlich der einen oder anderen Seite auflösen. Denn bei jedem Versuch, das Wesen des Schleiers durch eine Definition, d.h. eine Reduktion auf eine (Be-)Deutung zu klären, kann es sich nur um eine weitere Interpretation unter anderen handeln. Die diskursive Intervention dieser Studie zielt daher nicht auf eine Auflösung der (widersprüchlichen) Mehrdeutigkeit des Schleiers. Anstatt dessen lautet unsere zentrale Frage, welche Chance verschleierte Muslima haben, sich in die deutsche Gesellschaft zu integrieren. Indem wir die Vereinbarkeit von Familie und Beruf

7 Wenn wir in dieser Studie vom Kopftuch sprechen, so bezeichnen wir damit das muslimische Kopftuch, d.h. den Schleier.

ins Zentrum der narrativen Interviews stellen, erschließen wir diese Integrationschancen über die Schnittstelle zwischen beruflichem und familiärem Leben.

Der Schleier als zentrales Symbol des kulturellen Konflikts hat eine lange Geschichte, die im öffentlichen Diskurs verdrängt wird. Dabei ist gerade diese nach wie vor für den gegenwärtigen Diskurs über den Umgang mit dem muslimischen Kopftuch prägend. Schon Ende des 19. Jahrhunderts wurde der Schleier zu einem Symbol des kulturellen Konflikts zwischen den Kolonialmächten des Westens und den kolonialisierten Gesellschaften des Ostens (Ahmed 1992: 144-168). Während der Westen das Kopftuch zum Symbol für die Rückständigkeit der islamischen Gesellschaften machte, wurde es für jene zum Symbol des Widerstands gegen die Kolonialmächte. Die Kampagne der englischen Kolonialmacht zur Entschleierung der ägyptischen Frauen war ein Herrschaftsinstrument, um den autochthonen Widerstand gegen die fremde Werteordnung zu brechen. Das Gleiche gilt für die Entschleierungskampagnen der Franzosen in Algerien (Fanon 1965). Für die islamischen Gesellschaften wurde das Kopftuch in diesen Konflikten zu einem Symbol der eigenen Würde und Werteordnung und damit des Widerstands gegen die Kolonialisierung durch den Westen.[8] Franz Fanon hat eindrucksvoll dargestellt, wie durch die Wechselwirkung von Unterdrückung und Widerstand der Schleier zum zentralen Symbol der Differenz zwischen Herrschenden und Unterdrückten wurde:

> „It is the white man who creates the Negro. But it is the Negro who creates negritude. To the colonialist offensive against the veil, the colonized opposes the cult of the veil. What was an undifferentiated element in a homogeneous whole acquired a taboo character, and the attitude of a given Algerian woman with respect to the veil will be constantly related to her overall attitude with respect to the foreign occupation. The colonized, in the face of the emphasis given by the colonialist to this or that aspect of his tradition, reacts very violently." (zitiert nach Fanon 2003: 79)

Das Kopftuch wurde von den Kolonialmächten zum Symbol der Unterdrückung der Frauen in den islamischen Gesellschaften und damit zum Symbol für die Rückständigkeit des Orients gegenüber der westlichen Moderne gemacht. Dadurch wurde es zu einem der zentralen Symbole für jene diskursive Formation,

8 So schreibt Ahmed: „The veil came to symbolize in the resistance narrative, not the inferiority of the culture and the need to cast aside its customs in favour of those of the West, but, on the contrary, the dignity and validity of all native customs, and in particular those customs coming under fiercest colonial attack – the customs relating to women – and the need to tenaciously affirm them as a means of resistance to Western domination." (Ahmed 1992: 164)

die Edward Said mit dem Begriff des „Orientalism“ bezeichnet hat (ders. 1979. Diese diskursive Formation hat bis heute nicht an Aktualität verloren, da sie in den gegenwärtigen Diskursen und sozialen Verhältnissen fortlebt. Leila Ahmed fasst sie in Bezug auf die Stellung der muslimischen Frau wie folgt zusammen:

„Broadly speaking, the thesis of the discourse on Islam blending a colonialism committed to male dominance with feminism – the thesis of the new colonial discourse of Islam centered on women – was that Islam was innately and immutably oppressive with women, that the veil and segregation epitomized that oppression, and that these customs were the fundamental reasons for the general and comprehensive backwardness of Islamic societies. Only if these practices ‚intrinsic' to Islam (and therefore Islam itself) were cast off could Muslim societies begin to move forward on the path of civilization. Veiling – to Western eyes, the most visible marker of differentness and inferiority of Islamic societies – became the symbol now of both the oppression of women (or, in the language of the day, Islam´s degradation of women) and the backwardness of Islam, and it became the open target of colonial attack and the spearhead of the assault on Muslim societies." (Ahmed 1992: 151f.)

Bereits um 1900 handelte es sich beim westlichen Diskurs über den Schleier um das, was Angelika Wetterer in Bezug auf den modernen Gleichstellungsdiskurs als rhetorische Modernisierung bezeichnet hat (dies. 2003). Rhetorische Modernisierung besagt, dass die sozialen Akteure zwar gelernt haben, den diskursiven Erwartungen an die Gleichstellung der Geschlechter dort zu entsprechen, wo dies (für sie) sozial zweckmäßig erscheint, dass diese Rhetorik der Gleichstellung jedoch keine entsprechenden praktischen, sozialpolitischen oder handlungspraktischen Konsequenzen hat. Dieses Doppelgesicht der rhetorischen Modernisierung zeigt sich besonders eindrucksvoll am Beispiel des Kolonialherren Lord Comer. Während er in Ägypten die Entschleierung der islamischen Frau betrieb, war er in England eines der Gründungsmitglieder und unter anderem Präsident der „Men´s League for Opposing Women´s Suffrage“. Mit anderen Worten: Lord Comer kämpfte dort für die Emanzipation der Frauen, wo es ihm als Herrschaftsinstrument gegenüber der ägyptischen Gesellschaft diente, während er zu Hause in der englischen Gesellschaft, in der die Gleichberechtigung der Frauen das Patriarchat zu schwächen drohte, dagegen kämpfte:

„Feminism on the home front and feminism directed against white men was to be resisted and suppressed; but taken abroad and directed against the cultures of colonized peoples, it could be prompted in ways that admirably served and furthered the project of the dominance of the white man." (Ahmed 1992: 153)

Diese nützliche Teilung der Bühnen bzw. *res publica* zeigt die eine Seite der rhetorischen Modernisierung; ihre weitere Doppelbödigkeit zeigt sich im Widerspruch zwischen Rhetorik und Praxis. Comers emanzipatorische Rhetorik widersprach der bildungs- und sozialpolitischen Praxis gegenüber den Frauen, die er vom Schleier zu befreien vorgab. Denn die kolonialen Kampagnen zur Entschleierung der Frau fanden keine Entsprechung in einer emanzipatorischen Bildungs- und Sozialpolitik. Im Gegenteil: Frauen wurden durch britische Regulierungen aus der Ausbildung zur Ärztin und damit der Profession der Ärztin verdrängt, zu der sie zuvor Zugang hatten (ebd.). Wie für Lord Comer so galt auch für den ägyptischen Autor des Buches „*Tahrir Al-Mar'a – The Liberation of Women*" aus dem Jahr 1899, dass die von den Kolonialmächten propagierte Entschleierung der islamischen Frauen nicht zu einer politischen und alltagspraktischen Gleichstellung der Geschlechter führen sollte (ebd.). Die Rhetorik der Emanzipation durch Entschleierung fand daher keine Entsprechung in einer lebenspraktischen, bildungs- und sozialpolitischen Unterstützung der muslimischen Frauen.

Diese Trennung der diskursiven Bühnen und die sozialpolitische bzw. handlungspraktische Doppelbödigkeit der rhetorischen Modernisierung zeigen sich auch im heutigen Diskurs über das Kopftuch (vgl. Amir-Moazami 2007; Scott 2007). Die Modernisierungsrhetorik gegenüber kopftuchtragenden Frauen ist bei den (rechten) Gruppierungen und Parteien, die in der sozialpolitischen und praktischen Emanzipation der Frauen in der eigenen Gesellschaft vergleichsweise zurückhaltend sind, ausgesprochen prononciert. So demonstrieren die „Patriotische[n] Europäer gegen die Islamisierung des Abendlandes" in ihrem „Positionspapier" einerseits „FÜR den Widerstand gegen eine frauenfeindliche, gewaltbetonte politische Ideologie", andererseits aber „GEGEN dieses wahnwitzige ‚Gender Mainstreaming'", das sie auf die „nahezu schon zwanghafte, politisch korrekte Geschlechtsneutralisierung unserer Sprache" reduzieren.[9]

Sie agieren damit ganz im Rahmen des hier dargestellten kolonialen Musters, dass sich bei den Anderen angeblich für die Gleichberechtigung der Frauen einsetzt, in der eigenen Sprache und Kultur, im eigenen Land, im eigenen Haus und bei den eigenen Frauen jedoch die bereits zu weitgehende und daher überzogene Gleichstellung der Frauen zurückdrängen möchte. Die Befreiung der fremden Frauen als ein Akt der Entschleierung korrespondiert mit der kürzesten aller PEGIDA-Positionen: „FÜR sexuelle Selbstbestimmung!". Auf den Gedanken, dass es den PEGIDA-Bewegten um eine Anerkennung von Homo- und Transsexuellen oder die sexuelle Selbstbestimmung des fremden Mannes gehen könnte, würde niemand kommen. Dieses „FÜR" steht für die sexuelle Selbstbe-

9 Siehe „Positionspapier der PEGIDA" im Internet.

stimmung der anderen, fremden, verschleierten Frau im Sinne der in unserer Gesellschaft praktizierten Mode und postkonventioneller Sexualverhältnisse; insbesondere aber der Pornographie und marktwirtschaftlich liberalisierten Kommerzialisierung der Sexualität wie sie in der Sexualisierung der Werbung und der Deregulierung der Prostitution betrieben wird.[10] Ganz unverblümt geht in diesem wahrscheinlichsten aller Subtexte die Entschleierung der fremden Frauen in deren Entkleidung, Entrechtung und Benutzung zur sexuellen und sozioökonomischen Ausbeutung über. Denn es geht weder um die „Selbstbestimmung" der (verschleierten) Frauen noch deren Schutz; es geht um das genaue Gegenteil, um die (hegemoniale) Verfügbarmachung der Fremden für die eigenen Bedürfnisse und Interessen.

Diese an den eigenen Bedürfnissen und Interessen orientierte Doppelbödigkeit zeigt sich nicht zuletzt auch darin, dass wir verschleierte Muslima als Reinigungskräfte unsere Schulen und Kindergärten putzen lassen, ihnen jedoch in vielen Bundesländern den Zugang zum Beruf der Lehrerin und Erzieherin verweigern (in Hessen sogar zum gesamten öffentlichen Dienst, vgl. Berghahn/Rostock 2009). Während sich die Integration in die Arbeitswelt „ganz unten" mit der Verschleierung verträgt und das Kopftuch bei den ungelernten, schlecht bezahlten, wenig angesehenen und prekären Jobs kein Problem darstellt, wird der Zugang zur qualifizierten, besser bezahlten, angesehenen und inklusiv wirkenden Berufsarbeit verweigert oder doch zumindest erschwert. Als Gegenleistung für die Inklusion in die mit Rechten, Status und Prestige ausgestattete Berufsarbeit wird von der muslimischen Frau die Assimilation, insbesondere aber die Entschleierung als Anpassung an die Mehrheitsgesellschaft verlangt. Die Entschleierung wird so zu einem Akt der Unterordnung unter den Habitus der Mehrheitsgesellschaft.

Die Stigmatisierung und Diskriminierung der kopftuchtragenden Muslima erfolgt sowohl als Ausgrenzung als auch als Abwertung: Als Zeichen der kulturellen Fremdheit und Andersheit wird der Schleier zugleich zu einem Kriterium der Ablehnung der ihn tragenden Frauen und der Entwertung ihrer beruflichen Eignungen und Kompetenzen. Die rhetorische Modernisierung wird dadurch zu einer paradoxen Praxis. Denn die Ausgrenzung der verschleierten Muslima aus der sozial inkludierenden Berufsarbeit erfolgt im Namen der Emanzipation und Gleichberechtigung. Diese paradoxe Praxis führt folglich zu einer verkehrten Welt, in der es zu einer Umkehrung der Werte der Emanzipation und Gleichberechtigung in deren Gegenteile kommt.

10 Zu den durchaus vom Eigeninteresse geleiteten Verbindungen des PEGIDA-Anführers Lutz Bachmann zur Prostitution siehe den Artikel in der Sächsischen Zeitung: „Das krumme Leben des Pegida-Chefs", vom 02.12.2014.

An dieser Stelle setzt unsere Studie an. Sowohl anhand der Einzelfallstudien im zweiten Kapitel als auch an den systematischen Analysen im dritten Kapitel werden wir zeigen, wie die Praktiken der stigmatisierenden Diskriminierung zur Ausgrenzung und Abwertung der kopftuchtragenden Frauen führen. Dies geschieht nicht, indem wir nach der Bedeutung des Kopftuchs fragen und darüber entscheiden, ob es sich um ein Symbol der Unterdrückung oder des Widerstandes, der Ungleichheit der Geschlechter oder der Behauptung muslimischer Identität handelt. Stattdessen fragen wir nach den Chancen, die kopftuchtragende Muslima haben, sich in die deutsche Gesellschaft beruflich zu integrieren, und welche Formen der Anerkennung oder Diskriminierung sie dabei erfahren.

Die zentrale Fragestellung der Interviews lautet: Welche Erfahrungen machen kopftuchtragende Frauen, die in Deutschland Familie und Beruf vereinbaren wollen?[11] Der Ausgangspunkt unserer Untersuchung sind die biographischen und alltagspraktischen Erfahrungen der Frauen, bei denen es sich um erzählte Erfahrungen im Kontext einer diskursiven Ordnung handelt. Den Kontext dieser Erfahrungen bildet eine koloniale, hegemoniale, diskursive Ordnung, in welcher der Westen als Agent der Modernisierung dem zurückgebliebenen Osten bzw. Orient übergeordnet und das westliche Ideal der Gleichstellung der Geschlechter im Gegensatz zur Unterordnung bzw. Unterdrückung der Frauen in der islamischen Gesellschaft behauptet wird. Die Frauen begegnen diesem kolonialen Diskurs als subalterne, muslimische Migrantinnen in einer hegemonialen, christlich geprägten, tatsächlich aber weitgehend säkularisierten Gesellschaft. Von der Frage nach der Vereinbarkeit von Familie und Beruf ausgehend, sind wir aufgrund der besonderen Situation der kopftuchtragenden Muslima zur zweiten zentralen Fragestellung unserer Studie gelangt: Handelt es sich bei den Erfahrungen der Diskriminierung, Entwertung und Ausgrenzung, von denen die Frau-

11 Wir sind von der Fragestellung nach der Vereinbarkeit von Familie und Beruf ausgegangen, da wir die Interviews mit den kopftuchtragenden Muslima im Kontext eines größeren Projektes zur Berufsrückkehr durchgeführt haben. In dessen Rahmen haben wir ca. einhundert weitere Interviews mit Berufsrückkehrerinnen durchgeführt, die *kein* Kopftuch tragen (Kreutzer 2014a). Diese einhundert Interviews mit Berufsrückkehrerinnen (mit und ohne Migrationshintergrund) dienen uns als Vergleichsgruppe zu den zwanzig Kopftuchträgerinnen, die in dieser Studie untersucht werden. Die Ausgangsfrage nach der Vereinbarkeit von Familie und Beruf wurde bei den kopftuchtragenden Muslima im Zuge der Auswertung der Interviews sehr stark durch die Fragestellung nach den Praktiken der rassistischen Diskriminierung ergänzt, sodass die vorliegende Studie beide Fragestellungen miteinander verbindet.

en in den Interviews erzählen, um Praktiken des *doing race* bzw. des *racial othering*?

Rassismus wird durch rassistische Diskurse und Stigmatisierungen sozial hergestellt (vgl. Hund 1999, 2007). Im Alltag wird Rassismus durch rassistische Praktiken, die wir auch als *doing race* bzw. mit *racial othering* bezeichnen, und die sich gegen eine subalterne Gruppe richten, von den Herrschenden (bzw. der Mehrheit) (re-)produziert.[12] Rassistische Diskriminierungen werden durch den Rassismus einer herrschenden Gruppe zu einer äußerst wirkungsmächtigen sozialen Realität. Dies gilt für den ethnisch-kulturell konzipierten (z.B. antisemitischen und antimuslimischen) Rassismus ebenso wie für den biologisch, genetisch-phänotypisch verfahrenden Rassismus (z.B. der Hautfarbe). Tatsächlich besteht zwischen den beiden Rassismen eine enge Wechselwirkung: Der eine Rassismus tritt nicht ohne den anderen auf, da der Rassismus der (Haut-)Farben jene mit ethnisch-kulturellen Auf- und Entwertungen versieht (Fanon 1967), während z.B. der antisemitische Rassismus phänotypische Merkmale (wie z.B. den jüdischen Körper, das jüdische Blut oder die jüdische Nase) erfindet, um seine rassistischen Diskriminierungen biologisch zu begründen (Gilman 1992). Die Frage lautet daher: Handelt es sich beim Kopftuch um ein solches phänotypisches Merkmal eines ethnisch-kulturellen, antiislamischen Rassismus?

Den Ausgangspunkt dieser Überlegungen bildet die Umkehrung des Verhältnisses von Rasse und Rassismus: Rassismus geht weder von phänotypischen Merkmalen aus, noch basiert er auf diesen. Die diskriminierenden Merkmale werden erst durch rassistische Handlungen, Definitionen und Zuschreibungen erzeugt und stereotypisiert (vgl. Hund 1999, 2007). Die Produktion rassistischer Andersheit führt zu sozialen Konstruktionen, die als soziale Unterscheidungen jedoch äußerst schwer zu hinterfragen sind, wenn sie in der gesellschaftlichen Ordnung, deren sozialen Diskursen und Alltagshandeln so verankert sind, dass sie implizit, unbewusst und als Selbstverständlichkeiten reproduziert werden.

Die Definition von *racial discrimination* durch die Vereinten Nationen aus dem Jahr 1965 „umfasst 'any distinction, exclusion, restriction or preference based on race, colour, descent, or national or ethnic origin', durch die jemand bei

12 Den Begriff und das Konzept des *doing race* verwenden wir in Anlehnung an den Begriff und das Konzept des *doing gender* im Besonderen und *doing difference* im Allgemeinen (vgl. West/Zimmermann 1987, West/Fenstermaker 1995). *Doing race* bedeutet dann, dass das *racial othering*, die rassistische Produktion der Anderen, durch soziale Praktiken erfolgt. *Doing difference*, das Herstellen einer sozialen Differenz impliziert jedoch auch immer die Möglichkeit des *Undoing*, des Durchkreuzens und Ungeschehen-Machens einer Unterscheidung, sei es einer geschlechtlichen oder rassistischen Differenz (vgl. Hirschauer 2014).

der Ausübung der Menschenrechte eingeschränkt werden könnte" (Banton 2002: 47; zitiert nach Hund 2007: 5). Im Unterschied zu dieser Begründung der Rassen auf natürlicher Ungleichheit gehen wir davon aus, dass rassistische Diskriminierungen durch ihren Vollzug immer zugleich das erzeugen, von dem sie ausgehen, auf dem sie angeblich basieren, wodurch sie sich legitimieren. Wenn jedoch die rassistische Diskriminierung ihren Gegenstand selbst erzeugt, dann kann das *racial othering* nicht nur potentiell alle, jede und jeden betreffen. Dann beteiligen wir alle uns fast unweigerlich am *doing race*. Die Frage nach dem „Was", d.h. dem kategorialen Gegenstand des Rassismus, verschiebt sich dann zu einer Frage nach dem „Wie", d.h. nach der Art und Weise in der unsere Handlungen zu rassistischen Diskriminierungen werden. Und die Frage danach, „wer" ein Rassist ist und wer nicht, wird so zur Frage, „wie" wir den Rassismus in unseren eigenen Praktiken sowie in den diskursiven und institutionellen Ordnungen sozialer Ungleichheit überwinden können.

Verstehen wir Rassismus nicht als eine Entgleisung, sondern als eine strukturelle Dimension sozialer Ungleichheit, so geht es nicht um den Rassismus der „Anderen"; es geht darum, dass wir uns alle unserer rassistischen Praktiken bewusst werden und lernen, diese nach Möglichkeit zu unterlassen (vgl. Kalpaka/Räthzel 2000; Scherschel 2011; Markom 2014). So reflektiert Susan Arndt unser aller Verhältnis zum Rassismus wie folgt:

> „Es geht hier nicht um Schuldzuweisungen. Es geht darum anzuerkennen, dass Rassismus – analog zum Patriarchat im Falle der Geschlechterkonzeption – ein komplexes Netzwerk an Strukturen und Wissen hervorgebracht hat, das uns – im goldenen Maßstab – sozialisiert und prägt. Es handelt sich nicht einfach nur um ein passives Nicht-Wissen, mit dem Rassismus auf die eine oder andere Weise weggeredet wird. Vielmehr ist das Nicht-Wahrnehmen von Rassismus ein aktiver Prozess des Verleugnens, der durch das weiße Privileg, sich mit Rassismus nicht auseinander setzen zu müssen, gleichermaßen ermöglicht wie abgesichert wird." (Arndt 2014: 19)

Anders als Arndt glaube ich nicht, dass wir den Rassismus als solchen jemals endgültig vertreiben oder „ins Verderben schicken" können – wahrscheinlich glaubt sie es auch nicht, wünscht es sich aber wie wir alle (ebd.). Wenn rassistische Praktiken die potentielle Kehrseite der sozialen Ungleichheiten unserer Gesellschaft darstellen, dann werden wir wohl unter Übel mit ihm leben müssen. So wie es jedoch einen großen Unterschied macht, welcher Art und welchen Ausmaßes die sozialen Ungleichheiten sind, die unser Handeln in der Gesellschaft prägen, so sind der Grad des Rassismus und dessen Praktiken in verschiedenen sozialen Einheiten über die Zeit verschieden stark ausgeprägt. Handelt es sich bei der endgültigen Überwindung des Rassismus um eine politische Utopie, so erfordert die Erhaltung und Entwicklung einer offenen, multikulturellen, sozial gerechten und demokratischen Gesellschaft die tagtägliche Durchkreuzung von Rassismus in unseren sozialen Praktiken ebenso wie die Veränderung sozialer Strukturen, die ein rassistisches Handeln begünstigen. Denn ein an den Menschenrechten orientiertes Handeln sollte dazu führen, dass wir Rassismus und rassistische Praktiken überwinden (vgl. Bielefeldt 1998; 2003, 2007, 2008).

Wir können explizit rassistische Handlungen, die bewusst und fokussiert erfolgen, von impliziten Praktiken unterscheiden, die sich ihrer rassistischen Dimension nicht bewusst sind und meistens weder gewillt noch in der Lage sind, jene zu reflektieren. Dabei wird keiner behaupten, dass ein explizites rassistisches Handeln besser sei als ein solches, dass sich seiner eigenen rassistischen Prägung nicht bewusst ist. Ein rassistischer Hintergrund unserer Handlungen liegt immer dann vor, wenn wir jemanden aufgrund einer allgemeinen, stereotypen Zuschreibung und Gruppenzugehörigkeit benachteiligen und herabmindern. Leider tun wir dies fast unweigerlich, da unsere Gesellschaftsordnung und damit unsere Handlungen hierarchisch nach den Kategorien „oben" und „unten", „drinnen" und „draußen", „zugehörig" und „nicht zugehörig", „vertraut" und „fremd" strukturiert sind. Jede Handlung kann daher aus der Perspektive des *doing race* bzw. des *racial othering* im oben definierten Sinne beobachtet werden – und kann (so) von einer impliziten zu einer expliziten rassistischen Handlung werden. Zu einer explizit rassistischen Handlung wird sie dann, wenn die Benachteiligung, Entwertung oder Herabminderung des oder der Anderen aufgrund einer allgemeinen Attribution und Gruppenzugehörigkeit zum bewussten Fokus dieser Handlung wird. Wir unterscheiden daher zwischen einem strukturellen, impliziten bzw. unbewusst mitlaufenden *racial othering*, das all unsere Handlungen begleiten kann, und einem offensichtlich fokussierten, expliziten und bewussten *doing race*.

Wenn wir sagen, dass wir aufgrund unserer sozialen Ordnung fast unweigerlich rassistisch handeln, so ist ein solches Handeln jedoch ebenso wenig legitim wie jene sozialen Strukturen, die uns ein solches Handeln zumindest nahe legen. Daher möchten wir in dieser Studie Möglichkeiten reflektieren und aufzeigen, immer auch anders, d.h. anstatt rassistisch, anerkennend handeln zu können. Die Anerkennung der Anderen ist die Voraussetzung dafür, dass wir den Rassimus überwinden können.

Der Rassismus, der sich in der stigmatisierenden Herabminderung von subalternen Gruppen zeigt, ist aufgrund der hierarchischen Struktur jeglicher Gesellschaft mitten unter uns, sodass wir in unserem alltäglichen Handeln immer wieder rassistische Diskriminierungen mehr oder weniger unbewusst (re-)produzie-ren. Der Rassismus wird so zur potentiellen Kehrseite jeder Ethnisierung, da jede Beschreibung von ethnischer Andersheit zumindest eine relationale

Bewertung impliziert.[13] Damit der Rassismus nicht in der Banalität des (immer auch bösen) Alltags verschwindet, macht es Sinn weitere Unterscheidungen einzuführen, die ihm jene scheinbare Harmlosigkeit eines „Rassismus aus der Mitte" und „wir alle sind Rassisten" nimmt, angesichts dessen es allzu leicht wäre, den Vorwurf der rassistischen Diskriminierung als eine kleinkarierte und humorlose Attitüde der *political correctness* lächerlich zu machen.[14]

So macht es erstens Sinn zwischen Alltagshandlungen und Gestaltungsentscheidungen zu unterscheiden: Während alltägliche Routinehandlungen keinen signifikanten Einfluss auf unser weiteres Leben bzw. die strukturelle Entwicklung einer sozialen Einheit (z.B. Gruppe, Organisation, Gesellschaft) haben, sind Gestaltungsentscheidungen strukturrelevant, da sie bestimmen, ob und wie es in unserem Leben und in den sozialen Kontexten, in denen wir leben, nachhaltig weitergeht bzw. weitergehen soll (vgl. Schimank 2005: 28-32). Klassische Gestaltungsentscheidungen sind schulische und berufliche Laufbahnentscheidungen, aber auch Heirat und Familiengründung. Bei ihnen spielen immer signifikante Andere eine Rolle, bei ersteren auch jene (professionellen und amtlichen) Gatekeeper, die über Zugänge zu Positionen und damit über unser soziales und berufliches Weiterkommen entscheiden.[15] Daher ist es zweitens notwendig, zwischen Interaktionen auf Augenhöhe und solchen zu unterscheiden, die im Rahmen von asymmetrischen Herrschafts- und Machtstrukturen erfolgen. Denn es macht insbesondere dann Sinn von rassistischen Diskriminierungen zu sprechen, wenn sie im Kontext von asymmetrischen Herrschafts- und Machtstrukturen als Handlungen einer dominanten Mehrheit gegenüber einer subalternen Minderheit bzw. als Handlungen von professionellen oder amtlichen Gatekeepern gegenüber von diesen abhängigen Personen geschehen.

Diskriminierungen gegen das Kopftuch erfolgen im Kontext solcher asymmetrischer Herrschafts- und Machtstrukturen. Global sind sie Teil eines Konfliktes, der unter anderem unter dem Schlagwort *„Kampf der Kulturen"* geführt wird. Die (Be-)Deutungen des Kopftuchs bewegen sich dann zwischen dem

---

13 So stellt Hans Peter Hahn in seiner Einführung in die Ethnologie Kultur und Gruppe als die beiden zentralen Bezugsfelder der Ethnologie; die Gefahr des Rassismus/Kolonialismus und der Spionage dagegen als deren beiden zentralen Problematiken dar (Hahn 2013).

14 Siehe zur Alltäglichkeit und Allgegenwärtigkeit rassistischer Praktiken die Studien von Christa Markom: „Rassismus aus der Mitte" (2014), von Mark Terkessidis: „Die Banalität des Rassismus" (2004) und Iman Attias Analyse antimuslimischer „Alltagsdiskurse" (dies. 2009: 95-150), in denen die Alltäglichkeit des Rassismus in der Mitte unserer Gesellschaft analysiert wird.

15 Zur Figur des Gatekeepers siehe Struck 2001.

Image, dass sich der Westen vom Orient macht (was wir mit Edward Said als „Orientalism“ bezeichnen) und dem Image, dass sich der Orient vom Westen macht (was mit dem Gegenbegriff des „Occidentalism“ bezeichnet wird).[16] In diese globale Diskursordnung fügt sich auf der nationalen Ebene das asymmetrische Verhältnis der durch die christliche Kultur geprägten deutschen Mehrheitsgesellschaft gegenüber den muslimischen Migranten ein.

In diesem konfliktträchtigen Verhältnis wird der Schleier zu einem *pars pro toto*, das die angebliche Fremdheit und Andersartigkeit der Subalternen markieren soll. Das Kopftuch wird zum sichtbaren Zeichen für die Praktiken der Stigmatisierung, der Entfremdung, der Entwertung und der Ausgrenzung, die nicht nur die kopftuchtragenden Frauen, sondern die Muslime in Deutschland insgesamt bedrohen.[17] Diese Praktiken des *doing race* bzw. *racial othering* werden durch eine doppelte, abwertende Stereotypisierung des Kopftuchs seitens der westlichen, christlichen Mehrheitsgesellschaft begründet: Erstens wird das Kopftuch als Zeichen des Patriarchats und der Unterdrückung der Frau im Gegensatz zur westlichen Gleichberechtigung und Emanzipation der Frau objektiviert (bzw. reifiziert) und zweitens wird es als Zeichen des islamischen Fundamentalismus und politischen Islamismus im Gegensatz zum Liberalismus und Individualismus der westlichen Welt einseitig festgeschrieben.[18] Durch diese doppelte Reduktion, Festschreibung und Reifikation im Sinne einer stereotypen Objektivierung wird das Kopftuch im westlichen Diskurs zu einem Zeichen der Rückständigkeit der islamischen Gesellschaften und des Islam im Vergleich zur Modernität der westlichen Gesellschaften. Dass diese einseitigen Reduktionen und Zuschreibungen meist jeglicher empirischen Grundlage entbehren, haben bereits mehrere Studien gezeigt.[19] Wir werden uns daher die Frage stellen, wie die biographischen Erfahrungen der von Sümeyye Demir interviewten, kopftuchtragenden Frauen im Kontext dieser hier nur sehr knapp skizzierten Diskursformation zu verorten sind.

Unsere qualitative Studie möchte ein differenziertes und vertiefendes Verständnis für die schwierige Situation einer exponierten Gruppe bieten, die in unserer Gesellschaft aufgrund ihrer Sichtbarkeit besonders stark unter Vorurteilen und Benachteiligungen leidet. Das Anliegen der Studie geht jedoch über die Dokumentation der subjektiven Erfahrung einer exponierten Gruppe mittels der

---

16 Vgl. Said 1979; Buruma/Margalit 2002, 2004; Carrier 1995.

17 Zu den genannten und in Abschnitt 4.2 ausführlich in Bezug auf das Kopftuch erörterten Praktiken des Rassismus vgl. Hund 2007.

18 Vgl. z.B. von Braun/Mathes 2007; Scott 2007; Amir-Moazami 2007.

19 Siehe z.B. Karakaşoğlu-Aydin 1999; Nökel 2002; Klinkhammer 2000; Palm 2000; Amir-Moazami 2007.

Methoden der qualitativen Sozialforschung hinaus. Die oben genannten empirischen Fragestellungen verbinden wir daher mit den bereits vorher genannten theoretischen Problemstellungen: Wie verhalten sich die subjektiven Erfahrungen der kopftuchtragenden Frauen zum diskursiven Streit über das Kopftuch? Handelt es sich bei der Benachteiligung von Muslima, die ein Kopftuch tragen, um eine rassistische Form der Diskriminierung, die im Kontext einer rassistischen Produktion von Andersheit erfolgt? Wie kann diese Form der Diskriminierung und Produktion von Andersheit von anderen Formen unterschieden und abgegrenzt werden? Was bedeutet dies für unser Verhältnis zu kopftuchtragenden Muslima, für das Selbstverständnis unserer Gesellschaft und für die Anerkennung von Andersheit bzw. Fremdheit in unserer Gesellschaft? Kann die Kenntnis der subjektiven Sicht der kopftuchtragenden Frauen zu ihrer sozialen Anerkennung führen und ihre Integration ins Erwerbsleben unterstützen? Wie können wir vom *doing race* und *racial othering* zum *undoing race* und zur Anerkennung von uns fremder Andersheit gelangen?

1.2 Der Diskurs der Islamfeindlichkeit

Im westlichen Diskurs der Islamfeindlichkeit wird der Islam als politisches Gegenbild zum Westen und als das kulturell Andere zur westlichen Kultur inszeniert, sodass die Abwertung des Islam eine Aufwertung des Westens erzeugt und der Westen sich selbst im Negativbild des Islam positiv spiegelt.[20] Sowohl der mediale als auch der alltägliche Diskurs führen dann zu einem antimuslimischen Rassismus und zu einem *racial othering*, das die Muslime und Muslima durch stereotypisierende Attributionen stigmatisiert, abwertet und ausgrenzt. Im hegemonialen Diskurs gilt das Kopftuch als Image für die Unterdrückung der muslimischen Frau und dient als Symbol des Fundamentalismus bis hin zur potentiellen Gewaltsamkeit des Islam. Das Kopftuch wird so zu einem negativen kulturellen Leitbild, zu einem Anti-Bild, das im Widerspruch zur westlichen Kultur und Gesellschaft gesehen werden soll.[21] Dementsprechend werden in den Medien „säkulare, liberale Muslime“ stereotyp als „gute“ Beispiele im Gegen-

---

20 Siehe dazu u.a. Attia 2009, Çakir 2014: 15-34; Rommelspacher 2002. Zum Begriff und der theoretischen Konzeptualisierung der Islamfeindlichkeit siehe ausführlich Çakir 2014. Zum Begriff des Diskurses und zur kritischen Diskursanalyse siehe u.a. Jäger 2010, 2012.

21 Siehe dazu u.a. Oestreich 2004; Braun/Mathes 2007; Scott 2007; Amir-Moazami 2007; Rommelspacher 2009.

satz zu den „radikalen und verbohrt orthodoxen" Musliminnen und Muslimen angeführt (Shooman 2014: 130f.). Was Kai Hafez für das öffentliche Islambild in den europäischen Gesellschaften feststellt, gilt daher in besonders prägnanter Weise für das Kopftuch als ein in der Öffentlichkeit immer häufiger deutlich sichtbares Symbol des Islam:

„Öffentliche Islambilder tragen in Europa deutliche Züge einer Art kollektiven Wahrnehmungsextremismus: Sie sind hochgradig selektiv, parolenartig, stark abwertend und lassen einen radikalen Denkstil erkennen. Diese Negativbilder des Islam als „rassistisch" zu bezeichnen, ist insofern berechtigt, als wir heute von einem Rassismus „ohne Rassen" sprechen, der weniger physische Merkmale als vielmehr die Zugehörigkeit zu einer bestimmten Kultur/Religion zum Differenzkriterium erhebt. Rückentwicklungen zum genetischen Rassismus werden bisher von der Mehrheit der Europäer und in den großen Medien zurückgewiesen, der kulturelle Rassismus hingegen wird gar nicht als Rassismus betrachtet und banalisiert. Nur durch diese Umstrukturierung von Fremdbildern ist es möglich, dass ein großer Teil der europäischen Bevölkerung von sich behauptet, nicht rassistisch zu sein, sich offen gegen den Antisemitismus wendet und zugleich negative Vorurteile gegenüber dem Islam und den Muslimen pflegt. Islamfeindlichkeit wird durch dieses Wechselspiel zu einer Art politisch korrekter Salon-Islamophobie, die bis tief in die bürgerlichen Kreise hineinreicht und keineswegs ein extremes und radikales Element, sondern eine europäische Volkskultur darstellt. Zwar ist die Islamfeindlichkeit der Mehrheit nicht unbedingt intentional, sie muss sich weder in Alltagsdiskriminierung noch in islamfeindlicher Gewalt äußern. Sie wird aber, dafür gibt es genügend Anhaltspunkte, von rechtsextremen islamfeindlichen Gewalttätern als treibende Kraft für deren Taten verstanden." (Hafez 2013: 298)

Der Islam wird in den Medien oft in negativen Kontexten thematisiert: im Zusammenhang mit Konflikten und Intoleranz, Gewalt und Terror, Integrationsproblemen und als Gefahr für die soziale Kohäsion der Gesellschaft.[22] Lünenborg et al. (2011) haben in ihrer Untersuchung „Migrantinnen in den Medien" festgestellt, dass Migrantinnen aus westlichen Ländern vorteilhafter dargestellt werden als Migrantinnen aus Osteuropa oder den arabischen Ländern: Während Migrantinnen aus westlichen Ländern als emanzipierte, unabhängige und aktive Personen dargestellt werden, werden Migrantinnen aus Osteuropa oder den arabischen Ländern als passive, rückständige, unterdrückte und integrationsbedürftige Menschen beschrieben (ebd. 104). Quantitativ dominiert das Bild der

22 Siehe hierzu die Untersuchungen von Schiffer 2005a/b; Halm/Liakova/Yetik 2006; Hafez/Richter 2007; Hafez 2013: 205-246; Shooman 2008 und 2014; Hentges et al. 2014.

Migrantin als Opfer von Gewalt und Unterdrückung durch die Kultur des Herkunftslandes, was dazu führt, dass die muslimische Frau mit abwertenden Begriffen wie „Importbraut“, „Zwangsheirat“, „Ehrenmord“ und „Kopftuchmädchen“ assoziiert wird.

Die Diskursanalysen von Farrokhzad (2002; 2006) zeigen, dass die muslimische Frau mit Kopftuch oft mit Attributen wie „Rückständigkeit“ und „Unzivilisiertheit“, Unterdrückung der Frauen und potentiell gewaltbereitem Fundamentalismus in Zusammenhang gebracht wird (Farrokhzad 2002: 86). Das Nicht-Tragen des Kopftuchs hingegen wird mit „Modernität“ und „Aufgeklärtheit“ verbunden (ebd.: 87). Bildlich erscheint das Kopftuch häufig, wenn es um Integrationsprobleme muslimischer Migrantinnen aufgrund von Arbeitslosigkeit und Sprachdefiziten geht (Schiffer 2005b). Die kopftuchtragende Muslima ist offensichtlich eine Identifikationsfigur für all diese Probleme. Sie repräsentiert Integrationsprobleme, Fremdheit und Rückständigkeit. So werden veröffentlichte Meldungen mit den Inhalten von Terrorismus, Islamismus oder Gewalt ungeachtet jedes unmittelbaren thematischen Bezuges wie selbstverständlich mit Frauen bebildert, die ein Kopftuch tragen (vgl. Schiffer 2005b: 2). Margreth Lünenborg resümiert die Medienforschung zu Migranten im Allgemeinen und zur Figur der kopftuchtragenden Muslima im Besonderen wie folgt:

> „Die Medienforschung deutet darauf hin, dass Muslime in der Mediendarstellung zu dem symbolisch Anderen geworden sind. Und Frauen mit Kopftuch sind das Stereotyp - für muslimische Menschen, aber auch allgemein für das Nichtchristliche, Nichtwestliche, für das nicht zu unserer Nationalkultur Zugehörige.“ (zitiert nach Prevenzanos 2013)

Individuelle Portraits und Berichterstattungen über Muslima mit Kopftuch, die jene als selbstbewusste und erfolgreiche Persönlichkeiten zeigen, kommen in den Medien eher selten und wenn, dann meistens in den Lokalteilen bzw. Lokalmedien vor.[23] Selbst wenn die Muslima mit Kopftuch positiv dargestellt werden, zeigen diese Berichterstattungen das Kopftuch als ein Symbol der Fremdheit in der deutschen Öffentlichkeit. Diese diskursiven Praktiken haben Auswirkungen auf das Image der kopftuchtragenden Muslima. Die öffentliche Meinung in der Aufnahmegesellschaft wird dadurch ebenso manipuliert wie das Selbstbild der Kopftuchtragenden herausgefordert. Die von den Massenmedien verbreiteten Bilder und Metaphern bilden das Image der öffentlichen Meinung, da sie als die

---

23 So wurden z.B. nach der Darstellung von FEMEN-Protesten, die sich gegen die muslimische Bedeckung der Frau richteten, Gegenproteste von muslimischen Frauen mit Kopftuch gezeigt, die selbstbewusst ihre Entscheidung für das Kopftuch demonstrierten (siehe Pantel 2013 in sueddeutsche.de, 08.04.2013).

ganze Wahrheit erscheinen und sich durch ihre stereotype Wiederholung als solche einprägen und scheinbar selbst bestätigen. Dabei fungiert die Wiederholung als eine Art Beweis für die Wahrheit der stereotypen Aussage (vgl. Schiffer 2005b: 2).

In der autochthonen Mehrheitsgesellschaft entstehen dadurch Vorurteile, Ängste und Distanz in Bezug auf die muslimische Minderheit. Und die öffentliche Meinung beeinflusst die Politik und Gesetzgebung ebenso wie die Entscheidungen der Einzelnen. So diskriminieren potentielle Arbeitgeber Muslima mit Kopftuch, da sie entweder selbst Vorurteile gegen diese haben oder aber ihr Verhalten dadurch legitimieren, dass die Klienten oder Kundinnen eine Dienstleisterin mit Kopftuch nicht akzeptieren würden.[24] So lehnen es laut einer Studie 70 Prozent der Deutschen ab, dass Lehrerinnen ein Kopftuch in der Schule tragen dürfen (Bunz 2006).[25] Die diskursive Praxis der stigmatisierenden und exkludierenden Diskriminierungen wird dadurch zur sozialen Praxis.

Islamkritikerinnen oder Feministinnen wie Necla Kelek oder Seyran Ateş, die negative Erfahrungen mit dem Islam und ihrer eigenen türkischen Herkunftskultur machen mussten und diese stark verallgemeinern, dienen den Medien als „Kronzeuginnen" für eine grundsätzliche und verallgemeinernde Ablehnung des Kopftuchs.[26] Die beiden Frauen beklagen das Kopftuch als Symbol der Unterdrückung der Frauen und sehen in ihm in erster Linie ein politisches und kein religiöses Symbol. So schreibt Seyran Ateş in ihrem Buch „Der Multikulti-Irrtum":

---

24 Mehrere Verweise zu diesem Befund finden sich im Forschungsbericht von Peucker 2010: 30, 47f., 50, 54.

25 In der Kommune Au-Heerbrugg im Kanton St. Gallen wurde am 9. Februar 2014 öffentlich darüber abgestimmt, ob zwei minderjährige somalische Mädchen in der Schule einen Schleier tragen dürften: 990 Personen stimmten dagegen, 506 dafür (Salzbrunn 2014: 17f.).

26 Frauen wie Seyran Ateş und Necla Kelek befinden sich in einer schwierigen Lage, aufgrund ihrer Position zwischen den Kulturen: Was sie für die einen zu „Kronzeuginnen" macht, lässt sie für die anderen zu „Nestbeschmutzerinnen" werden. Beide Autorinnen verbinden ihre Aussagen sehr eng mit ihrer persönlichen Lebensgeschichte, ihren persönlichen Erfahrungen und ihrem persönlichen Einsatz und Kampf für die Rechte von unterdrückten Frauen. Diese Erfahrungen möchte ich ausdrücklich respektieren und Frau Ateş' Einsatz und Kampf für die Rechte unterdrückter Frauen mit der Anerkennung würdigen, die ihm ohne jeden Zweifel gebührt (Ateş 2006). Als äußerst problematisch empfinde ich jedoch die prinzipiellen Verallgemeinerungen, die beide Frauen – wie auch in ähnlicher Weise Ayaan Hirsi Ali (2006) – aufgrund dieser Erfahrungen formulieren (siehe zu den diskursiven Argumentationsstrategien der „Kronzeuginnen" auch Shooman 2014: 110-124).

„Ich bin der Auffassung, dass das Kopftuch kein religiöses, sondern ein politisches Symbol ist für die untergeordnete Stellung der Frau. Das Kopftuch ist ein geschlechtsspezifisches, nach außen gerichtetes Unterscheidungsmerkmal von Mann und Frau, das diesen Unterschied mit Nachdruck postuliert. Es demonstriert nicht die religiöse Unterordnung der Frau im Verhältnis zu Gott, sondern die gesellschaftliche Unterordnung der Frau unter die Herrschaft des Mannes. Daher ist es nicht – wie es immer geschieht – mit dem Kreuz und der Kippa gleichzusetzen, die ausschließlich religiöse Symbole darstellen und in keiner Weise die Geschlechterrolle definieren. Das Kopftuch signalisiert den sexuellen Wert der Frau, welcher die Männer reizen würde, wenn sie sich nicht verhüllen würde. Es ist ein Symbol der Reduzierung der Frau zum Sexualobjekt.“ (Ateş 2007: S. 126)

Seyran Ateş bestreitet keineswegs, dass es emanzipierte Muslima gibt, die das Kopftuch freiwillig und aus religiösen Motiven tragen; sie sieht in jenen jedoch eine kleine Minderheit, die nicht in der Lage ist, die allgemeine politische, frauenfeindliche und sexistische Bedeutung des Kopftuchs zu revidieren. Das Kopftuch ist für sie kein komplexes, offenes Symbol, sondern ein klar definiertes Zeichen, das die Unterordnung und Sexualisierung der Frauen symbolisiert.

Im Gegensatz dazu kommen zahlreiche wissenschaftliche Studien zu dem Ergebnis, dass von einer generellen Unterdrückung der muslimischen Frauen, insbesondere derjenigen, die ein Kopftuch tragen, nicht die Rede sein kann (Siehe z.B. Karakaşoğlu-Aydin 1999; Nökel 2002; Klinkhammer 2000; Amir-Moazami 2007).[27] Über 90 Prozent der verschleierten Muslima geben an, das Kopftuch aus religiösen Gründen zu tragen (Haug et al. 2009: 205f.). 43 Prozent nennen „das Kopftuch vermittelt mir Sicherheit“ als weiteren Grund und gut ein Drittel trägt das Kopftuch, um als Muslima erkennbar zu sein. Gründe die eine Eigenmotivation für das Tragen des Kopftuchs erkennen lassen, überwiegen damit ganz deutlich gegenüber Gründen, bei denen Erwartungen oder gar der Zwang durch Andere eine Rolle spielen. So erwähnen nur jeweils sechs bis sieben Prozent der Frauen Erwartungen oder Forderungen seitens des Partners, der Familie oder der sozialen Umwelt als Gründe für das Tragen des Kopftuchs (ebd.). Insgesamt tragen weniger als ein Drittel der Muslima in Deutschland ein

27 Laut der repräsentativen Studie von Becker und El-Menouar gilt dies auch für die Vereinbarkeit von Familie und Beruf: „Patriarchale Geschlechterhierarchien im Sinne der Nachrangigkeit von Frauen in Bereichen von Familie und Beruf werden von der großen Mehrheit der Christen und Muslime abgelehnt. Nur jeweils eine Minderheit – unter Christen rund 11 Prozent und unter Muslimen rund 17 Prozent - weist Ansichten auf, die zumindest teilweise als frauenbenachteiligend einzustufen sind. Somit haben Christen und Muslime relativ ähnliche Ansichten über die Chancengleichheit von Männern und Frauen.“ (dies. 2014: 178)

Kopftuch, wobei der Anteil der türkischstämmigen kopftuchtragenden Frauen mit etwa einem Drittel etwas höher liegen dürfte (ebd. 194ff.).[28]

Haug et al. stellen eine Polarisierung der in Deutschland lebenden Muslima hinsichtlich des Kopftuchtragens fest: „Die Frage, ob ein Kopftuch getragen wird, scheint unter den Musliminnen ein polarisierendes Thema zu sein. Mit einem Anteil von knapp 70 Prozent gibt die überwiegende Mehrheit der befragten Frauen an, nie ein Kopftuch zu tragen [...]. Fast 23 Prozent geben an, immer ein Kopftuch zu tragen. Eine Minderheit von 8 Prozent der Frauen hat sich bezüglich des Kopftuchtragens nicht festgelegt und trägt dieses manchmal oder meistens“ (ebd. 198). Zum anderen stellen sie einen engen, jedoch keinen zwangsläufigen Zusammenhang mit einer starken Religiosität fest: „Keine der befragten Musliminnen, die sich als nicht gläubig bezeichnet, trägt ein Kopftuch [...]. Von den stark gläubigen Musliminnen trägt indessen jede Zweite immer, meistens oder manchmal ein Kopftuch. Dennoch zeigen die Befunde, dass starke Gläubigkeit nicht zwangsläufig mit dem Tragen eines Kopftuchs einhergeht. So verlässt immerhin jede zweite stark gläubige Muslimin unbedeckt das Haus“ (ebd. 201).

Durch die empirische Meinungsforschung wissen wir, dass unter der deutschen Bevölkerungsmehrheit negative Einstellungen gegenüber der muslimischen Minderheit stark verbreitet sind (Gamper 2011: 31ff., Hafez/Schmidt 2015). Diese negativen Einstellungen der Mehrheitsbevölkerung stehen in deutlichem Widerspruch zur offenen Haltung der Muslime, die sich mit der deutschen Gesellschaft und ihren demokratischen Werten eng verbunden fühlen (Religionsmonitor 2015: 4).[29] So stimmen 90 Prozent der hochreligiösen, mittel-

28 In Bezug auf das Tragen des Kopftuchs „zeigen sich Unterschiede hinsichtlich der Konfessionsrichtung, des Alters und dem Grad der Gläubigkeit. Bezüglich der Konfessionen zeigt sich, dass die befragten Aleviten ihr Haupt fast nie verschleiern. Bei den Muslima aus den anderen befragten Gruppen variiert der Anteilswert zwischen 21,4 Prozent bei den Schiiten und 50,8 Prozent bei den Ahmadiyya. Bei der größten muslimischen Gruppe in Deutschland, den Sunniten, tragen 34,8 Prozent der Frauen ein Kopftuch. Ein Zusammenhang findet sich auch zwischen dem Alter und dem Anteil der kopftuchtragenden Frauen. Der Anteil steigt mit dem Alter der Muslima: Auch zwischen der Bedeutung der Religiosität und dem Anteil der Frauen, die ein Kopftuch tragen, besteht eine Verbindung, die jedoch keinem Automatismus unterliegt (vgl. Haug et al. 2009: 194ff.).“ (Gamper 2011: 54f.)

29 Dirk Halm und Martina Sauer sehen in ihrer Untersuchung muslimischer Religiosität aufgrund der Daten des Religionsmonitors „Hinweise für eine zunehmende Entkopplung zwischen religiösen Überzeugungen und Wertvorstellungen“ (dies. 2015: 47).

und weniger religiösen sunnitischen Muslime der Aussage zu, dass die Demokratie eine gute Regierungsform sei (ebd.). Sie sind für religiöse Vielfalt grundsätzlich offen und erkennen auch andere Religionen im hohen Maße an.[30] „Der offenen Haltung der Muslime steht eine zunehmende ablehnende Haltung der deutschen Mehrheitsgesellschaft gegenüber. [...] Über die Hälfte der Bevölkerung nimmt den Islam als Bedrohung wahr und ein noch höherer Anteil ist der Ansicht, dass der Islam nicht in die westliche Welt passt“ (ebd.: 7). Dabei hat sich die Ablehnung des Islam von 2012 bis November 2014, d.h. in den zwei Jahren seitdem die Interviews mit den verschleierten Frauen geführt wurden, noch verstärkt.[31]

Kai Hafez und Sabrina Schmidt stellen im Resümee ihrer Studie zur „Wahrnehmung des Islam in Deutschland“ unter anderem fest: „Der Raum der gesellschaftlichen Anerkennung des Islam in Deutschland ist sehr begrenzt. [...] Die Mehrzahl der Menschen in Deutschland neigt in Bezug auf den Islam zu weitaus stärkeren Feindbildern als bei anderen Religionen. [...] Islamfeindlichkeit ist keine randständige Erscheinung, sondern sie ist ein ‚salonfähiger‘ Trend, der mit dem Salon-Antisemitismus des 19. Jahrhunderts vergleichbar ist“ (dies. 2015: 64f.). Die sehr stark verbreiteten stereotypen Vorurteile gegenüber dem Islam stehen zum einen im Gegensatz zur vielfach belegten sehr hohen sozialen Integrationsbereitschaft der Muslime in Deutschland (vgl. u.a. auch Halm/Sauer 2015). Zum anderen gerät jedoch auch eine Gesellschaft, die sich für nichtrassistisch, weltoffen und offen gegenüber anderen Religionen hält, in hohem Maße in Widerspruch zu ihrem eigenen Anspruch, wenn sie den Islam und die im Lande lebenden Muslime aus dieser Werteordnung ausgrenzt: „Das verbreitete Negativbild des Islam steht im Widerspruch zu der Tatsache, dass die überra-

Religiöse Überzeugungen und demokratische Werte können so unterschiedlichen Wertsphären zugeordnet werden, die nicht miteinander in Konflikt geraten müssen.

30 „Dem Satz, man sollte allen Religionen gegenüber offen sein, stimmen 93 Prozent der hochreligiösen sunnitischen Muslime zu. [...] Mit 85 Prozent sind nahezu ebenso viele der Meinung, jede Religion habe einen wahren Kern. Die zunehmende religöse Vielfalt in unserer Gesellschaft empfinden 68 Prozent der hochreligiösen, 71 Prozent der mittel- und 75 Prozent der wenig religiösen Sunniten in Deutschland als Bereicherung.“ (Religionsmonitor 2015: 4)

31 „Während im Jahr 2012 bereits 53 Prozent der nichtmuslimischen Mehrheitsbevölkerung der Meinung war, der Islam sei ‚sehr‘ oder ‚eher‘ bedrohlich, sind es heute 57 Prozent, die so denken. Noch deutlicher zugenommen hat die Ansicht, der Islam passe nicht in die westliche Welt – von 52 Prozent auf 61 Prozent.“ (Religionsmonitor 2015: 7)

gende Mehrheit der Befragten Religionstoleranz im Allgemeinen begrüßt" (Hafez/Schmidt 2015: 65).

Angesichts dessen ist es keineswegs übertrieben von einem sich formierenden Diskurs der Islamfeindlichkeit zu sprechen: Islamfeindliche Aussagen durchdringen und beherrschen die Massenmedien und die öffentliche Meinung ist mehrheitlich durch islamfeindliche Einstellungen geprägt. Im folgenden Abschnitt werden wir sehen, dass sich solche Aussagen und Einstellungen durchaus negativ auf das praktische Handeln und damit auf die Integrationschancen von kopftuchtragenden Muslima auswirken. Der Diskurs der Islamfeindlichkeit korreliert mit der Formierung eines gesellschaftlichen Dispositivs, in dem Islamfeindlichkeit durch Gesetze und Regelungen institutionalisiert wird. Das Verbot des Schleiers in bestimmten beruflichen Positionen ist im Rahmen dieser Formierung nur ein Beispiel; ein weiteres ist das in der Schweiz durch Volkentscheid ausgesprochene Verbot des Baus von Minaretten.[32]

1.3 Integration in Bildung und Beschäftigung

Die türkische Migrantengruppe ist zusammen mit den Spätaussiedlern aus Osteuropa die größte Migrantengruppe in Deutschland. Sie stellt zugleich die größte ethnische Gruppe der in Deutschland lebenden Muslime: Von ca. vier Millionen in Deutschland lebenden Muslimen, das sind ca. fünf Prozent der Gesamtbevölkerung, weisen 2,5 bis 2,7 Millionen einen türkischen Migrationshintergrund auf (Haug/Müssig/Stichs 2009: 57f.).

Arbeitsmigranten und -migrantinnen aus der Türkei kamen in der Regel aus den ländlichen Regionen der Türkei und mit einem geringen formalen Bildungsniveau nach Deutschland. Die meisten von ihnen führten Tätigkeiten in der Industrie aus und waren sowohl durch den Verschleiß ihrer Arbeitskraft als auch durch den Umbruch von der Industrie- zur Dienstleistungsgesellschaft stark überproportional von Arbeitslosigkeit betroffen (Tarvenkorn 2011). Diese Situation hat sich für die zweite und dritte Generation, d.h. die Kinder und Enkel der ersten Generation der Arbeitsmigrantinnen und -migranten, die in der Regel in Deutschland aufgewachsen sind, zwar deutlich verbessert, aber nicht grundlegend verändert (Kalter 2005: 303-332, Sauer/Halm 2009: 49, Kalter/Granato/Kristen 2011). Nach wie vor verfügen sie häufig über keine oder eher geringe Qualifikationen und sind im Vergleich zu deutschen Bezugsgrup-

32 Zum Kopftuch siehe u.a. Oestreich 2004; Berghahn/Rostock 2009; zur Schweiz siehe Behloul/Leuenberger/Tunger-Zanetti 2013.

pen, aber auch zu anderen Migrantengruppen überproportional von Arbeitslosigkeit bedroht (Woellert et al. 2009).

Die stärkste Erklärung für diese Chancenungleichheit stellt die stark überproportionale Herkunft türkischer Migrantinnen und Migranten aus der Arbeiterschicht, insbesondere aber der Schicht der Un- und Angelernten dar. Mit der Herkunft aus den unteren Schichten der Gesellschaft kann der Großteil der geringeren Bildungs- und Erwerbschancen dieser Gruppe erklärt werden (Geißler 2002: 119; Sauer/Halm 2009: 31, 41). Für die zweite und dritte Generation wirkt darüber hinaus die türkisch-deutsche Bikulturalität und -lingualität als ein zweiter wesentlicher Faktor der Benachteiligung: In diesem Kontext stellt insbesondere das Aufwachsen mit zwei Sprachen – der türkischen Sprache in der Familie und der deutschen Sprache im Bildungssystem – eine Hürde für die Versetzung auf die weiterführenden Schulen dar. Denn einerseits fehlt im deutschen Bildungssystem eine systematische vorschulische Sprach-Bildung und andererseits wird sehr früh nach unterschiedlichen Schularten selektiert.[33] Diese Benachteiligungen, die im Erziehungs- und Bildungssystem auf keine kompensierenden Strukturen treffen, setzen sich aufgrund der kumulativen Logik und Kopplung von Bildungs- und Erwerbserfolgen im gesamten Lebenslauf fort (Hillmert 2011).

Was für die Gruppe der Bevölkerung mit türkischem Migrationshintergrund insgesamt gilt, trifft insbesondere auf die Frauen unter ihnen zu. Sowohl im Vergleich zu den türkischen Männern als auch im Vergleich zu anderen Herkunftsgruppen sind jene seltener in den Arbeitsmarkt eingebunden:

„In Deutschland sind die Hälfte der türkeistämmigen Migranten erwerbstätig, davon 41 Prozent in Vollzeit und acht Prozent in Teilzeit. Vier Prozent sind geringfügig erwerbstätig, 47 Prozent nicht erwerbstätig. Die Erwerbstätigenquote im bundesdeutschen Durchschnitt betrug im Jahr 2006 68 Prozent lag also über derjenigen der türkischen Gruppe. [...] Die Erwerbstätigkeit unterscheidet sich stark nach Geschlecht. So gehen 2008 nur 24 Prozent der [türkeistämmigen] Frauen in Deutschland einer Vollzeitbeschäftigung und 13 Prozent einer Teilzeitarbeit nach, zugleich sind 58 Prozent der Männer in Vollzeit und vier

33 Während Bikulturalität und Zweisprachigkeit im späteren Leben einen Vorteil für den Einzelnen ebenso wie für die Gesellschaft darstellen können, sind sie in der (frühen) Schullaufbahn eine zusätzliche Hürde, da es sehr viel schwieriger ist, zwei anstelle von nur einer Sprache zu lernen und zu beherrschen. Dies gilt insbesondere dann, wenn die Bewertungen ausschließlich auf der Basis der Verkehrssprache, nicht jedoch der Muttersprache erfolgen, die Kenntnis einer zweiten Sprache also keinerlei Anerkennung im Schulsystem erfährt (vgl. Esser 2006).

Prozent in Teilzeit erwerbstätig. 57 Prozent der Frauen gehen keiner Erwerbstätigkeit nach, dagegen nur 37 Prozent der Männer." (Sauer/Halm 2009: 47)

Daher wird die Arbeitsmarktintegration von Musliminnen und Muslimen „in erster Linie durch das Geschlecht und weniger durch die Religion bestimmt" (Stichs/Müssig 2013: 77).[34] Das Muster der geschlechtsspezifischen Arbeitsteilung ist jedoch kein für Personen mit Migrationshintergrund spezifisches Phänomen, sondern gilt auch für die Bevölkerung ohne Migrationshintergrund. Hierbei spielt die Familiensituation eine Rolle: „Frauen mit Kindern im Haushalt übernehmen mit einer geringeren Wahrscheinlichkeit qualifizierte Tätigkeiten als qualifizierte Frauen" (ebd. 78).

Auch religiöse Aspekte wirken sich nur auf die Erwerbsbeteiligung von Frauen, nicht auf die der Männer aus. Sowohl bei christlichen als auch bei muslimischen Frauen nimmt die Arbeitsmarktintegration mit dem Grad ihrer Gläubigkeit ab (ebd. 70f.). Musliminnen sind jedoch „in Deutschland bei sonst gleichen Voraussetzungen signifikant seltener erwerbstätig [...] als Christinnen mit entsprechendem Migrationshintergrund" (Stichs/Müssig 2013: 69f.). Einer Untersuchung von Inna Becker und Yasemin El-Menouar (2014: 174) zufolge, beteiligen sich muslimische Frauen bedingt durch Kleinkinder im Haushalt seltener an Erwerbsarbeit:

„Zwei Drittel der Muslime in einer Partnerschaft befinden sich in der Erwerbskonstellation ‚Mann Vollzeit – Frau geringfügig oder gar nicht erwerbstätig'. Damit liegen traditionelle Erwerbskonstellationen deutlich häufiger vor als unter Christen (mit einem Anteil von 38,2 Prozent). Dies entspricht jedoch nicht den Wunschvorstellungen der Befragten. Die große Mehrheit der Muslime und Christen wünscht sich, dass beide Partner Vollzeit erwerbstätig sind. Entsprechend herrscht unter Muslimen mit einer traditionellen Erwerbskonstellation die größte Diskrepanz zwischen dem gelebten und dem gewünschten Modell. Ein zentraler Grund für die niedrige Arbeitsmarktbeteiligung von muslimischen Frauen sind Kinder im Alter von unter sechs Jahren, die häufiger in muslimischen Haushalten zu finden sind. Wird dieser Aspekt berücksichtigt, gleichen sich die Erwerbskonstellationen von Christen und Muslimen stark an." (Becker/El-Menouar 2014: 181)

Ein hoher Bildungsabschluss geht mit einer stärkeren Ablösung von traditionellen Geschlechterrollenmodellen einher und bereits „gute" Deutschkenntnisse erhöhen die Chancen von christlichen und muslimischen Frauen auf eine Erwerbsbeteiligung (ebd. 175, 183). Zudem sind anerkannte Berufsabschlüsse ein

34 Das gleiche gilt daher für das Verhältnis von türkischen Migrantinnen und Migranten insgesamt (vergleiche auch Peuckert 2010: 36).

wichtiger Einflussfaktor für die Erwerbsintegration: Dabei gelingt es erwerbstätigen Musliminnen und Christinnen gleichermaßen, ihre Qualifikationen auf dem Arbeitsmarkt umzusetzen (Stichs/Müssig 2013: 74). Allerdings sinkt „bei Musliminnen aus der Türkei und Nordafrika die Chance, eine qualifizierte Erwerbstätigkeit auszuüben“, was insbesondere an ihrer Herkunft aus der bildungsfernen Arbeiterschichten liegen könnte (ebd.: 75). Insgesamt stellen Becker und El-Menouar jedoch fest, „dass Erwerbsmodelle, bei denen beide Partner arbeiten, längst etabliert sind, und Vorstellungen vom Mann als alleinigem Ernährer der Familie weder bei Christen noch bei Muslimen dominieren“ (dies. 2014: 175).

Verschleierte Muslima verfügen über geringere Bildungsabschlüsse als Muslima ohne Kopftuch. Auch bewerten verschleierte Muslima ihre deutschen Sprachkenntnisse deutlich schlechter als christliche und muslimische Zuwanderer beiderlei Geschlechts (Stichs/Müssig 2013: 67). Die vergleichsweise deutlich schlechteren Sprachkenntnisse der verschleierten Musliminnen haben einen negativen Effekt auf ihre Integration ins Erwerbsleben (ebd. 70). Verschleierte Frauen sind seltener in den Arbeitsmarkt eingebunden als christliche und muslimische Frauen, die kein Kopftuch tragen, und sie sind zugleich am häufigsten geringfügig beschäftigt (ebd. 63). Verfügen sie jedoch über eine anerkannte berufliche Qualifikation, so können verschleierte Muslima diese gleichermaßen auf dem Arbeitsmarkt umsetzen wie Musliminnen ohne Kopftuch (ebd. 75).[35] An diesen quantitativen Analysen zeigt sich, dass eine anerkannte Qualifikation, die entsprechende Sprachkenntnisse voraussetzt, das entscheidende Kriterium für die Arbeitsmarktintegration ist. Ob eine solche Berufsqualifikation erworben wird, darüber entscheidet wiederum ganz wesentlich die sozioökonomische Schichtzugehörigkeit und das Geschlecht – und weit weniger die andersartige ethnische Herkunft oder Religion.

Mario Peucker analysiert in einem Forschungsbericht der Antidiskriminierungsstelle des Bundes die Diskriminierung von Musliminnen und Muslimen in der deutschen Arbeitswelt und kommt zu dem Ergebnis, dass die empirische Diskriminierungsforschung in Deutschland noch unterentwickelt sei (ders. 2010). Ferner macht er neben der ethnischen Herkunft auf die Verflechtung verschiedener Diskriminierungsgründe wie Religion und Geschlecht aufmerksam. Allgemein betrachtet sei die ethnische Herkunft ein häufiger Abweisungsgrund, da oft ein „unterdurchschnittliches Qualifikationsniveau und eine geringe Leistungsfähigkeit“ aufgrund der Herkunft unterstellt würden (ebd. 4). Peucker

35 Die Studie von Stichs und Müssig unterscheidet nicht zwischen dualen und akademischen Berufsausbildungen. Laut einer anderen Studie sind Akademikerinnen mit türkischem Migrationshintergrund häufiger arbeitslos als türkischstämmige Frauen, die über eine betriebliche Ausbildung verfügen (vgl. Liebig/Widmann 2009).

macht jedoch auch darauf aufmerksam, dass speziell muslimische Frauen mit Kopftuch Diskriminierungen erleben.[36] Arbeitgeber entscheiden sich gegen muslimische Bewerberinnen, die ein Kopftuch tragen, weil sie ökonomische Einbußen befürchten. Sie erwarten negative Kundenreaktionen oder innerbetriebliche Konflikte. Laut Befragungen seien für diese Frauen die Chancen beim Zugang zum Arbeitsmarkt daher besonders beeinträchtigt. Die religionsbezogenen Barrieren, die eine Ausübung unterschiedlicher Berufe verhindern, seien bislang allerdings kaum empirisch untersucht worden (ebd. 5).

„Diskriminierung spiegelt sich nicht immer in den Datensätzen der analysierten Statistiken wider. Antimuslimisches oder rassistisches Mobbing und andere Formen von Schlechterbehandlung durch Vorgesetzte oder Kollegen hinterlassen üblicherweise keine Spuren in den Statistiken und können daher mit diesem Analyseansatz nicht aufgedeckt werden." (Peucker 2010: 24)

Implizite Formen der Diskriminierung lassen sich insbesondere durch qualitative Methoden ermitteln. So können wir in dieser Studie die Mechanismen der Diskriminierung sehr genau durch die Analyse der qualitativen Daten aus der Sicht der interviewten Muslima erfassen. Die subjektiven Diskriminierungserfahrungen von Personen mit Migrationshintergrund sind in den Bereichen Arbeitsmarkt und Bildung besonders hoch (Antidiskriminierungsstelle des Bundes 2012: 12). Eine Studie der Universität Bielefeld bestätigt die Diskriminierungserfahrungen der türkischstämmigen Zuwanderer in der Wohnungssuche, bei Ämtern bzw. der Polizei sowie bei der Arbeitssuche und der Beförderung (Salentin 2007). 67 Prozent der Interviewten gaben in der Befragung des Zentrums für Türkeistudien an, im alltäglichen Leben eine Ungleichbehandlung erfahren zu haben. Ein durchaus interessanter Befund ist, dass türkischstämmige Zuwanderer der Nachfolgegeneration und Heiratsmigranten mehr Diskriminierung als Personen der ersten Migrantengeneration erleben. Dieses überraschende Ergebnis führt zur Interpretation, dass die Diskriminierung in den Bereichen am stärksten empfunden wird, „in denen generell ein hohes Maß an ökonomischer oder sozialer Konkurrenz und Konflikte um knappe Ressourcen herrschen" (Sauer 2010: 148; zitiert nach Peucker 2010: 34).

40 Prozent der Befragten haben Diskriminierung bei der Arbeitssuche empfunden. In der europaweiten Umfrage EU-MIDIS geben dies ebenso viele türkischstämmige Muslima und Muslime an (FRA 2009a; zitiert nach Peucker

36 Vgl. Peucker 2010: 30, 36, 45f., 47f., 50f, 54. Auch Färber et al. 2008 belegen die diskriminierende Einstellungspraxis von Arbeitgebern gegenüber Frauen mit Kopftuch.

2010: 35). Laut den Ergebnissen einer Studie des Integrationsbarometers des Sachverständigenrats deutscher Stiftungen für Integration und Migration (2010), bei denen die türkischstämmigen Befragten die höchsten Werte erfahrener Ungleichbehandlung aufweisen, sind die Bereiche Arbeitsplatz und Arbeitssuche besonders stark betroffen (zitiert nach Peucker 2010: 35). In einer Feldstudie der Universität Konstanz wurden für einen Praktikumsplatz bei gleicher Qualifikation deutsche Bewerberinnen und Bewerber denjenigen mit türkisch klingenden Namen vorgezogen (vgl. Kaas/Manger 2010). In einer ähnlichen Studie wurde zusätzlich nach Geschlecht unterschieden. Dort bekam die türkische Frau die meisten Absagen. Die deutsche Frau wurde dem türkischen Mann vorgezogen (Akman et al. 2005: 74). Auch in der in Hamburg und Berlin durchgeführten Studie des Open Society Instituts fühlten sich muslimische Frauen häufiger diskriminiert; Frauen nehmen offensichtlich häufiger Diskriminierung wahr als Männer (OSI 2010a; OSI 2010b).

Die gesetzlich verordneten Kopftuchverbote für Lehrerinnen und Erzieherinnen in öffentlichen Schulen und Kindergärten scheinen Diskriminierungen gegen das Kopftuch in allen öffentlichen Bereichen und weit darüber hinaus zu legitimieren.[37] Aufgrund der Vorbildfunktion des öffentlichen Dienstes haben diese Gesetze eine negative Signalwirkung auf den gesamten Arbeitsmarkt. Anstatt seine Leitbildfunktion im Kampf gegen Diskriminierungen wahrzunehmen, scheint der öffentliche Dienst daher durch seine eigenen Regulierungen ein diskriminierendes Verhalten gegenüber Kopftuchträgerinnen zu legitimieren.

Qualitative Untersuchungen über die Gatekeeper des Arbeitsmarktes weisen ebenfalls abwertende Einstellungen gegenüber türkischen und muslimischen Migrantinnen und Migranten nach (Gestring/Janßen/Polat 2006; zitiert nach Peucker 2010: 45f). Die Personalverantwortlichen unterstellen den türkischen Bewerberinnen schwache Deutschkenntnisse, mangelndes Verantwortungsbewusstsein, fehlende Teamfähigkeit, Selbstüberschätzung, mangelnde Arbeitsmoral, Unzuverlässigkeit oder fehlendes Interesse an Weiterbildung (ebd.). Die persönlichen Vorbehalte dieser Gatekeeper gegenüber türkischen Migrantinnen, insbesondere aber gegenüber kopftuchtragenden Muslima wurde hier direkt auf die Bewerberinnen übertragen: „12 der 19 Gatekeeper, die allein über die Rekru-

37 So stellt bereits Heide Oestreich fest: „Die Gerichte haben zur Stigmatisierung einer Minderheit beigetragen“ (2004: 78). Zur Kopftuchdebatte und zu den gesetzlichen Kopftuchverboten in den einzelnen Bundesländern siehe Oestreich 2004; Berghahn/Rostock 2009; Henkes/Kneip 2009. In Hessen wurde das Kopftuchverbot auf den gesamten öffentlichen Dienst ausgedehnt (vgl. Sacksofsky 2009). Auch für Polizistinnen und Richter gilt ein gesetzliches Kopftuchverbot in vielen Bundesländern (vgl. Berghahn 2009).

tierung entscheiden, lehnen es entweder explizit ab, türkischstämmige Frauen mit Kopftuch einzustellen, oder stehen einer solchen Einstellung zumindest sehr skeptisch gegenüber. [...] Abgesehen von einem Reinigungsunternehmen stellt kein einziges Unternehmen im Dienstleistungsbereich Kopftuchträgerinnen ein, wobei mit den erwarteten ökonomischen Folgen argumentiert wird. Das Kopftuch gilt dabei oft als ‚befremdliches Symbol kultureller Andersartigkeit', das die Gatekeeper ihren Kunden nicht zumuten möchten" (Peucker 2010: 45f.).

Aber auch türkischstämmige Bewerberinnen ohne Kopftuch werden teilweise mit dem Grund der unterstellten Familienorientierung abgewiesen. Migrantinnen würden insbesondere wegen unterstellter „Familienorientierung", d.h. wegen „besonders hoher Ausfallzeiten aufgrund vieler Kinder" nicht eingestellt (Peucker 2010: 47-48). Tatsächlich zeigen türkische Migrantinnen und insbesondere türkischstämmige Muslima, die ein Kopftuch tragen, in Umfrageergebnissen eine etwas stärkere Familienorientierung als deutsche Frauen.[38]

Inna Becker und Yasemin El-Menouar haben in einer repräsentativen Studie untersucht, welche Zusammenhänge zwischen Geschlechterrolleneinstellungen sowie gelebten Geschlechterrollen zum einen und der Religionszugehörigkeit, der religiösen Praxis und soziodemographischen Faktoren zum anderen bestehen: „Die Ergebnisse zeigen zum Teil nur geringe, zum Teil jedoch auch größere Unterschiede zwischen Christen und Muslimen. Die Religionszugehörigkeit bildet dafür jedoch keine hinreichende Erklärung" (Becker/El-Menouar

38 In einer empirischen Studie, in der Frauen befragt wurden, die ein Kopftuch tragen, stellte sich heraus, dass für diese Frauen „familiäre Werte einen herausragenden Stellenwert" haben (Jessen/von Wilamowitz-Moellendorff 2006: 28). Familiäre Werte waren für sie bedeutender als Freiheit und Selbstverwirklichung und ein harmonisches Familienleben stellt für 93 Prozent dieser Frauen ein sehr wichtiges Lebensziel dar. Eine Studie von Röhr-Sendlmeier und Yun (2006) über „Familienvorstellungen im Kulturkontakt" zeigt für türkische und italienische Migrantengruppen eine stärkere Orientierung an familiären Traditionen und Werten, während für deutsche und koreanische Familien Individualität und Rationalität im Vordergrund stehen. In der vergleichenden Studie von Gümen/Herwartz/Westphal von 1994 waren die türkischen Frauen etwas stärker als die aus Osteuropa stammenden und deutschen Frauen der Meinung, „dass die Familie eine wichtige Basis darstellt". Auch in der Studie von Wagner und Weiß (2010) zum Zusammenhang von „Erwerbssituation und Partnerschaft" unterscheiden sich türkische Paare durch ein traditionelleres Geschlechterverhältnis und -bild von deutschen Paaren. Untersuchungen, die den Generationenverlauf innerhalb der türkischen Migrantengruppe berücksichtigen, stellen jedoch einen Rückgang traditioneller Lebensvorstellungen fest (vgl. Boos-Nünning/Karakaşoğlu 2005: 96 – 134).

2014: 177). Insgesamt kommen sie zu dem Ergebnis, dass zum Teil nur geringe Unterschiede aufgrund der Religionszugehörigkeit vorliegen und dass, wenn größere Unterschiede zwischen Christinnen und Musliminnen bestehen, „die Religionszugehörigkeit dafür keine hinreichende Erklärung bildet, da sich der Unterschied häufig durch soziodemographische Faktoren wie z.B. Schichtzugehörigkeit, Bildung und Anzahl der Kinder unter sechs Jahren erklären lässt" (ebd.).

Musliminnen und Muslime sind keine in sich homogene Gruppe, sodass sich in Bezug auf die verschiedenen Aspekte der Geschlechterrolleneinstellungen und der gelebten Geschlechterrollen „Personen unterschiedlicher Religionszugehörigkeit ähnlicher als Personen derselben Religion" sein können (ebd. 178). So hängen sowohl bei Christen als auch bei Muslimen traditionelle Vorstellungen der Geschlechterrollen mit der Intensität der religiösen Praxis zusammen. Dabei sind durchaus Unterschiede in den Rollenbildern hinsichtlich der Religionszugehörigkeit zu erkennen. Diese Unterschiede gleichen sich über die Generationen hinweg jedoch stark an:

> „Klassische Rollenbilder, bei denen die Bereiche Haushalt und Familie der Frau zugeordnet und der Mann in der Ernährerrolle gesehen wird, sind bei Muslimen (Liberalitätswert = 57,3) deutlich stärker verbreitet als bei Christen (Liberalitätswert = 74,1). Die Ablösung von diesen Rollenmodellen ist unter den Angehörigen der Folgegeneration deutlich stärker gegeben (Liberalitätswert: Christen = 85,5: Muslime = 71,1). Auch wenn in Deutschland sozialisierte Muslime im Vergleich zu Christen nach wie vor traditionellere Werte vertreten, ist der Liberalitätssprung unter Muslimen von der vergleichsweise sehr traditionellen ersten Generation zur zweiten bzw. dritten Generation deutlich größer. Die Liberalisierung der Geschlechterrollen geschieht parallel zu der unverändert hohen Alltagsbedeutung von religiösen Vorschriften unter Muslimen in der Folgegeneration. Somit ist davon auszugehen, dass sich der Einfluss der Religiosität auf Geschlechterrollenorientierungen bei deutschen Muslimen zunehmend relativieren wird." (Becker/El-Menouar 2014: 179)[39]

Ungeachtet ihrer starken Familienorientierung wollen Frauen mit türkischem Migrationshintergrund und Muslima, die ein Kopftuch tragen, mehrheitlich Familie und Beruf vereinbaren. So bejahten in einer Studie der Konrad-Adenauer-Stiftung 94 Prozent der kopftuchtragenden Frauen die Aussage, in

39 „Eine Ausnahme bilden in dieser Hinsicht nur Türkeistämmige. Hier sind die Einstellungen über die Generationen hinweg erstaunlich stabil" (Becker/El-Menouar 2014: 76). Dies liegt jedoch wiederum eher an spezifischen soziodemographischen Faktoren und der vergleichsweise höheren Religiosität dieser Gruppe als an der ethnischen Herkunft (ebd.).

einer Partnerschaft sei es „wichtig, dass sich auch die Frau ihre beruflichen Wünsche erfüllen kann" (Jessen/von Wilamowitz-Moellendorff 2006: 34). Die Studie „Migrantinnen in Oberhausen: Familie, berufliche Integration und soziale Lage", in der mit deutschen, türkischen und osteuropäischen Migrantinnen Einzel- und Gruppeninterviews durchgeführt wurden, stellt fest, dass türkische Frauen die Erwerbstätigkeit als einen Dienst gegenüber der Familie sehen (Helfferich et al. 2008). Für türkische Frauen bedeutet die Berufstätigkeit keinen Gegensatz zur Mutterrolle, da sie die Erwerbstätigkeit in den Dienst der Familie stellen und somit ihrer Mutterrolle nach- bzw. unterordnen (Gümen/Herwartz-Emden/Westphal 1994). Für deutsche Frauen besteht dagegen ein Konflikt zwischen Mutterschaft und Berufstätigkeit, da sie die Erwerbstätigkeit als ein Mittel zur Selbstverwirklichung und Emanzipation sehen (vgl. ebd.: 42). Dementsprechend lehnen türkischstämmige Frauen eine öffentliche Kinderbetreuung (insbesondere während der ersten Lebensjahre der Kinder), die in der Regel eine Voraussetzung für eine externe Erwerbstätigkeit ist, eher ab als deutsche Frauen.[40]

Boos-Nünning und Karakaşoğlu stellten fest, dass ein Rückgang traditioneller Einstellungen bei den jungen Frauen oft mit einer bewussteren religiösen Lebensführung verbunden ist (dies. 2005: 366ff.). Die Religionsausübung ist für diese Frauen keine einfache Übernahme der religiösen Haltungen ihrer Eltern, sondern Ergebnis einer identitätsbildenden Reflexion der eigenen Religiosität und religiösen Praxis. Die starken Bildungsaspirationen der jungen Migrantinnen gehen mit einer sehr bewussten und wissensbasierten Aneignung der Religion und reflexiven Auseinandersetzung mit der religiösen Praxis einher (vgl. Karakaşoğlu-Aydin 1999; Nökel 2002). Während die Bildung den Weg aus den unteren Schichten in die Mitte der Gesellschaft ebnet, reflektiert die bewusste Identi-

40 Für türkische Frauen ist die Erziehung der Kinder ein zentrales Thema. Und sie neigen eher zur Distanz gegenüber öffentlichen Kinderbetreuungsformen als Aussiedlerinnen und deutsche Frauen (Gümen/Herwartz-Emden/Westphal 1994). Auch andere Studien sehen die Erwerbstätigkeit türkischer Frauen in engem Zusammenhang mit der Zukunftssicherung der Kinder und Familie. Innerhalb von Migrantenfamilien in Baden-Württemberg stellte der Report „Familie und Beruf" in der türkischen Migrantengruppe eine stärkere Familienorientierung neben einer bestehenden Erwerbsorientierung fest (Stutzer/Saleth et al. 2010). Insbesondere türkische Familien und Aussiedlerfamilien bewerteten die Mutterschaft positiv. Im Bericht „Muslime in Europa" des Open Society Instituts wählten Frauen gezielt Arbeitsplätze im näheren Wohnumfeld, um den Beruf mit der Familie zu verbinden. Sie waren eher bereit eine ortsnahe Erwerbsarbeit, die unterhalb ihres Qualifikationsniveaus lag, auszuüben, als nach einer ortsfernen qualifizierteren Erwerbsarbeit zu suchen (vgl. ebd. 2011: 127).

fikation mit dem Islam die Andersartigkeit der eigenen kulturellen Herkunft.[41] Die ausgeprägte Bildungs- und Berufsorientierung auf der einen Seite und die identitätsbildende Reflexion der eigenen Religiosität auf der anderen Seite kennzeichnen daher das Spannungs- und Konfliktfeld, in dem sich auch die Frauen unseres Samples bewegen (vgl. auch Edthofer/Obermann 2007).

Frauen mit Kopftuch leiden besonders stark unter Diskriminierungen auf dem Arbeitsmarkt.[42] Wiederholte Erfahrungen der Ablehnung und Diskriminierung können dazu führen, dass sie es erst gar nicht mehr versuchen, bei deutschen Arbeitgebern eine Anstellung zu finden. So werden sie vom Arbeitsmarkt der Mehrheitsgesellschaft und damit von einer zentralen Möglichkeit der Integration in die Gesellschaft ausgeschlossen. Frauen, die in den Arbeitsmarkt integriert sind, sehen aufgrund ihres Kopftuches oft keine Aufstiegschancen. Diese Wahrnehmung fehlender Möglichkeiten führt unter anderem dazu, dass sie von sich aus keine Karriere anstreben.[43] Sie werden dadurch auf ihre Familie zurückverwiesen und wenden sich dieser stärker zu, als wenn sie bessere Möglichkeiten und eine realistische Chance hätten, sich auch beruflich in die Mehr-

41 Im Unterschied zum Wunsch, Familie und Beruf zu vereinbaren und dementsprechend ihre Partner stärkere an der Haus- und Familienarbeit zu beteiligen, bleiben Ansichten über Keuschheitsnormen unter Muslimen vom allgemeinen Liberalisierungstrend unberührt: „Die im Vergleich starke Religiosität der hier aufgewachsenen Muslime wirkt sich somit eher auf die sexuelle Freizügigkeit als auf die Rollenaufteilung in der Familie oder im Beruf aus. Im Unterschied zur ersten Generation messen in Deutschland aufgewachsene Muslime sowohl der weiblichen als auch der männlichen Keuschheit einen hohen Wert bei. Somit sprechen die Ergebnisse für eine eigene Variante der Emanzipation unter Muslimen der ersten und zweiten Generation. Diese richtet sich auf eine Ablösung der Frau von ihrer festgelegten Rolle in Haushalt und Familie." Gleichwohl scheint eine sexuelle Liberalisierung, wie sie bspw. für die Frauenbewegung der 1960er bzw. 1970er Jahre in Deutschland typisch war, kein Bestandteil davon zu sein" (Becker/El-Menouar 2014: 180). Bezogen auf Keuschheitsnormen besteht sowohl eine deutliche Differenz zwischen Christinnen und Musliminnen insgesamt als auch zwischen religiösen und weniger religiösen Musliminnen: „Während zwei Drittel der religiösen Muslime weiblicher Keuschheit und rund die Hälfte von ihnen männlicher Keuschheit zustimmen, betragen die Werte unter weniger religiösen Muslimen nur noch 22,6 Prozent und 12,3 Prozent" (Becker/El-Menouar 2014: 74).

42 Vgl. Peucker 2010: 30, 36, 45f., 47f., 50f, 54.

43 Herkunftsbezogene Ablehnungen erzeugen bei Migrantinnen und Migranten Akkulturationsstress, der bei wiederholten und nachhaltigen Diskriminierungserfahrungen nur durch einen Rückzug in die eigene ethnische Gemeinschaft und die Familie vermieden werden kann (vgl. Madubuko 2011; Berry 1997).

heitsgesellschaft zu integrieren.[44] Wir haben es daher mit einem *circulus vitiosus* zu tun, in dem die erfahrenen Diskriminierungen zum eigenen Rückzug der Frauen führen, wodurch sich wiederum das öffentliche Image der familienbezogenen Migrantin wie in einer *self-fulfilling prophecy* bestätigt.

1.4 Methode, Sample und Aufbau der Studie

Für diese Studie wurden mit insgesamt 20 Frauen biographische, offen strukturierte und narrative Interviews durchgeführt.[45] Vier zentrale Auswahlkriterien der Interviewpartnerinnen waren entscheidend: Alle Frauen verfügen erstens über einen türkischen Migrationshintergrund, sie tragen zweitens ein Kopftuch, haben drittens Kinder und sind viertens erwerbstätig bzw. suchen eine Erwerbstätigkeit. Es handelt sich somit um ein Sample in dem alle Frauen die Erziehung ihrer Kinder mit einer Berufstätigkeit verbinden wollen oder müssen. Die Auswahl der Gesprächspartnerinnen erfolgte in zwei großen Industriestädten mit hoher Migrationsdichte durch Empfehlungen aus der Bekanntschaft, durch Kontaktaufnahme mit Organisationen, die Migranten bzw. Menschen mit Migrationshintergrund unterstützen, sowie durch ein Schneeballverfahren. Bei der Auswahl der Interviewpartnerinnen wurde, so gut es ging, nach objektiven Kriterien wie Qualifikationsniveau und Erwerbsstatus, aber auch nach der Anzahl der Kinder und der Familiensituation differenziert und kontrastiert. Ungeachtet dessen handelt es sich hierbei um ein qualitatives Sample, das keinen Anspruch auf statistische Repräsentativität erheben kann.

Zehn der Frauen sind in Deutschland aufgewachsen, acht in der Türkei. Letztere kamen im Alter von drei bis 25 Jahren nach Deutschland – zwei weitere Frauen pendelten mehrfach zwischen der Türkei und Deutschland. Das Alter der kopftuchtragenden Frauen lag zum Zeitpunkt des Interviews im Jahr 2012 zwischen 27 und 45 Jahren, wobei die meisten zwischen 30 und 40 Jahren alt waren. Das Durchschnittsalter der Frauen betrug 36 Jahre. 18 Frauen waren zum Zeitpunkt des Interviews verheiratet, zwei lebten von ihrem Ehemann getrennt und

---

44 Türkische Erwachsene zeigen eine stärkere Orientierung an familiären Traditionen und Werten im Vergleich zu Deutschen (Röhr-Sendlmeier/Yun 2006; Ofner 2003).

45 Diese Studie ist Teil eines Forschungsprojektes zur Berufsrückkehr, der sich als solcher verselbstständigt hat. Insgesamt wurden in diesem Projekt mehr als hundert weitere Interviews durchgeführt und ausgewertet. Diese Interviews (insbesondere aber sechs weitere Interviews mit türkischstämmigen Frauen, die kein Kopftuch tragen) dienen den in dieser Studie ausgewerteten Interviews als Vergleichsfolie.

waren alleinerziehend. Alle 20 Frauen sind bzw. waren mit einem türkischstämmigen Ehepartner liiert.

Da es uns in dieser Studie um die Vereinbarkeit von Familie und Beruf geht, sollten alle Interviewpartnerinnen Mütter sein und entweder eine Erwerbstätigkeit ausführen oder sich nach einer mehr oder weniger langen Familienphase um einem Wiedereinstieg in den Beruf bemühen. Zum Zeitpunkt des Interviews hatten sieben Frauen ein Kind, sieben Frauen zwei Kinder, drei Frauen drei Kinder und drei Frauen vier Kinder. Die meisten Kinder waren zwischen fünf und zwölf Jahren alt, das Durchschnittsalter der Kinder betrug zehn Jahre und die Altersspanne lag zwischen zwei und 24 Jahren. 13 Frauen waren zum Zeitpunkt des Interviews erwerbstätig, sechs Frauen auf der Suche nach einer Erwerbsarbeit, eine Frau befand sich in einem Studium (Esra) und zwei weitere in einem berufsbegleitenden Studium (Derya) bzw. in einem Aufbaustudium (Ipek). Eine Frau (Yildiz) verfügt über eine höhere Qualifikation aus der Türkei, die jedoch in Deutschland nicht anerkannt wurde, 15 verfügen über eine Berufsausbildung und vier haben keine berufliche Qualifikation. Mehrfach sind die Berufe der Erzieherin (4), Krankenpflegerin (3) und Medizinisch-Technischen Assistentin (2 MTA) in unserem Sample vertreten. Zwei haben eine Ausbildung zur Einzelhandelskauffrau und eine als Reiseverkehrskauffrau.

Alle Interviews wurden von Sümeyye Demir durchgeführt. Sie hat sich vor den Interviews selbst vorgestellt und das Anliegen der Studie erklärt. Sümeyye Demir ist türkischstämmiger Herkunft, spricht muttersprachlich Türkisch, trägt ein Kopftuch und war als Studentin etwas jünger als die meisten interviewten Frauen. Während die Vorgespräche oft in türkischer Sprache stattfanden, wurden bis auf vier Interviews alle Interviews in deutscher Sprache durchgeführt.[46] Da sowohl die Interviewerin als auch ihre Interviewpartnerin ein Kopftuch trugen, galt das Tragen des Schleiers zwischen ihnen als selbstverständlich. Das Kopftuch sollte auch nicht das zentrale Thema des Interviews darstellen: Es sollte insbesondere um die Vereinbarkeit von Familie und Beruf gehen. Angesichts der Schwierigkeiten, welche die Frauen als kopftuchtragende Muslima hatten, eine Ausbildungsstelle und eine Beschäftigung zu finden und aufgrund der Diskriminierungen, die sie aufgrund des Schleiers erlebten, wurde das Kopftuch jedoch zu einem der zentralen Themen der Interviews.

46 Die vier ersten Interviews wurden auf Türkisch geführt und nur teilweise übersetzt bzw. paraphrasiert: Sie gingen daher nur in einer sehr reduzierten Form in die Auswertungen ein. Ebenso konnte ein Interview, bei dem die Aufnahme nicht vollständig registriert wurde, nur marginal verwendet werden. Das Kernsample besteht daher aus 15 Interviews und deren Transkriptionen (siehe dazu die tabellarische Aufstellung des Samples im Anhang).

Die Interviews begannen mit einer offenen Eingangsfrage, welche die Interviewten zu einer biographischen Stehgreiferzählung aufforderte.[47] Es folgte ein mittels eines Interviewleitfadens vorstrukturierter Nachfrageteil, der sich jedoch sehr stark an dem zuvor Erzählten orientierte und eher auf dessen narrative und verstehende Vertiefung als auf eine systematische Befragung ausgerichtet war. Die Interviews endeten mit evaluativen Fragen zum bisherigen Lebenslauf, der gegenwärtigen Situation und einem Ausblick in die Zukunft. Sie dauerten zwischen 20 und 84 Minuten, wobei die meisten ca. 50 Minuten lang waren.

Alle Interviews wurden transkribiert und kodiert – bis auf die vier in türkischer Sprache durchgeführten, die nur paraphrasiert und teilweise übersetzt wurden.[48] Wie bereits der Interviewleitfaden, orientierten sich die Kodierungen an den folgenden Forschungsfragen: Wie stellen kopftuchtragende Frauen die Vereinbarkeit von Familie und Beruf dar? Welche Bedeutung haben für sie die Familie und die Erziehung der Kinder? Welche Bedeutung haben für sie der Beruf und die Selbstverwirklichung in jenem? Wie gestalten sie den Wiedereinstieg in den Beruf nach einer Erwerbsunterbrechung und welche Erfahrungen machen sie dabei? Wie werden sie von ihren Partnern (und Familien) bei der Vereinbarkeit von Familie und Beruf unterstützt? Welche Rolle spielt ihre Herkunftsfamilie, ihr soziales Umfeld und ihre türkisch-deutsche Bikulturalität für ihre Berufs- und Familienorientierung? Welche Erfahrungen machen sie hinsichtlich des Kopftuchs und ihrer Religion? Wie gehen sie mit diesen Erfahrungen um und welche Bewältigungsstrategien entwickeln sie?

Die empirischen Ergebnisse dieser Studie stellen wir in den zwei zentralen Kapiteln dieser Studie dar: Im zweiten Kapitel präsentieren wir die wesentlichen Erkenntnisse in der Form von Fallstudien, im dritten als eine systematische Analyse der subjektiven Erfahrungen der interviewten Frauen.

Das zweite Kapitel stellt anhand von Fallstudien die Kämpfe um Anerkennung der befragten Frauen dar. Es ist in drei Abschnitte gegliedert. Im ersten Abschnitt 2.1 werden diese Kämpfe um Anerkennung als Kämpfe gegen rassistische Diskriminierungen analysiert. Diese Kämpfe um die Anerkennung der eigenen Identität machen eine verkehrte Welt sichtbar, da die rassistischen Diskriminierungen zu einer Verkehrung der eigenen Werteordnung führen. Die eigene Werteordnung und soziale Ordnung zeigt sich in der Art und Weise, wie sie mit dem kulturell Anderen umgeht. Daran anschließend stellen sich entscheidende Fragen: Was für eine Gesellschaft haben wir in Deutschland und wie

47 Zur Methodik des biographischen und verstehenden Interviews, an dem sich unsere Interviewmethodik orientierte, siehe Fuchs-Heinritz 2000 und Kaufmann 1999.

48 Eine erste Kodierung der Interviews wurde von Sümeyye Demir durchgeführt.

sollte diese in der Zukunft aussehen? Oder in den Worten einer der interviewten Frauen: *„EY, was für ne Stadt ham wa hier?“*

Im Abschnitt 2.2 erörtern wir den Wunsch der interviewten Frauen, das Kopftuch auch im Berufs- und Erwerbsleben zu tragen. Dieser Wunsch sieht sich mit der Erwartung konfrontiert, den Schleier abzulegen. Die Erwartung der deutschen Mehrheitsgesellschaft, das Kopftuch während der Arbeit abzulegen, steht im Widerspruch zum existenziellen Bedürfnis der Frauen, das Kopftuch als ein wesentliches Symbol ihrer religiösen und kulturellen Identität auch während der Arbeit zu tragen. Eine der interviewten Frauen bringt dies so auf den Punkt: *„Ich bin so wie ich bin. Ich, mit Kopftuch.“* Es stellt sich daher die Frage, inwiefern es legitim ist, von den Frauen zu erwarten, den Schleier während der Berufstätigkeit abzulegen. Damit rückt wieder die Frage in den Vordergrund, in was für einer Gesellschaft wir leben möchten. Werden wir dem Anspruch einer liberalen, offenen und multikulturellen Gesellschaft gerecht?

Im Abschnitt 2.3 geht es einerseits um die Verbindungen zwischen Familie und Beruf. Andererseits kommt auch der Konflikt zwischen den Muslima, die aufgrund ihres Glaubens ein Kopftuch tragen, und der deutschen Gesellschaft, die jenes als ein Symbol der Unterdrückung der Frauen (mehrheitlich) ablehnt, zur Sprache. Hierbei geht es um das Verhältnis von Selbst- und Fremdbestimmung, Zwang und Freiheit. In diesem Abschnitt werden die emanzipatorischen Potenziale des Berufs deutlich, durch welche die Mutter, Ehefrau und Muslima zu einer *„erfolgreichen“* Frau wird, die *„auf eigenen Beinen“* steht.

Darüber hinaus repräsentieren die Fallbeispiele verschiedene Formen der Verbindung von Familie und Beruf: den schnellen und den späten Wiedereinstieg, die Vollzeit- und die Teilzeitbeschäftigung, die abhängige Beschäftigung und die Selbstständigkeit. Ebenso finden wir in unseren Fallbeispielen verschiedene Formen der Arbeitsteilung zwischen den Geschlechtern: Das traditionelle Hauptemährer- und Zuverdienerinnenmodell, welches unser Sample deutlich dominiert, steht hier im Gegensatz zum Modell der gleichberechtigten Arbeitsteilung oder des (phasenweisen) Rollentausches, welches bestenfalls in Ansätzen vertreten ist. Insgesamt wird in diesem – wie auch schon in den vorangehenden Abschnitten – einmal mehr deutlich, dass es nicht die absolute Andersheit der verschleierten Muslima ist, die zu ihrer Ablehnung und Diskriminierung führt. Vielmehr ist es deren soziale und kulturelle Nähe zur Mehrheitsgesellschaft. Gerade weil sich die Frauen in die Mitte der deutschen Gesellschaft integrieren und dazugehören möchten, ohne ihre kulturelle und religiöse Identität aufzugeben, wird von ihnen so vehement erwartet, dass sie den Schleier als ein unübersehbares Symbol ihrer Andersheit ablegen.

Das dritte Kapitel stellt die Perspektive der interviewten Frauen mittels einer systematischen Inhaltsanalyse dar: In den drei Abschnitten dieses Kapitels werden wir erstens auf die Erfahrungen der Migration bzw. des Aufwachsens mit einem Migrationshintergrund, zweitens auf die Vorstellungen und Praktiken zur Vereinbarkeit von Familie und Beruf und drittens auf die von den Frauen erfahrenen Praktiken der Diskriminierung eingehen. Dabei wird einerseits deutlich werden, dass die Frauen sich und ihre Familien in die deutsche Gesellschaft integrieren wollen; ohne dadurch jedoch ihre eigene kulturelle Identität aufzugeben. Sie leben eine hybride, fluide Identität zwischen den Kulturen und streben für ihre Kinder eine bikulturelle Identität an, in der jene „*wirklich so beides in Einem*" leben sollen. Angesichts ihrer Erfahrungen der Stigmatisierung und Diskriminierung fordern sie mit den Worten eines Arbeitgebers: „*Der Mensch ist wichtig, nicht die Kleidung.*"

Im ersten Abschnitt des dritten Kapitels stellen wir die Erfahrungen der Migration bzw. des Aufwachsens mit einem Migrationshintergrund dar. Die Eltern der Frauen gehören mehrheitlich der un- und angelernten Arbeiterschicht an. Insbesondere in den ersten Jahren nach der Migration wachsen sie in einfachsten sozioökonomischen Verhältnissen auf, wobei über die Jahre ein deutlicher Zuwachs an Wohlstand konstatiert wird. Viele der Frauen erzählen von einem schwierigen Schul- und Bildungsweg, durch den sie oft hinter ihren eigenen Erwartungen und denen ihrer Eltern zurückblieben. Denn die Eltern richteten zwar hohe Bildungsaspirationen an ihre Kinder, konnten jene jedoch selten dementsprechend unterstützen, sodass die Frauen weitgehend auf sich selbst gestellt waren.

Im zweiten Abschnitt des dritten Kapitels analysieren wir, wie die Frauen die Vereinbarkeit von Familie und Beruf darstellen. Diese Analyse gliedert sich in sechs Unterabschnitte:

- Berufs- und Familienorientierung
- Dauer der Erwerbsunterbrechung
- Erfahrungen der Elternzeit
- Berufsrückkehr
- Rolle des Ehemannes
- Erziehung und Ausbildung der Kinder

So wie die Frauen von uns ausgewählt wurden, ist es nicht verwunderlich, dass sie beides – Familie und Beruf – miteinander verbinden möchten. Es ist jedoch durchaus bemerkenswert, dass die Orientierungen und Erfahrungen, Praktiken und Rollenmuster der verschleierten Muslima sich nicht grundsätzlich von einer nach dem gleichen Kriterium ausgewählten Vergleichsgruppe deutscher und anderer Frauen mit Migrationshintergrund unterscheiden, die keinen Schleier tragen (gleiches Kriterium heißt: auch die Frauen der Vergleichsgruppe wollen

Familie und Beruf vereinbaren). Die Variationen innerhalb der beiden Gruppen – verschleierter Muslima und anderer Frauen – sind größer als zwischen den Gruppen. Über graduelle, quantitativ messbare Unterschiede zum Beispiel in Bezug auf die relative Stärke der Familien- und Berufsorientierung, die wohl durchaus vorhanden sind, können wir mittels unserer qualitativen Daten und Analysen keine Aussagen machen.

Angesichts der stereotyp behaupteten Unterdrückung der verschleierten Muslima und deren Stigmatisierung und Diskriminierung als kulturell Fremde, erscheint es uns jedoch als wichtig, dass es hinsichtlich der Aussagen- und Rollenmuster zur Vereinbarkeit von Familie und Beruf keine wesentlichen Differenzen zwischen den von Sümeyye Demir interviewten Muslima und anderen Frauen gibt, die wir hinsichtlich der gleichen Kriterien ausgewählt und zum gleichen Thema interviewt haben.[49] Dieser Befund unterstützt die zentrale These dieser Studie, dass es die soziokulturelle Nähe zur gesellschaftlichen Mitte ist, welche die Ablehnung der verschleierten Muslima als unterdrückte Frau provoziert, und nicht deren absolute Andersheit. Diese soziokulturelle Gleichzeitigkeit von Nähe und Andersheit kommt auch im Wunsch der interviewten Frauen zum Ausdruck, dass es ihren Kindern einerseits besser gehen soll, indem sie höhere Bildungsabschlüsse und höhere berufliche Positionen erreichen, ohne jedoch andererseits ihre Herkunftskultur aufgeben und ablegen zu müssen. Sie wünschen sich für ihre Kinder, dass sie ihre bikulturelle Identität als Türken und Deutsche (er-) leben können.

Im dritten Abschnitt des dritten Kapitels stellen wir die Erfahrungen der Diskriminierung dar, welche die Frauen aufgrund des Schleiers gemacht haben. Diese stehen im deutlichen Widerspruch zur soziokulturellen Ähnlichkeit und Nähe der interviewten Frauen zu anderen Frauen, die Familie und Beruf miteinander vereinbaren wollen. Denn in Bezug auf die Vereinbarkeit von Familie und Beruf sind die Ähnlichkeiten zwischen den beiden Gruppen größer als die Unterschiede. Angesichts dieser soziokulturellen Nähe wird die Stigmatisierung des Schleiers als ein Symbol für die Unterdrückung der Frau als eine stereotype Entfremdung deutlich, die Prozesse und Praktiken rassistischer Diskriminierung legitimieren soll. Wir werden diesen dritten Abschnitt daher mit einer Frage abschließen, die sich als roter Faden durch die ganze Studie zieht: Inwiefern handelt es sich bei den Diskriminierungen gegen die verschleierten Muslima um Formen und Praktiken einer rassistischen Diskriminierung? In Anlehnung an die von Wulf D. Hund (2007) herausgearbeiteten Methoden des *doing race* und

---

49 Auch bei dieser Vergleichsgruppe, die aus ca. einhundert Frauen besteht, war die Verbindung von Familien- und Berufstätigkeit ein Auswahlkriterium (vgl. Kreutzer 2013).

racial othering werden wir argumentieren, dass es sich bei den einerseits stigmatisierenden und stereotypisierenden und andererseits herabmindernden und ausgrenzenden Praktiken, die wir in dieser Studie dargestellt haben, um Formen der rassistischen Diskriminierung handelt.

Im vierten Kapitel werden wir den Rassismus als eine negative Kehrseite der modernen Gesellschaft analysieren. Dazu werden wir ersten das muslimische Kopftuch als ein rassistisches Stigma im Kontext eines kulturellen Rassismus interpretieren. Im Widerspruch zu dieser Stigmatisierung des Schleiers betreiben die von uns interviewten Frauen ein *undoing race* im Sinne eines *undoing difference*. Zweitens werden wir die Praktiken rassistischer Diskriminierung im Rahmen eines Differenzschemas konzeptualisieren und am Beispiel der Diskriminierungen gegen das Kopftuch entfalten. Abschließend werden wir den Rassismus als eine Praxis negativer Vergesellschaftung und eine strukturelle Dynamik der modernen Gesellschaft reflektieren.

2. Fallstudien: Kämpfe um Anerkennung

Rabia: „*Dass die Leute uns als Mensch akzeptieren und nicht wegen dem Kopftuch schikanieren.*"

In diesem Kapitel stellen wir die Kämpfe um Anerkennung der interviewten Muslima in der Form von 13 Fallstudien dar. Bei diesen handelt es sich um kurze biographische Skizzen, welche die Lebensgeschichten der interviewten Frauen darstellen, sodass deren innere Logik deutlich wird. Unsere Fragestellungen lauten: Wie gelingt es Muslima mit Kopftuch sich beruflich in die deutsche Gesellschaft zu integrieren? Wie stellen sie selbst ihren Kampf um Anerkennung dar? Und wie gelingt es ihnen, Familie und Beruf zu vereinbaren? In jeder der 13 Fallstudien geht es um einen besonderen Aspekt, den die jeweilige Fallanalyse zur Beantwortung unserer Fragestellungen beitragen kann. Die Fallstudien haben wir wiederum nach drei übergeordneten Themen gegliedert.

Der erste Abschnitt thematisiert unter dem Titel „Andersheit in einer verkehrten Welt" wie durch rassistische Diskriminierungen eine Verkehrung unserer liberalen und integrativen Werte in ihr Gegenteil entsteht. Die drei Fallstudien dieses Abschnitts zeigen, wie die Abwehr von Andersheit zu Diskriminierungen führen, mit denen nicht die fremde, sondern unsere eigene Werteordnung infrage gestellt und unterminiert wird. Denn die Diskriminierungen des (kulturell) Anderen führen zu verkehrten Welten, in denen sich unsere eigenen Werte angesichts der rassistischen Stigmatisierung und Stereotypisierung, mittels derer wir die Anderen wahrnehmen und ihnen begegnen, in ihr Gegenteil verkehren.

Gleichzeitig wird an den Fallbeispielen deutlich, dass eine solche Diskriminierung keineswegs notwendig, eine Anerkennung der kopftuchtragenden Muslima dagegen sowohl möglich als auch wünschenswert ist. Unsere Wahrnehmung der kopftuchtragenden Muslima, so lehren uns die Fallbeispiele dieser Studie, sagt im Zweifelsfall mehr über unsere eigenen Vorurteile aus als über deren Persönlichkeit.

Der zweite Abschnitt thematisiert unter dem Titel „Doppelleben: Der Wunsch, das Kopftuch zu tragen" die Erwartung der Mehrheitsgesellschaft an die Frauen, das Kopftuch während der Arbeit abzunehmen. Dies steht dem Wunsch der Interviewten gegenüber, das Kopftuch auch während der Arbeit tragen zu können, da sie sich sonst in ihrer religiösen und kulturellen Identität gespalten und entwertet sehen (vgl. Jouili 2009: 461ff.). Das Kopftuch wird von der Mehrheitsgesellschaft als ein kulturelles Symbol behandelt, das grundsätzlich kontingent ist: Es kann getragen, bei Bedarf aber auch abgelegt werden. Für die interviewten Frauen handelt es sich beim Tragen des Schleiers dagegen um eine religiöse Pflicht, die sie als Muslima erfüllen müssen und wollen: Der Schleier ist Teil ihrer religiösen Identität und damit ein wesentliches Merkmal ihrer Persönlichkeit, weshalb sie den Schleier auch im Beruf tragen möchten. Viele Muslima sehen im Schleier auch ein Symbol der Verteidigung der eigenen Identität gegenüber den Erwartungen der Mehrheitsgesellschaft, sich der westlichen Gesellschaft einseitig anzupassen und in der Assimilation ihre religiös-kulturelle Eigenheit unsichtbar zu machen. Die vier Fallstudien dieses Abschnitts zeigen aus der Sicht der interviewten Frauen, wie schwer es ihnen fällt, das Kopftuch während der Arbeit abzulegen: Während eine der Frauen sich damit arrangiert hat, möchten die anderen Frauen, die den Schleier früher während der Arbeit nicht getragen haben, bei der Rückkehr in den Beruf nach einer Familienphase nicht mehr ohne das Kopftuch arbeiten gehen. Tatsächlich trugen etwa die Hälfte der Frauen unseres kleinen Samples kein Kopftuch während der Ausbildung und in ihren früheren Erwerbsjahren; sie wollen den Schleier jedoch insbesondere nach einer längeren Familienphase auch im Beruf tragen – und haben dafür oft erhebliche Umorientierungen und Diskriminierungen in Kauf genommen. Denn für sie ist das Tragen des Kopftuchs ein wesentlicher Teil ihrer Identität, den sie pragmatischen Überlegungen nicht mehr opfern möchten.

Der dritte Abschnitt thematisiert unter dem Titel „Verbindungen: Das Kopftuch in Familie und Beruf" verschiedene Formen, in denen die befragten Frauen das Tragen des Kopftuchs zum einen mit ihrem Familienleben und zum anderen mit ihrem Berufsleben verbinden. Wie bei anderen Berufsrückkehrerinnen, so geht es auch bei den von Sümeyye Demir interviewten Muslima um die Schwierigkeiten, die auftreten, wenn Frauen nach einer längeren Familienpause einen neuen Arbeitsplatz suchen und den Wiedereinstieg bewältigen müssen. In diesem Abschnitt wird deutlich werden, dass die Motive, Probleme und Herausforderungen der kopftuchtragenden Muslima denen anderer Frauen durchaus vergleichbar sind; jedoch mit dem wesentlichen Unterschied, dass für jene die (Re-) Integration in die Beschäftigung durch das Tragen des Schleiers wesentlich erschwert wird. In diesem Sinne geht es um Verbindungen zwischen Familie und Beruf, denen das Kopftuch seitens der interviewten Frauen keineswegs im Wege steht, seitens der Gesellschaft, in der sie leben, jedoch durchaus.

Die fünf Fallstudien dieses Abschnitts zeigen verschiedene Formen, d.h. verschiedene Arten und Weisen, wie die Frauen in ihren Erzählungen das Tragen des Kopftuchs mit ihrem Familien- und Berufsleben in Verbindung bringen. Es geht dabei um die Themen Freiheit und Zwang bzw. Selbst- und Fremdbestimmung. Zudem steht das Thema der Bikulturalität im Fokus, d.h. die Verbindung von türkischer und deutscher Kultur und deren enge Wechselbeziehung und gegenseitige Anerkennung. Und *last but not least* geht es um die verschiedenen Modelle der Arbeitsteilung und der Berufsrückkehr: den schnellen und den späten Wiedereinstieg, das Modell des Hauptverdieners und der Zuverdienerin sowie das Modell des Familienunternehmens, in dem beide Ehepartner auch als Geschäftspartner zusammen arbeiten.

Unsere Fallstudien bieten keine in sich geschlossene und damit in irgendeinem Sinne abgeschlossene Typologie an. Sie bieten Zugänge zu den eingangs gestellten Fragen aus der Sicht der interviewten Frauen, indem sie diese zu Wort kommen lassen. Dabei handelt es sich immer um subjektive Zugänge und Einblicke, die als solche kein abgeschlossenes Ganzes in all seinen Konturen beschreiben und darzustellen behaupten. Sie weisen jedoch deutlich über den Einzelfall hinaus, indem sie das Allgemeine im Besonderen zeigen und dadurch wesentliche Regeln und Formen des Kampfes um Anerkennung, der sich gegen die Diskriminierungen der Mehrheitsgesellschaft richtet, offen legen.

2.1 Andersheit in einer verkehrten Welt

Derya: „*EY, was für ne Stadt ham wa hier?*“ und „*Und das konnte die Gemeinde nicht verbinden.*“

In diesem Abschnitt beschreiben wir anhand von drei Fallbeispielen wie die Wahrnehmung der verschleierten Muslima als kulturell Fremde zu rassistischen Diskriminierungen, zu einer Verkehrung der liberalen und integrativen Werte der deutschen Gesellschaft und damit zu einer verkehrten Welt führen. Die drei Frauen, die hier zu Wort kommen, kämpfen um die Anerkennung ihrer Andersheit in einer verkehrten Welt, da die Vorurteile, denen sie begegnen, wenig bis nichts mit der eigenen subjektiven Wahrnehmung ihres Daseins zu tun haben. Denn die eigene Wahrnehmung der kopftuchtragenden Muslima ist eine andere als die be- und entfremdende Andersheit, die ihnen die Mehrheitsgesellschaft zuschreibt. Der Kampf um Anerkennung wird in den Interviews als ein Kampf um die Anerkennung der kulturellen und religiösen Andersheit in einer gemeinsamen Werte-Welt sichtbar. Er richtet sich gegen die Entfremdung und Entwertung der kulturellen und religiösen Identität in einer *„Stadt“*, einer sozialen Ordnung und Polis, die ihre eigenen liberalen und integrativen Werte durch die rassistische Diskriminierung ihrer kopftuchtragenden Mitbürgerinnen umkehrt.

Diskriminierung

Derya: *„Und dann hat die Gemeinde gesagt, wie sieht denn das aus. Ihr singt ja gar nicht und die Türkin mit dem Kopftuch, die singt unsere Lieder.“*

Derya ist zum Zeitpunkt des Interviews 35 Jahre alt, verheiratet und hat zwei Kinder, die zehn und zwölf Jahre alt sind. Sie ist seit einem Jahr selbstständig und leitet ihre eigene Einrichtung zur Kinderbetreuung, da sie als ausgebildete Erzieherin keine Anstellung finden konnte. Das Interview fand in ihrer Betreuungseinrichtung statt und dauerte insgesamt 1:15 Stunden. Derya sprach schnell, ließ sich jedoch während des Interviews nicht durch Anrufe unterbrechen und war den gesamten Zeitraum hinweg sehr offen und freundlich.

Derya wuchs als eines von sieben Geschwistern auf. Ihr Vater arbeitete als Fabrikarbeiter, ihre Mutter putzte abends in einem Industriebetrieb. Derya beginnt ihre Lebensgeschichte mit der Feststellung: *„ALSO – ich bin ja hier in Deutschland, in [Großstadt] hauptsächlich, geboren und aufgewachsen.“* Sie stellt sich als gut integriert dar. Sie war in der Grundschule die einzige Türkin in der Klasse und hat *„nur deutsche Freunde gehabt.“* Allerdings fühlte sie sich bei Schulfesten missverstanden und ihre Mutter nahm am Schulleben keinen Anteil, da sie *„die deutsche Sprache nicht konnte“*. Ihre zentrale Eingangserzählung handelt davon, dass sie in der ersten Klasse fast ein Jahr lang von Mitschülern geschlagen und gemobbt wurde. Da ihr Vater seine Kinder ermahnt hatte: *„Streitet JA nicht. Schlagt euch JA nicht. Bringt mir JA keine Beschwerde nach Hause!“*, meinte Derya, dass sie sich nicht wehren dürfe. Und als ihre Lehrerin zu Hause anrief, um ihrer Mutter mitzuteilen: *„Die Derya wird GESCHLAGEN“*, verstand die Mutter genau das Gegenteil, nämlich dass Derya die Kinder schlagen würde:

„Meine Mutter hat mich dann noch dazu geschlagen und angemotzt. ‚Warum schlägst du dort die Kinder?' Ja, ich war, äh – äh, sehr mutig. Und das wusste meine Mutter. Und sie hat sich nie vorstellen können, dass ICH SELBST geschlagen worden bin. Bis dann mein Vater irgendwann krank zu Hause war und JA: Das alles verstanden hat, was eigentlich da los geht." (Derya)[1]

Der Vater, den sie als Idol darstellt, der *„ganz lieb, ganz sanft"* war und *„nie geschimpft"* hat, macht ihr nun *„wütend, aber auch fürsorglich"* klar, dass sie, wenn sie geschlagen wird, *„auf jeden Fall zurückschlagen DARF"*, da das dann nicht Streiten, sondern nur *„Sich-schützen"* sei.

Derya: *„Da habe ich auch gedacht, na super. Nächsten Tag –"*

I: *[Lachen]*

Derya: *„Ich kann mich dran erinnern. Ich kann ein Buch draus schreiben, wie ich mich gefühlt hab. Ich lief in die Schule und dann kamen genau die vier Personen, die haben mich wieder angefangen zu schubsen."*

I: *„Oh Gott."*

Derya: *„Ich habe gesagt: ‚Hört bitte auf!' Ich hab aber noch gesagt: 'Hör bitte auf Claudia. Hör bitte auf Christian.' Nein, die haben alles weitergemacht. Dann hat einer meine Tasche genommen. Das war aber Ritual. Jeden Morgen. Tasche umgekippt. Das Mädchen hat das Mäppchen umgekippt. Also die haben die ganzen Stifte auf dem Boden gehabt."*

I: *„Ok."*

Derya: *„Bis ich dann lauter wurde. Das Mädchen gepackt hab – [Pfeifgeräusch]. Im Gang, vielleicht zwei Meter gerutscht. Ich weiß nicht. Ich weiß nur noch, wo ich mich dann umgedreht hab mir die Jungs zu schnappen. Die waren weg. Ich habe nix machen müssen. Ich hab nur das Mädchen, SO, weggestupst. Wo ich gedacht hab, es REICHT. Und dann, wahrscheinlich auch der Blick und keine Angst wahrscheinlich. Weiß ich nicht. Das hat denen gereicht, die waren dann weg. Und danach waren wir die besten Freunde. Also, DIE waren MEINE Freunde. Ich war nicht deren Freund. Also, die wollten sich dann auf einmal mit mir versöhnen."*

Diese Geschichte handelt von einem doppelten Missverständnis und einer doppelten Umkehrung der Realität: Zunächst versteht sie die Ermahnung ihres Va-

1 Die Zitate wurden der Schriftsprache angeglichen, jedoch nur so weit, dass der jeweilige Sprechduktus aufrechterhalten blieb. Die Zitate können jeweils einem bestimmten Interview zugewiesen werden; die Zeilenangaben haben wir jedoch weggelassen, da diese für den Leser keine wesentlichen Informationen enthalten.

ters, dass sie sich nicht streiten und keine Beschwerden nach Hause bringen sollte, dahingehend falsch, dass sie sich nicht wehren dürfe. Und dann versteht ihre Mutter die Lehrerin, die ihr mitteilt, dass ihre Tochter in der Schule geschlagen wird, dahingehend falsch, dass Derya andere Kinder schlagen würde. Dieses doppelte Missverständnis führt zunächst dazu, dass Derya sich nicht wehrt und von der Mutter bestraft wird, weil jene glaubt, Derya wäre die Täterin. Erst als ihr Vater krank zu Hause bleibt und Derya ihm ihre Situation schildern kann, wendet sich für sie die Geschichte zum Guten: Der Vater macht ihr klar, dass sie sich wehren darf, wenn sie geschlagen wird, was sie am nächsten Schultag erfolgreich in die Tat umsetzt.

Der Vater, von dessen Ermahnung das Missverständnis ausging, ist auch jener, der das Missverständnis aufklärt. Die Mutter verbleibt als die Übermittlerin zwischen der Schule und dem Vater dagegen in der Schuld: Sie bleibt diejenige, die den zweifachen Hinweis der Lehrerin missverstanden und dies dem Vater so mitgeteilt hat. Und sie ist diejenige, die ihre Tochter deswegen *„angemotzt"* und *„geschlagen"* hat, obwohl sie jene hätte unterstützen müssen. Dieser Rollenverteilung entspricht Deryas Beschreibung der ungleichen Autorität der Eltern: *„Wenn meine Mutter was gesagt hat (Gemurmel). Also ich hab mit'm halben Ohr hingehört. Aber wenn Papa was gesagt hat, das war 1A."* Das Idol des Vaters rückt damit in die Nähe des schützenden Gottes, von dem Derya im Interview in verschiedenen Wendungen auf Deutsch wie auf Türkisch sagt: *„Gott gibt es. Gott nimmt es"* und *„so wie es kommt von Gott, das eine hat er aufbauen lassen, das andere weggenommen."*

Die Realität wird durch das Missverständnis der Mutter umgekehrt wie auch durch die aus diesem Missverständnis folgende Bestrafung der Tochter. Sie wird jedoch auch durch die Tochter umgekehrt, die, nachdem sie gegenüber dem Vater das Missverständnis aufgeklärt hat, sich gegenüber ihren Peinigern erfolgreich zur Wehr setzt. So werden aus den ehemaligen Peinigern Freunde. Allerdings handelt es sich dabei um keine richtigen Freunde, denn jene wollen zwar nun mit ihr, sie jedoch nicht mit ihnen befreundet sein. Das Machtverhältnis hat sich damit umgekehrt: Nicht ihre Peiniger gewähren ihr, sondern sie gewährt jenen freundschaftliche Beziehungen.

Diese Schlüsselerfahrung aus dem ersten Schuljahr steht als *pars pro toto,* d.h. als Teil für Deryas gesamte Lebensgeschichte. Ihre Geschichte handelt von einer verkehrten Welt, gegen die sie immer wieder ankämpft, mal mit Erfolg, mal ohne, aber immer im Vertrauen auf Gottes Allmacht und Fürsorge. Diese verkehrte Welt erscheint in ihren Erzählungen in der Umkehr der Rollen und der Differenzen (von oben und unten sowie von innen und außen) ebenso wie in der Umkehr der Bedeutungen und den daraus entstehenden Missverständnissen.

So wurde Derya nach dieser Mobbingerfahrung vom Opfer zur Beschützerin von anderen Kindern. Sie wird zur Beschützerin von geschlagenen und gehänselten Kindern, aber auch zur Anwältin anderer Schülerinnen und Schüler gegenüber ungerechten Lehrern und deren abwertendem Verhalten. In der Hauptschule wird sie von einem Lehrer ausgelacht und gedemütigt, da sie die anderen Kinder vor diesem in Schutz nimmt:

„Mein Lehrer hat mich immer ausgelacht, hat gemeint, ‚bist du deren Anwalt?‘ Hab ich gesagt: ‚Ja, wenn´s sein muss. Warum nicht?' Er hat nämlich andere ausgelacht und ich habe die Leute geschützt und habe den Lehrer angepöbelt. ‚Wie kannst du als Lehrer die Kinder anpöbeln und auslachen?‘ Und er hat mich dann, weil er nix hatte, wo er mich auslachen konnte, also er kam nicht an mich ran, sag ich eher mal. Also ich war nicht die Perfekteste, die super Klamotten anhatte oder so. Aber ich war selbstbewusst. Das war mir egal. Aber er wusste ganz genau, wo er mich dann trifft. Er hat dann gesagt, ‚du mit deinem Notendurchschnitt, du schaffst doch keinen Anwalt.‘ Hab ich gesagt, kann sein. Irgendwann haben wir dann so Rundfrage gemacht. Dann hat er gemeint, ‚ja was wollt ihr werden?‘ Jeder hat seine Meinung gesagt. Ich hab gesagt, mein Lieblingsberuf wär Erzieherin. Hat er angefangen zu lachen [imitiertes Lachen des Lehrers] ‚Du kannst nicht einmal Kinderpfleger schaffen.‘ Hab ich gesagt, ‚ok.‘ Ich mein, ich – in dem Moment hab ich es ihm zwar nicht GEZEIGT, aber ich hab schon gedacht, dass er wohl Recht hat.“
(Derya)

Wie schon bei den Mitschülern, die sie gemobbt hatten, wird Derya durch die verächtliche Haltung des Lehrers bewusst, dass sie nicht dazugehört oder doch zumindest als fremd wahrgenommen wird. Sie lernt, dass es eine Grenze zwischen ihr und den autochthonen Anderen gibt, die zugleich eine Differenz zwischen unten und oben markiert. Auch in ihrer Erzählung, in welcher der Lehrer die Kinder anpöbelt, führt sie uns eine verkehrte Welt vor: Nicht der Lehrer schützt die Kinder (mit Migrationshintergrund) vor Angriffen, sondern sie schützt die Kinder vor dem abwertenden Verhalten des Lehrers. Der Pädagoge, der ihr eigentlich auf ihrem Weg weiter helfen sollte, spricht ihr jegliche Befähigung zu ihrem Wunschberuf ab. Was sie dem Lehrer *„in dem Moment“* nicht zeigen konnte, hat sie dann allerdings durch ihren weiteren Lebensweg geschafft: Ungeachtet des abwertenden Urteils des Lehrers ist sie Erzieherin geworden und studiert zum Zeitpunkt des Interviews Sozialpädagogik an einer Fachhochschule.

Dies gelingt ihr jedoch nicht im ersten Anlauf. Zunächst fängt sie eine Ausbildung als Konditorin an, die sie nach einem Monat wieder abbricht, da sie die Einsamkeit und das Niveau der sozialen Kontakte in ihrem Ausbildungsbetrieb nicht erträgt. Sie sucht sich selbst einen Ausbildungsplatz als Einzelhandelskauffrau in einer Modeboutique in der Innenstadt. Durch ihren Arbeitsplatz lernt sie die Drogenszene kennen, da die Dealer ihre Ware im Laden verstecken, und lernt dabei *„viel fürs Leben"*. Sie schließt die Ausbildung ab, um zu zeigen, dass sie etwas kann. Da sie dieser Beruf nicht erfüllt, will sie danach nicht weiter als Verkäuferin arbeiten, obwohl sie eine Anstellung mit einem besseren Gehalt angeboten bekommt. Den einen ihrer beiden Traumberufe, Polizistin, hält sie für unerreichbar, den anderen, Erzieherin, strebt sie nun an, indem sie den Realschulabschluss nachholt. Während sie in die Realschule geht, verliebt sie sich in ihren zukünftigen Partner und heiratet. Obwohl sie den Realschulabschluss nicht schafft, erhält sie eine Ausbildung als Erzieherin. Während des Vorpraktikums wird sie schwanger. Auf die Geburt des ersten Kindes folgt nach knapp zwei Jahren die Geburt des zweiten Kindes, sodass sie ihre Ausbildung für fast drei Jahre unterbricht.

„Ich habe dann mein Kind auf die Welt gebracht. Dann war mal Sense, dann war ich nur noch für´s Kind da. Ein Jahr lang. Eineinhalb Jahre lang. Dann kam die zweite Maus. Und dann war ich für die kleine Maus auch komplett ein Jahr da. Das war, glaub ich, ein bisschen kurz. Aber, so wie´s halt ist. Wir hab-, also, ich hab´s richtig genossen mit meinen Kindern zweieinhalb Jahre zu Hause zu sein. Und dann war´s doch wieder ein bisschen langweilig. Habe gedacht, gut Derya, mach deine Ausbildung fertig. Damit ich irgendwas habe, was mir wirklich Spaß macht und in der Zeit war ja auch das so, dass ich eigentlich in jedem Kindergarten arbeiten konnte. Das war ja nicht so schlimm wie heute, sag ich mal. Und mit dem Hintergrund hab ich gesagt, ich zieh´s durch. Hätte ich jetzt gewusst, wär ich jetzt – wie jetzt. Hätte ich´s nicht gemacht. Weil – ich find ja eh keinen Arbeitsplatz. Warum soll ich mir die Mühe machen? Warum soll ich meine Kinder, ihre Jahre verschwenden? Und viel von meinen Kindern verpassen, um nicht in einem Kindergarten arbeiten zu können? Also, das wollte ich schon nicht. Damals war´s so, dass ich überall im Kindergarten eine Arbeitsstelle gefunden hätte. Also es war ja früher so, dass man mit Kopftuch im öffentlichen Dienst, so wie sie´s jetzt nennen, arbeiten könnte und konnte." (Derya)

Während ihrer Ausbildung zur Erzieherin verändert sich ihre Lebenslage. Sie wird Mutter und bringt zwei Kinder zur Welt. Nach fast drei Jahren Familienpause möchte sie ihre Ausbildung abschließen, um als Erzieherin arbeiten zu können. Aber in dieser Zeit ändert sich die äußere Welt: Die Baden-Württembergische Landesregierung erlässt ein Gesetz, das sich gegen kopftuchtragende Muslima richtet, die als Lehrerinnen und Erzieherinnen im öffentlichen Dienst Schüler unterrichten und Kinder erziehen wollen.[2] Während im selben

2 Siehe die Beiträge in Berghahn und Rostock 2009 sowie Joppke 2009.

Land Nonnen mit Nonnenhabit nach wie vor unterrichten dürfen, erhalten Muslima, die ihren Glauben durch das Tragen eines Kopftuchs öffentlich zeigen, ein Berufsverbot. Es handelt sich um eine offene und direkte Diskriminierung der Angehörigen des muslimischen Glaubens gegenüber den Angehörigen des christlichen Glaubens – um eine Diskriminierung der muslimischen Minderheit gegenüber der christlichen Mehrheit. Das Gesetz, das auch unter führenden Juristen als verfassungswidrig gilt, wird selbst von höheren Gerichten als verfassungskonform akzeptiert.[3] Für Derya bedeutet dies, dass sie einen Beruf erlernt hat, den sie nicht ausüben darf. Ohne das Gesetz, das ihr verbietet, mit einem Kopftuch in einem staatlichen Kindergarten als Erzieherin zu arbeiten, hätte sie als ausgebildete Erzieherin eine Arbeitsstelle gefunden. Als sie ihre Ausbildung abschließt, findet sie mit dem Kopftuch nicht einmal einen staatlichen Kindergarten, an dem sie ihr Anerkennungspraktikum durchführen kann. Die einzige Chance, die ihr verblieb, um in ihrem Beruf arbeiten zu können, bestand darin, dass sie von einem privaten, d.h. in der Regel einem christlichen Kindergarten als Erzieherin eingestellt würde.[4] Tatsächlich erhält Derya, nachdem sie ein Jahr gesucht hat, die Möglichkeit, in einem christlichen Kindergarten ihr Anerkennungspraktikum durchzuführen, sodass sie ihre Erzieherinnenausbildung abschließen kann. Nach diesem Anerkennungsjahr erhält sie im gleichen Jahr eine Anstellung für ein weiteres Jahr mit dem Versprechen, dass der Vertrag für weitere drei Jahre verlängert würde. Dieses Versprechen galt bis zum Ende ihres einjährigen Vertrages: Als sie am nächsten Morgen in den Kindergarten kommt, um ihren neuen, dreijährigen Vertrag zu unterschreiben und anzutreten, heißt es jedoch, dies sei leider nicht möglich, da die Gemeinde sie als Erzieherin aufgrund ihres Kopftuchs ablehnen würde. Den Ablehnungsgrund schildert sie selbst wie folgt:

Derya: *„Die wollten meinen Vertrag drei Jahre verlängern. Aber da hatte die Gemeinde was dagegen. Weil ich, als Türkin, mit Kopftuch, in der kirchlichen Einrichtung zu arbeiten. Die sich total engagiert in kirchlichen Einrichtung und da noch mitsingt*

3 Siehe z.B. Böckenförde 2009, Mahrenholz 2009, Sacksofsky 2009.

4 Aus Frankreich ist bekannt, dass, nachdem das Kopftuch für Schülerinnen in staatlichen Schulen verboten wurde, jene Schülerinnen, die das Kopftuch nicht ablegen wollten, auf katholische Schulen ausgewichen sind. Die Zahl der muslimischen Schülerinnen mit Kopftuch in katholischen Schulen stieg laut einer Pressemitteilung nach dem Verbot des Kopftuches an staatlichen Schulen daher stark an. Das dies nicht in gleicher Weise für Lehrerinnen, die ein Kopftuch tragen, funktionieren kann, liegt auf der Hand, da es nicht um ein Bildungsverhältnis, sondern um ein Arbeitsverhältnis geht.

und Tralala-Tralala-Singen macht. Und die anderen Kolleginnen, die nicht mitsingen, denen das nicht so Spaß macht. Und dann hat die Gemeinde gesagt, wie sieht denn das aus. Ihr singt ja gar nicht und die Türkin mit dem Kopftuch, die singt unsere Lieder [Lachen]."

I: *„Also Du hast gesungen?"*

Derya: *„Ja. Ja. Genau."*

I: *„Ach so."*

Derya: *„Mit, mit meiner Kollegin. Die war nämlich ganz aktiv in der Kirche drin. Und ich war auch mit drin, weil ich gedacht hab, das ist ja das Gleiche, was wir singen. Also alles was mit Jesus war, hab ich eher dann weggelassen. Aber alles, was mit Gott beschütze uns und so, das hab ich aus dem Herzen gesungen. Ehrlich gesagt. Und das konnte die Gemeinde nicht verbinden."*

I: *„Ach so. Ich hat-, hätte gedacht jetzt andersrum, dass Du –"*

Derya: *„Nein, nein. Die wollten das dann nicht. Weil ich eben mit Kopftuch bin. Ich sing, aber die anderen Kollegschaften, die singen ja nicht. Die langweilen sich, gucken so [imitiert ein Gähnen]. Ja, stell Dir vor, ich hätte es auch nicht gewollt, ehrlich gesagt."*[5]

Diese Ablehnung einer muslimischen Erzieherin in einem christlichen Kindergarten zeigt eine mehrfach verkehrte Welt. Die erste Verkehrung besteht in der

---

5 Der Interviewtext geht weiter wie folgt: *„Und dann hab ich den Vertrag nicht verlängert bekommen. Den dreijährigen Vertrag. Hab ich da eine Kündigung bekommen. He he. Und dann durfte ich gehen. Das war auch ein Tag auf den anderen. Also ich WUSSTE ab-, wir schr-, ich krieg jetzt einen Vertrag. Morgen. Für ein Dreijähriges. Und dann sagen sie mir am nächsten Tag es geht doch nicht. Also es war richtig auf den Kopf gestoßen. Ja. Und dann war ich natürlich eingeschnappt. Hab gesagt, die wissen ja gar nicht was sie verpassen [Lachen]. Bin raus. Die Kollegen haben des Gleiche gesagt, die wissen gar nicht was sie da angestellt haben. So einen wie dich kriegen wir gar nicht. Also so arrogant wie es klingt. Aber-. Ähm, ich mach´s einfach so. Ich hab´n Kopftuch, ich weiß. Und ich weiß, die sehen mich eher, wie soll ich n sagen? Nicht zweite Person son-, doch, n bisschen schon, zweite Wahl in Person. Wenn sie eine Deutsche hätten, die meine gleiche Noten wie ich hätte, würden sie eher sie aussuchen. Aber das haben sie eben nicht. Dann haben sie mich. Dann wählen sie mich aus und dann sehen sie was für ne Praxiserfahrung und was ich alles eingebe – in die Arbeit. Und ich weiß, ich arbeite wirklich sehr gerne mit den Kindern. [Räuspern] Und dann, wenn man dann, von heute auf morgen ne Kündigung bekommt. Dann fühlt man sich schon auf den Schlips getreten. Und dann bin ich raus. Wieder ein Jahr zu Hause, weil ich nichts gefunden hab. Ne, sogar zwei Jahre. Hab extrem gesucht, überall Bewerbung. Gar nichts."*

Vertauschung des Rahmens: Aufgrund des Gesetzes, das Muslima mit Kopftuch eine Anstellung im öffentlichen Schuldienst, aber auch als Erzieherinnen in staatlichen Kindergärten verwehrt, bleibt diesen faktisch nur die Möglichkeit in privaten und d.h. in der Regel in christlichen Kindergärten eine Anstellung zu suchen. An die Stelle der staatlichen Neutralität, die einen Rahmen für verschiedene religiöse Bekenntnisse bietet, muss dann die Offenheit und/oder Toleranz der christlichen Institutionen treten, die Mitarbeiterinnen anderer Religionen zu akzeptieren.[6] Muslima mit Kopftuch werden damit faktisch auf die Akzeptanz bzw. Toleranz privater, d.h. christlicher Schulen und Kindergärten, verwiesen. Das liberale Grundrecht der Religionsfreiheit, das auf der Anerkennung anderer Religionen beruht, wird dadurch in eine (immer nur prekär gewährte) Toleranz des Anderen verwandelt. Diese Prekarität zeigt sich deutlich an dem nicht eingehaltenen Versprechen, Deryas Vertrag um drei Jahre zu verlängern, das sich am Tag der Vertragsverlängerung in ein leeres Versprechen verwandelte. Derya versteht, dass ein christlicher Kindergarten keine Muslima als Erzieherin einstellen will: denn „*sie hätte es auch nicht gewollt*", dass umgekehrt ein islamischer Kindergarten eine christliche Erzieherin einstellt. Sie hat jedoch kein Verständnis dafür, dass sie entgegen aller Absprachen von einem auf den anderen Tag gekündigt wird.

Die entscheidende Verkehrung der Welt findet jedoch innerhalb dieses verkehrten Rahmens statt: Es handelt sich um eine Umkehrung von Innerlichkeit und Äußerlichkeit, Persönlichkeit und Status. Nicht die innere Haltung, nicht der Glaube an Gott, nicht das Engagement und die Kompetenz, nicht die persönliche Eignung und der Charakter sind entscheidend, sondern die pure Äußerlichkeit, d.h. Kopftuch „ja oder nein" – und der formale Status, d.h. die richtige oder falsche Konfession. Wo Derya das Gleiche sieht, den Glauben an Gott, sieht die Gemeinde das Ungleiche: den Schleier. Derya unterscheidet zwischen denen, die mit dem Herzen, mit Freude und mit Engagement aktiv dabei sind (das sind zum einen ihre Kollegin, die „*nämlich ganz aktiv in der Kirche drin*" ist, und zum anderen sie selbst, die „*auch mit drin*" ist), und jenen Kolleginnen, die, wenn es um den Glauben geht, nicht mitsingen, sich langweilen und gähnen. Die Ge-

6 Eine staatliche Neutralität, die Muslima mit Kopftuch als Lehrerinnen und Erzieherinnen nicht anerkennt, bietet keinen rechtlichen Rahmen mehr für eine praktizierte Religionsfreiheit, wenn sie entweder Zeichen eines konfessionellen Bekenntnisses strikt unterbindet (wie in Bayern, Hessen, Niedersachsen, Nordrhein-Westfalen und dem Saarland) oder aber sich in eine offene Diskriminierung verkehrt (wie im Falle Baden-Württembergs), da sie einerseits Nonnen das Tragen ihres Habits erlaub, andererseits jedoch Muslima das Tragen des Schleiers verwehrt (vgl. Berghahn und Rostock 2009; Rosenberger/Sauer 2012).

meinde unterscheidet dagegen zwischen denen, die formal die richtige Konfession haben, und ihr, die als Muslima nicht dazu gehört. Die Sichtbarkeit des Kopftuchs wird durch das Singen verstärkt, denn dadurch, dass Derya im Unterschied zu den meisten Kolleginnen die Kirchenlieder mitsingt, wird sie für die Gemeinde unübersehbar. Und indem sie die christlichen Lieder als religiöse Lieder *„aus dem Herzen“* singt, wird der Schleier zu einem Zeichen ihres Glaubens: Der äußerliche Stoff wird durch das Aus-dem-Herzen-Singen zu einem Zeichen ihrer inneren Haltung.

Derya bringt das Unvermögen der Gemeinde, die eigene und die fremde Konfession, den eigenen und den anderen Glauben, das eigene und das fremde Erscheinungsbild miteinander zu verbinden, in einem Satz auf den Punkt: *„Und das konnte die Gemeinde nicht verbinden.“* Die Gemeinde kann nicht das Eigene in der Anderen wahrnehmen, sie vermag das kulturell Andere nicht in die eigene Kultur zu integrieren. Anstelle der Verbindung zwischen dem Eigenen und der Anderen wird die Differenz zwischen beiden betont: Das kulturell Andere wird gegenüber dem Eigenen entfremdet und abgewertet.

Es war nicht die absolute Andersheit, welche die Gemeinde nicht verbinden und folglich weder anerkennen noch ertragen konnte. Unerträglich war ihr das Zugleich, die Verbindung von Gleichheit und Andersheit, Identität und Differenz, Eigenem und Fremdem, Nähe und Distanz. Sie war nicht die Putzfrau mit Kopftuch, die den Kindergarten putzte, sondern ragte als *„aktive“* Gläubige, die *„aus dem Herzen“* sang, zusammen mit der engagierten, christlichen Kollegin aus der Menge der passiven und gelangweilten Kolleginnen heraus. Sie sang *„unsere Lieder“*, die Lieder der Gemeinde, für die sie nur *„die Türkin mit dem Kopftuch“ war*, die nicht dazu gehörte. Derya vermochte sich zu integrieren. Sie integrierte sich jedoch nicht äußerlich, sondern mit *„dem Herzen“* und *„war auch mit drin“*.

Die Gemeinde kam damit jedoch nicht zurecht und vermochte Derya als selbstbewusste Persönlichkeit nicht auf Augenhöhe zu begegnen. Sie hätte vielleicht damit leben können, wenn sich Derya rein äußerlich, formal integriert hätte, also ohne Kopftuch (und vielleicht auch ohne Konfession). Sie hätten damit Derya nicht als Persönlichkeit anerkannt, aber als Person toleriert, d.h. ertragen. Derya wollte jedoch als Persönlichkeit sowohl in ihrer Gleichheit als auch Andersheit anerkannt werden: *„Und das konnte die Gemeinde nicht verbinden.“* Dieses Nicht-Verbinden-Können von Innerlichkeit (Aus-dem-Herzen-Singen) und Äußerlichkeit (Kopftuch), Persönlichkeit (aktiv-drin-sein) und Status (andere Konfessionszugehörigkeit) führte zur Kündigung und damit zur Ausgrenzung anstatt zur Integration. Allerdings zeigt diese Ausgrenzung das Be- und Entfremden der kulturell Anderen: Derya, die sich zu integrieren vermag, wird die Integration durch die Gemeinde verweigert. Durch die Art und Weise dieser Ausgrenzung verleugnet die Gemeinde ihre eigenen Werte.

Nach dieser Kündigung suchte Derya zwei Jahre vergeblich nach einer Stelle als Erzieherin. Von der Stadt wurde sie zu zwei Vorstellungsgesprächen eingeladen: Im ersten Gespräch wird sie für geeignet gehalten und im zweiten Gespräch wird sie gefragt, ob sie bereit sei, ohne Kopftuch zu arbeiten. Da sie antwortet, dass sie so arbeiten möchte, wie sie sich beworben habe – nämlich mit Kopftuch – wird sie nicht eingestellt. Während dieser zwei Jahre hilft sie nebenbei auch ihrem Ehemann bei der Arbeit. Er ist zu der Zeit selbständig und verkauft Einbauküchen, womit er jedoch nicht erfolgreich ist, sodass er später eine Privatinsolvenz anmelden muss. Schließlich wird sie in einem Kinderladen als geringfügig Beschäftigte auf der Basis von 400 Euro eingestellt und baut sich zugleich eine eigene Kinderbetreuung als selbstständige Existenzgründung auf. Zwei Jahre vor dem Interview hat sie sich ebenfalls auf einen Studienplatz für Sozialpädagogik an der Fachhochschule beworben und diesen Studienplatz dann auch erhalten. Um nebenher noch studieren zu können, gibt sie die geringfügige Beschäftigung im Kinderladen auf. Sie hofft zum Zeitpunkt des Interviews, entweder mit der eigenen Kinderbetreuungseinrichtung oder dem Studium oder im optimalen Fall mit beidem sich ihren Berufswunsch, Erzieherin zu werden, doch noch erfüllen zu können.

Die innere Logik, die sich durch Deryas Fallgeschichte zieht, ist eine Logik der Verkehrungen. Dies zeigt sich an den erzählten Schlüsselerlebnissen: der Mobbing-Erfahrung in der Grundschule, ihrer Anwaltschaft gegen den Lehrer in der Hauptschule, der Verwandlung ihres Berufswunsches quasi in ein Berufsverbot sowie an Innerlichkeit und Äußerlichkeit, Nähe und Distanz, Eigenem und Fremden – und an ihrem engagierten „*aus dem Herzen*“ Singen in einem christlichen Kindergarten. Diese zeigen eine verkehrte Welt, eine soziale Weltfolglich, in der Werte wie Freundschaft durch Kinder in Feindseligkeit, Anerkennung durch den Lehrer in Entwertung, ein Berufswunsch durch die Regierung in ein Berufsverbot und ein Aus-dem-Herzen-Singen mit der Kollegin im christlichen Kindergarten in eine Kündigung durch die Gemeinde verwandelt wird. Derya hinterfragt diese Welt mit der Frage, die einem Klageruf gleichkommt: „*EY, was für ne Stadt ham wa hier?*“[7]

In einer solchen Welt hilft nur Gottvertrauen: „*Gott gibt es. Gott nimmt es. Wenn ich nicht so glauben würde, müsste ich jetzt richtig radikal sagen, EY, was für ne Stadt ham wa hier?*“ Und an anderer Stelle: „*Ich mein, ich bin offen für – [Lachen] – irgendwas. Ich sag einfach, ich nehm mir ein paar Ziele und was*

7 Die „*Stadt*“ bezeichnet hier gleichermaßen den Staat, die soziale Ordnung, die soziale Welt.

Gott mir einfach gibt, das nehm ich auch so an." Und sie geht ihren Weg, mutig und selbstbewusst. Sie verkehrt alle äußeren Widerstände in eigene Erfolge: Sie wird vom Opfer der Kinder zu deren Anwalt. Sie ist den weiten und schwierigen Weg von der Hauptschule über mehrere Ausbildungen und Schulen bis hin zu dem von ihr gewünschten Berufsabschluss als Erzieherin gegangen. Sie hat sich ihre eigene Kinderbetreuungseinrichtung aufgebaut, da ihr die Ausübung ihres Berufs vom Staat, von der Stadt und einer christlichen Gemeinde verweigert wurde. Und dies obwohl und paradoxer Weise auch gerade weil sie mit dem Schleier allen ihren Glauben zeigt.

Anerkennung

Emine: *„MEINE Religion spielt in meiner Einrichtung eine große Rolle. Weil ich es den Kindern vorlebe. Schon mit meinem Kopftuch lebe ich es vor."*

Emine wurde in einer Großstadt als jüngstes von fünf Kindern geboren und ist 27 Jahre alt. Sie ist verheiratet und hat eine vierjährige Tochter. Das Interview fand in der Küche ihrer Wohnung statt und dauerte knapp eine Stunde. Während des Interviews holte ihr Ehemann die Tochter vom Kindergarten ab, sodass er nur am Anfang und am Ende des Interviews in der Wohnung war. Emine wirkte sehr interessiert, freundlich, jung und dynamisch. Sie sprach recht flüssig und mit einem leichten regionaltypischen Akzent. In der relativ kurzen Eingangserzählung vermittelte sie einen Überblick über ihren Lebenslauf, ohne eine bestimmte Phase, ein Ereignis oder einen Übergang besonders hervorzuheben.

Emine besuchte nach der Grundschule die Realschule und wechselte von dieser auf ein Wirtschaftsgymnasium. Am Ende der Realschulzeit bewarb sie sich für eine Ausbildung als Bürokauffrau, erhielt jedoch trotz ihrer guten Noten keine Stelle. Während sie in der Realschule *„gar keine Probleme"* mit ihrem Kopftuch hatte, konnte sie vermutlich wegen des Kopftuchs sehr lange keine Ausbildungsstelle finden. Auf dem Wirtschaftsgymnasium merkte sie dann sehr schnell, dass sie *„einfach nicht mehr Schule, nicht mehr Lernen"* wollte. Ihre große Schwester brachte sie auf die Idee, sich für eine Ausbildung als Erzieherin zu bewerben, da sie Kinder liebte und sehr gut mit Kindern umgehen konnte. Sie bewarb sich bei der Stadt, von der sie für eine Ausbildung zur Erzieherin angenommen wurde. Dies war möglich, da es in Rheinland-Pfalz kein Gesetz gibt, das es Erzieherinnen im öffentlichen Dienst verbietet, ein Kopftuch zu tragen. Ihr Vorpraktikum absolvierte sie in einer Krippe mit ganz kleinen Kindern unter drei Jahren.

Dort gefällt ihr die Arbeit, sie lernt viel und wird von der Leiterin der Krippe auch sehr für ihre Arbeit gelobt. Die Eltern teilten der Leiterin jedoch mit, sie würden ihre Kinder nicht mehr gerne in die Krippe bringen, seitdem dort jemand mit einem Kopftuch arbeitet. Als die Krippenleiterin sie daraufhin fragt, ob sie ihr Kopftuch abnehmen würde, verweist Emine auf deren Zusage, dass sie das Praktikum verschleiert absolvieren könne:

Emine: *„Und die ganze Zeit war´s für mich – schön. Also ich hab viel gelernt. Aber so, so nach ein paar Monaten hat mich die Chefin gerufen und wollt mit mir drüber reden, wie´s so läuft und hat mich eigentlich auch gelobt und war gut. Aber – ähm – sie hat die Rückmeldung von Eltern bekommen, dass sie die Kinder nicht mehr gerne her bringen, weil ich mit dem Kopftuch arbeite. Dann hat man mich gefragt, ob ich mein Kopftuch abziehen würde. Und äh, ich hab dann zu ihr gesagt, dass ich so hier angefangen hab und mein Vorpraktikum gerne auch mit meinem Kopftuch beenden würde. Und sie hat dann, also ihre Aussage war dann, sie findet meine Arbeit auch ganz gut, wie ich arbeite. Aber sie würde nie wieder eine mit Kopftuch einstellen."*

I: *„Ok. Hm. Und wie hast Du das empfunden? Diese Situation?"*

Emine: *„Also, ich – als sie mit mir reden wollte, hab ich gedacht, es geht wirklich nur um meine Arbeit, wie ich mich fühle und – ähm –, aber sie hat andauernd irgendwie außen rum geredet und dann als sie das gesagt hat, hab ich gedacht, ah ja. Darum geht es. Weil – erst mal loben, loben, loben und dann wenn so was kommt, denkt man, ah ja. Deswegen wurde ich wahrscheinlich gelobt. Das war schon irgendwie komisch. Aber – ich fand´s halt auch nur schade von den Eltern, dass die nicht auf mich zugekommen sind und mit mir darüber geredet haben oder –. Also von den Eltern hab ich das nie gespürt irgendwie. ABER da war wahrscheinlich doch was."*

Wie bei Derya die Gemeinde, so lehnen hier die Eltern der Kleinkinder Emine aufgrund des Kopftuchs ab. Die Ablehnung richtet sich hier ganz allein gegen den Schleier, denn Emine macht ihre Arbeit gut. Dabei handelt es sich um ein blankes Vorurteil, da schwerlich ein negativer Einfluss auf die Kleinkinder durch das Kopftuch begründet werden kann. Dies wird nicht zuletzt daran deutlich, dass die Eltern Emine nicht direkt ansprechen, sondern hinten herum bei der Leiterin ihr kulturelles Vorurteil äußern – wiederum vergleichbar der Gemeinde, die Derya am Tag der Vertragsunterzeichnung die Kündigung ausspricht . Dieses Vorurteil mündet zum einen in das Ansinnen der Leiterin, Emine möge bitte ihr Kopftuch ablegen und zum anderen, da Emine dieses Anliegen abwehrt, in die das Vorurteil verfestigende Aussage: *„Sie würde nie wieder eine mit Kopftuch einstellen."* So wird aus einem kulturellen Vorurteil, das als rassistisch zu werten ist, da ihm eine inhaltliche Begründung und Legitimation fehlt, eine rassistische Diskriminierung. So wie im Farbenrassismus die Hautfarbe so wird in diesem kulturellen Rassismus der Schleier zu einem phänotypischen Merkmal, aufgrund dessen Emine ohne Rücksicht auf ihre Persönlichkeit, Leistungen und Kompetenzen stigmatisiert und stereotypisiert wird. In der Konsequenz wird die fremde Kultur nicht in die eigene Welt integriert, sondern entfremdet, entwertet und ausgegrenzt.

Nach ihrem Vorpraktikum besucht Emine zwei Jahre die Fachschule für Erzieherinnen und schließt daran ihr Anerkennungspraktikum in einem Schulhort an. Während der Ausbildung lernt sie ihren zukünftigen Ehemann kennen, der zeitgleich eine Ausbildung als Großhandelskaufmann absolviert.[8] Sie heiratet ihn, kümmert sich jedoch nach wie vor mehr um ihre Ausbildung als den Haushalt: Denn es ist ihr wie auch ihren Eltern wichtig, dass sie auf *„eigenen Beinen“* steht.[9] Nach dem Abschluss des Anerkennungspraktikums erhält sie noch für ein halbes Jahr eine halbe Stelle als Schwangerschaftsvertretung, wird dann jedoch arbeitslos. War ihr vorher der Abschluss der eigenen Ausbildung wichtig, so ist ihr jetzt der eigene Kinderwunsch wichtiger als die Suche nach einem neuen Arbeitsplatz.[10] Schon während der Schwangerschaftsvertretung wird sie selbst schwanger und ist danach für ein halbes Jahr arbeitslos, bis sie ihre Tochter zur Welt bringt. Sie genießt ihre Mutterschaft, möchte jedoch nach einem Jahr Elternzeit wieder in ihren Beruf zurück und bewirbt sich im zweiten Jahr nach der Geburt auf passende Stellen –mit der Erwartung, dass es schwer wird eine Stelle zu finden:

„Also erst mal, in der Schwangerschaft war´s super. Und danach hat man ja mit dem Kind genug zu tun. Aber so nach dem ersten Jahr hab ich dann gedacht, hm. Es wird

8 Alle Ehemänner der von uns interviewten kopftuchtragenden Muslima verfügen über einen türkischen Migrationshintergrund oder sind aus der Türkei eingewandert: Hinsichtlich des Heiratsverhaltens ist daher eine sehr starke ethnische Schließung zu beobachten. Wir werden im Abschnitt 3.2 sehen, dass die Frauen durchaus bemüht sind, diese ethnische Schließung durch eine bikulturelle Akkulturation ihrer Kinder in die deutsche Gesellschaft – insbesondere durch das Erlernen der deutschen Sprache und eine gute Schulbildung – zu öffnen.

9 Emine: *„Also ich hab jetzt nicht gedacht, ah ja, ich bin jetzt verheiratet. Ich muss jetzt meinen Haushalt machen und kann jetzt die Ausbildung nicht zu Ende machen. Mir war schon die Ausbildung dann wichtiger.“*

10 Emine: *„Und dann hab ich gedacht, ah ja. Ähm. Jetzt schwanger werden und danach kann ich mich halt nochmal bewerben. Aber der Kinderwunsch, sag ich mal, war jetzt für uns wichtiger.“*

langweilig. Vor allem während die Kleine schläft. Und es wär doch schon gut, wenn ich wieder arbeiten würde. Danach, so nach dem ersten Jahr, kamen dann schon die Gedanken wieder zu arbeiten. Und ähm – nach dem zweiten Jahr hab ich mich dann beworben. Also, dann hab ich gedacht, eig-, also ich hab auch nicht gewusst, dass es gleich klappen wird. Ich hab gedacht, ah ja. Ich werd mich bestimmt jetzt OFT bewerben, bis ich was krieg. Aber dann hat es sehr schnell geklappt. Aber dann stand ich halt da, ohne Platz. Ohne Kindergartenplatz für die Tochter. Das war halt n bissle spät." (Emine)

Emine findet entgegen ihren Erwartungen sehr schnell eine ganztägige Stelle als Krankheitsvertretung in einem evangelischen Kindergarten und kann ihr Kind in einer privaten muslimischen Betreuungseinrichtung unterbringen: „*Hab zwar was zahlen müssen, aber das war mir dann auch egal. Hauptsache Arbeit, hab ich gedacht. Und ich musste sie halt auch in der Pause abholen. Das war wirklich sehr, sehr stressig. Aber – es ging.*" Ihr Ehemann unterstützt sie in dieser Phase sehr und übernimmt auch heute noch die Kinderbetreuung jeden Dienstag, wenn sie abends Teambesprechung hat. Als ihre Tochter drei Jahre alt ist, findet sie einen Kindergarten in der Nähe. Als ihre Vertretung ausläuft, bekommt sie eine feste Halbtagsstelle im gleichen Kindergarten angeboten. Aus dieser Stelle wurde dann eine dreiviertel Stelle, da eine Kollegin, die ihren Stundenanteil reduzieren wollte, ihr eine Viertelstelle abgab. Emine würde jedoch lieber eher weniger als mehr arbeiten wollen: „*Also ich will auch, wenn´s geht, ab Sommer oder so, runter wieder. Weil, es ist wirklich schwierig. Also ganztags zu arbeiten, mit Kind und Haushalt ist sehr schwierig, sehr schwer. Deswegen möchte ich nicht ganztags – also drei Viertel geht, weil sie mir auch entgegengekommen sind. Also meine Kollegin. Dass ich nur vormittags arbeite. Ich arbeite gar nicht nachmittags.*" Emine ist sowohl mit ihrem Arbeitgeber, einer protestantischen Kindertagesstätte, als auch mit den Kolleginnen sehr zufrieden:

Emine: „*Also erstens, ich mag meine Stelle so-, also meine Einrichtung so sehr, ich würde die Einrichtung glaub ich nie wieder verlassen. Wirklich, also die Kollegen sind so super.*"

I: „*Schön.*"

Emine: „*Wenn´s was gibt, wenn´s Probleme gibt, sind sie immer für mich da.*"

Diese sich wechselseitig unterstützende und füreinander einstehende Kollegialität geht einher mit einer Anerkennung ihrer Persönlichkeit, ihrer kulturellen Andersheit und ihres Glaubens. Auf die Frage, ob die Religion einen Einfluss auf ihre Berufstätigkeit habe und eventuell ein Hindernis darstelle, antwortet sie:

Emine: *„Ähm, ein Hindernis auf keinen Fall. Also – also ich find, wenn eine Frau arbeitet ist es eine Unterstützung – für den Mann. Und ähm – dadurch sehe ich das jetzt nicht als Hindernis. Und ich finde, ´ne Reli-, also unsere Religion, MEINE Religion spielt in meiner Einrichtung eine große Rolle. Weil ich es den Kindern vorlebe. Schon mit meinem Kopftuch lebe ich es vor. Und ähm – also ich versuch auch immer so Kleinigkeiten denen zu zeigen, wies auch zu Hause bei mir so abläuft. Indem wir zum Beispiel auf Türkisch beten, bevor wir anfangen zu Essen. A-, erst mal auf Deutsch und Türkisch."*

I: *„Denen? Also den türkischen, muslimischen Kindern?"*

Emine: *„Also, es sind alle Kinder mit dabei. Wir red-, wir beten ja auch auf Deutsch. Und ähm. Dann ist auch mal so, dass wir auch Türkisch beten, also nicht nur auf Deutsch, dass die Kinder sehen, ah ja, Emine ist auch hier. Und die betet so zu Hause und hier zeigt sie´s uns auch. Und dann ist das Interesse auch besser da. Dann erzählen sie auch mehr über zu Hause. Dass es zu Hause auch bei denen so ist. Und dass die Eltern so beten und das machen. Also – sogar in der Einrichtung spielt die Religion eine Rolle."*

Die Kinder sehen: *„Emine ist auch hier"*, da ihre Religion, ihr Glaube, ihre Sprache, ihre Gebete, ihre Kultur in ihrer Kindertagesstätte eine große Rolle spielen. In diesem Kindergarten wird das Kopftuch nicht geduldet. Es wird als ein Zeichen des (anderen) Glaubens anerkannt. Und es ist dementsprechend nicht nur Emine, die sich in den evangelischen Kindergarten integriert, sondern jener integriert auch Emine: ihre Religion und ihre Kultur, das Kopftuch, die Gebete und die Sprache. Das Gemeinsame, die Identität im Glauben, ist hier wichtiger als die Differenz, die Andersheit der jeweiligen Konfessionen und ihrer Praktiken. Emine erfährt damit das Gegenteil von dem, was Derya erleben musste. Und es ist wenig verwunderlich, dass sie ihren Arbeitgeber so sehr schätzt, dass sie ihn *„nie wieder verlassen"* möchte. Denn die verkehrte Welt scheint sich in dieser Einrichtung in einen Garten Eden, ein kleines Paradies verwandelt zu haben.

Die Bedingung dieser Verwandlung ist eine Umkehrung der Mehrheitsverhältnisse: Die protestantische Einrichtung liegt in einem sozialen Brennpunkt, in dem zwei Drittel der Einwohner Migranten und mehr als 80 Prozent der Kinder muslimisch, nur 15 Prozent protestantisch sind.[11] Dementsprechend sind nur zehn Kindergartenkinder christlich getauft, während 40 Kinder muslimischen Glaubens sind. Bringt der Pfarrer den Kindern die christliche Religion nahe, so

11 Diese und die folgend Informationen dieses Abschnitts stützen sich auf einen Artikel über Emines Arbeit als Kindergärtnerin, der in der lokalen Presse erschienen ist. Die Referenz des Artikels wird nicht gegeben, um Emines Anonymität nicht aufzuheben.

ist Emine für den muslimischen Part verantwortlich. Dies sei unter den gegebenen Umständen nur „*dialogisch*", „*auf Augenhöhe*" und „*ohne Missionierung*" möglich, denn die Kindergartenarbeit ist für die Kirche eine wichtige Nahtstelle zur muslimischen Mehrheitsbevölkerung, mit der im Sinne eines Sich-einander-Kennen eine gute Nachbarschaft gepflegt werde. „*Wer hat alles gemacht, die Blumen, die Sonne, den Regen?*", fragt Emine, wenn das Frühlingserwachen der Natur das Thema des Erzählkreises lautet. Sie sitzt auf einem niedrigen Stuhl umringt von Kindern, die malen und basteln, und gibt selbst die Antwort: „*Allah – Gott hat alles gemacht*".

Mischlingskind

Esra: „*Ich komm aus zwei verschiedenen Kulturen: Mutter deutsch, Vater türkisch.*"

Esra beginnt ihre Lebensgeschichte mit dem Satz: „*Okay, also – ich bin ein Mischlingskind gewesen, sag ich mal. Sprich meine Mutter ist deutsch, mein Vater ist Türke – meine Eltern wollten halt immer, dass ich studiere, ich bin die Älteste und so, es hat sich nie ergeben*". Esra ist die älteste von vier Schwestern. Ihr Vater mit türkischer Herkunft ist „*Postbeamter*", ihre deutsche Mutter wurde als „*Sekretärin*" ausgebildet, war aber seit ihrer Ausbildung nicht berufstätig. Esras Lebensthema ist der Konflikt mit ihrer Mutter: „*Ich wollte immer das KRASSE Gegenteil zu meiner Mutter sein.*" Sie wollte nie eine „*bequeme Frau*" und nur Hausfrau wie ihre Mutter sein, die „*KEINE AHNUNG von der WELT*" hat. Sie wirft ihrer Mutter, die ansonsten eine „*SEHR, SEHR liebe Person*" sei, vor, dass sie „*sich ZURÜCKGEZOGEN hat: Sie hat nicht viel Verantwortung und so übernommen und ich bin die Älteste und hat MIR die ganze Last überlassen. Ja und das, was ich halt komisch fand früher war, dass meine Mutter als Deutsche auch nicht zu unseren Elternabenden gegangen ist, in der Schule.*" Der Konflikt mit ihrer deutschen Mutter taucht in der Lebensgeschichte von Esra immer wieder auf und führte laut Esra auch dazu, dass sie nicht gleich das Abitur machen und studieren konnte, sondern dass sie „*JETZT erst studiere*". Ihre türkische Oma wurde zu ihrer Ersatzmutter, zu ihrer zentralen Bezugsperson. In der Familie wurde „*eher die TÜRKISCHE Kultur gelebt*". Ihre Mutter habe „*sich eigentlich gut integriert*", beherrsche die „*türkische Sprache*" und habe „*unsern Glauben angenommen*", wenn auch nicht in vollem Maße, da sie sich nicht bedecken und auch nicht fünf Mal am Tag beten würde. Mit anderen Worten: Ihre Mutter habe die türkische Kultur und den islamischen Glauben zwar äußerlich „*akzeptiert*", jedoch nicht innerlich angenommen.

Esra definiert sich dagegen primär über ihre türkische Herkunft, die türkische Kultur und den islamischen Glauben. Der Schleier wurde für sie daher zu einem wichtigen Identifikations- und Zugehörigkeitsmerkmal. Ihre hybride Identität sowohl als Deutsche als auch als Türkin wurde nicht anerkannt. So wurde Esra in der Schule *„nie als halb-halb akzeptiert"*, es hieß immer: *„Du bist türkischer Abstammung."* Sie fühlt sich in der Schule nicht nur von ihrer Mutter allein gelassen, sondern als Türkin *„abgestempelt"*, deren Eltern über keinen akademischen Abschluss verfügen und sich nicht um den Schulerfolg ihrer Tochter kümmern. So sehr sich Esra selbst als Türkin versteht, mit der türkischen Kultur identifiziert und sich zum Islam bekennt, so sehr leidet sie darunter, dass sie außerhalb der Familie und der türkischen Kultur, die sie durch *„WÄRME"* charakterisiert, als eine kopftuchtragende Türkin *„automatisch abgestempelt"* und diskriminiert wird.

Die Wärme der Familie und türkischen Kultur verkehrt sich in der Schule in Benachteiligung und Entwertung, sodass sie es nicht schafft, das Abitur zu machen. Bei der Suche nach einem Ausbildungsplatz wird daraus offene Ablehnung: Da sie ein Kopftuch trägt findet sie trotz eines Realschulabschlusses mit guten Noten erst nach zwei Jahren einen Ausbildungsplatz, jedoch nicht in ihrem Wunschberuf Informatikerin, sondern (nur) als Arzthelferin.[12] Die Innen/Außen-Differenz, die in Esras Lebensgeschichte bereits den Gegensatz von türkischer Gemeinschafts- und Familienkultur und deutscher Gesellschafts- und Institutionenkultur bestimmt hat, wiederholt sich nun in der Beurteilung ihrer Person: Sie fühlt sich als Individuum nicht *„so akzeptiert wie ich BIN. Charakter zählt. Intelligenz zählt und nicht mein Äußeres"*. Im Gegensatz dazu fühlt sie sich aufgrund ihres Äußeren als eine kopftuchtragende Türkin *„abgestempelt"*. Der stigmatisierende Begriff des Abgestempelt-Seins zieht sich in vielen Wiederholungen durch das gesamte Interview und steht im Widerspruch zu ihrem Glauben, dass *„die Qualität zählt und nicht das, was drum rum ist, nicht die Verpackung"*. Die verkehrte Welt, die Derya mit ihrer Frage: *„EY, was für 'ne Stadt ham wa hier?"* beklagt, führt laut Esra zu einer Verkehrung der Werte, da unter dem stereotypen Stigma der kopftuchtragenden Türkin die Persönlichkeit, deren Qualitäten und Charakter verschwinden.

Als *„Mischlingskind"*, das sowohl türkischer als auch deutscher Herkunft ist, thematisiert Esra zum einen am eindrücklichsten die fehlende Anerkennung einer hybriden, fluiden, bikulturellen Identität: Sie wird nicht als Sowohl-als-Auch

12 Esra: *„Also, das war sehr deprimierend, sag ich mal, es war wirklich SEHR, sehr deprimierend [lacht]. Ich hätte es nicht gedacht, dass es SO schwierig ist mit MEINEN Noten eine Ausbildungsstelle zu finden."*

wahrgenommen, als eine Persönlichkeit, die sich zwischen beiden Kulturen bewegt und verorten möchte, sondern auf ihr Türkisch-Sein reduziert. Zum anderen reflektiert sie am stärksten den Prozess der Stigmatisierung, dem sie dadurch unterliegt, als einen Vorgang, der ihre Individualität, ihre persönlichen Qualitäten und ihren Charakter, missachtet. Durch den Schleier, den sie als Zeichen ihrer Identität und Zugehörigkeit, aber auch in Differenz zu ihrer deutschen Mutter und der deutschen Gesellschaft trägt, wird sie nicht mehr als eine eigenständige Persönlichkeit wahrgenommen.

Esra erzählt, dass sie Ausbildungsstellen bekommen hätte, wenn sie unterschrieben hätte, dass sie kein Kopftuch trägt. Einmal wird ihr von der Frau eines Zahnarztes erklärt, warum sie nicht mit einem Kopftuch in einer Zahnarztpraxis arbeiten könne:

„‚Okay, Sie haben sich jetzt bei mir beworben, aber das mit Kopftuch, das geht mal gar nicht.' Da saß ich erst mal da. Ich so: ‚Warum nicht?', weil Zahnarzthelferinnen müssen ja auch Kopf bedecken bei OPs und so. Und dann meinte die, das wär unhygienisch. Und dann hat sie halt angefangen über den Islam zu diskutieren und so. Und das ging mal gar nicht, in so'nem Vorstellungsgespräch kann sie nicht damit kommen. Dann sagte ich: ‚Okay, ich bedanke mich und ich bitte um meine Bewerbungsunterlagen, ich brauche die Stelle dann gar nicht.' Ja da hab ich meine Unterlagen genommen, bin gegangen und das war nicht nur die einzige Praxis oder einzige Stelle. Viele haben das erwartet." (Esra)

Nach zwei Jahren Suche findet sie eine Ausbildungsstelle in einer Arztpraxis, in die sie ihre Oma begleitet hatte. Sie wird genommen, da die Ärzte eine Auszubildende suchen, die für die vielen türkischen Kunden übersetzen kann, aber auch weil einer der beiden Ärzte, der laut Esra *„streng katholisch gewesen"* ist, ihre Einstellung, dass die Qualität einer Person und nicht deren Äußeres zähle, *„super"* fand. Sie kam in der Regel gut mit den Patienten zurecht, viele hatten sie sogar sehr gern, da sie *„immer zugehört hat"*, wenn die Patienten ihr über ihre Krankheiten und Sorgen erzählten. Es gab jedoch auch Probleme mit Patienten, die laut fragten, *„wie der Arzt es akzeptieren kann, dass eine hier mit Kopftuch arbeitet, wo sind wir hier?"* Für die Ärzte war das kein Problem, solange es sich nicht um Privatpatienten handelte: Leider blieben jedoch auch einige Privatpatienten weg, da sie nicht akzeptieren konnten, dass in der Praxis eine Türkin mit Kopftuch arbeitete. So erklärte ihr eine Frau, deren Tochter Islamwissenschaften studieren würde, dass es im Islam kein Kopftuch geben würde. Diese Belehrung ging mit einer herabwürdigenden Behandlung einher:

Esra: *„Sie hat z.B. nicht gesagt: ‚Können Sie bitte mal für mich anrufen?' Sie stand da und hat mir dann einfach 'ne Nummer vorgesagt – so 45632 bla bla. Ich so: ‚Was* *will die jetzt?' Ich so: ,Entschuldigung, reden Sie mit MIR?' Meint sie: ,Ja, anrufen!'"*

I: *[lacht]*

Esra: *„Ich mein wie willst du da reagieren, weißt du. Ich mein sie ist auch Privatpatientin gewesen, was für meinen Chef sehr wichtig war und ich hab gesagt: ,Ja, kennen Sie nicht das Zauberwort?' und hab aber gelacht [lacht]. Und dann ja – dann hat sie gemeint: ,Jetzt ruf an!' Ich so: ,Okay, ich ruf an.'"*

Diese besserwisserische Belehrung im Namen einer angeblichen Islamwissenschaftlerin, die hier mit einer herabwürdigenden Behandlung einhergeht, kennzeichnet eine Machtkonstellation, in der eine Diskriminierung auf Augenhöhe durch die ungleiche Machtposition zu einer rassistischen Diskriminierung wird. Esra erhält nach Abschluss der Ausbildung nur einen einjährigen Vertrag, da es unter den Ärzten unterschiedliche Auffassungen über die durch das Kopftuch verursachten Verluste von Privatpatienten gab, aber auch da die anderen Arzthelferinnen sie wegen ihrer bevorzugten Stellung bei dem oben genannten streng katholischen Arzt beneideten. Esra heiratete kurz vor dem Abschluss ihrer Ausbildung einen Mann türkischer Abstammung, was sie seitens der Familie nur durfte, weil sie ihrem Vater versprochen hatte, dass sie ihre Ausbildung abschließen würde. Kurz danach wurde sie schwanger, sodass sie zwar noch die Ausbildung abschließen konnte, jedoch vor dem Auslaufen des einjährigen Anschlussvertrages in den Mutterschutz und dann in die Elternzeit ging. Nach der Geburt verfiel Esra in eine Depression und ging in eine Therapie, in der sie vor allem den Konflikt mit ihrer eigenen Mutter aufarbeiten musste. Da sie sich durch das viele Zu Hause-Sein seelisch und mental „*sehr leer*" fühlte, fing sie nach zwei Jahren wieder an zu arbeiten: als Leiterin eines türkischen Nachhilfevereins. Sie entschloss sich, das Fachabitur nachzuholen, um studieren zu können. Mit der Unterstützung ihres Ehemannes, der als Schweißer arbeitet(e), gelang ihr dies: Zum Zeitpunkt des Interviews studierte Esra Wirtschaftsinformatik an einer Hochschule.

2.2 Doppelleben: Der Wunsch, das Kopftuch zu tragen

Nurcan: *„Ich bin so wie ich bin. Ich, mit Kopftuch."*

Die meisten deutschen Arbeitgeber erwarten von verschleierten Muslima, dass sie während der Arbeit das Kopftuch ablegen. Wie wir in den Fallstudien des Abschnitts 2.1 bereits gesehen haben, spiegelt sich in diesen Erwartungen der

Arbeitgeber auch die (angenommene) Ablehnung des Schleiers durch die Kunden, Patientinnen und Klienten wieder. Dazu kommt das gesetzliche Verbot des Kopftuchs in manchen Berufen, die im öffentlichen Dienst ausgeübt werden. So verbietet der Gesetzgeber in vielen Bundesländern muslimischen Lehrerinnen und Erzieherinnen im öffentlichen Dienst ein Kopftuch zu tragen; in Hessen sogar allen Bediensteten des öffentlichen Dienstes.

Was dies für die Frauen bedeutet, die diesen Erwartungen entsprechen oder entsprochen haben, werden wir in diesem Abschnitt zeigen. Eine der von uns interviewten Frauen, Sibel, nimmt das Kopftuch während der Arbeit ab und sorgt daher für eine deutliche Trennung zwischen ihrem Arbeitsleben und ihrem Leben außerhalb der Arbeit. Eine andere Frau, Hülya, arbeitete ohne Kopftuch, da sie sonst keine Vollzeitstelle als Friseurin gefunden hätte. Sie musste arbeiten, damit ihr türkischer Ehemann ein Einreisevisum erhielt. Etwa die Hälfte der Frauen unseres Samples, darunter auch Rabia, Sultan, und Nurcan, haben früher während der Arbeit kein Kopftuch getragen, möchten zum Zeitpunkt des Interviews jedoch nicht mehr ohne arbeiten. Während sich Sibel mit dieser Trennung zwischen dem Ablegen des Schleiers im Beruf und dem Tragen des Schleiers außerhalb der Arbeit arrangiert hat, sind die drei letztgenannten Frauen zum Zeitpunkt des Interviews nicht (mehr) dazu bereit. Sie können dies mit ihrem Gewissen und ihrer Identität als gläubige Muslima nicht (mehr) vereinbaren.

Dabei geht es nicht einfach um eine Trennung zwischen öffentlich und privat, da die Frauen nicht (nur) in der Familie, sondern insbesondere im öffentlichen Raum außerhalb der Familie ein Kopftuch tragen. Während sie im sonstigen öffentlichen Raum jedoch selbst bestimmen können, ob sie einen Schleier tragen, sind sie im Beruf von der Akzeptanz des Kopftuchs durch den Arbeitgeber abhängig. Die Arbeitgeber werden daher zu zentralen *Gatekeepern*, die über die Integrationschancen von Muslima in unsere Gesellschaft entscheiden.

Trennung

Sibel: *„Ich wollt auch einfach privat und dienstlich trennen."*

Sibel ist in der Türkei geboren und kam mit drei Jahren nach Deutschland. Sie hat die Vor-, Grund- und Realschule besucht. Danach besuchte sie das Berufskolleg, um sich auf die Ausbildung zu vorzubereiten. Sie machte eine Ausbildung zur MTA (Medizinisch-Technische Assistentin) in einem Klinikum. Danach arbeitete sie drei Jahre lang bis sie ihr erstes Kind zur Welt brachte. Nach drei Jahren Elternzeit nahm sie ihre Arbeit wieder in einer dreiviertel Teilzeit auf, bis sie nach der Geburt des zweiten Kindes wieder für zwei Jahre in Elternzeit ging. Zum Zeitpunkt des Interviews arbeitet sie seit fünf Jahren in Teilzeit, möchte diese jedoch eher reduzieren als erhöhen. Obwohl sie gerne arbeiten geht, ist ihr die Belastung mit zwei Kindern und einem Haushalt, der sich durch einen Hauskauf vergrößert hat, zu groß geworden.

Sibel trug bis nach Abschluss der Ausbildung und bis zu ihrer Heirat kein Kopftuch. Seit dieser trägt sie es zumindest außerhalb, jedoch nach wie vor nicht während der Arbeit. Ihr Ehemann sieht zwar nicht gerne, dass sie arbeiten geht; er ist jedoch auf sie angewiesen, da sie das zweite Einkommen zur Finanzierung des Eigenheims benötigen. Nach ihrer Ausbildung sucht und findet sie eine Stelle als MTA in einer benachbarten Großstadt, was ihr sehr entgegen kommt, da sie so ihre berufliche Erscheinung gut von ihrer Erscheinung außerhalb des Berufs trennen kann. Sie wird so im Beruf nicht als eine kopftuchtragende Muslima wahrgenommen und außerhalb nicht als eine solche, die während der Arbeit ihr Kopftuch ablegt. Sie kann mit diesem Arrangement gut leben und möchte es auch nicht ändern:

I: *„Und wie kam es zur Arbeit in Y-Stadt?“*

Sibel: *„Ich wollt nicht in X-Stadt arbeiten [Lachen]. Ich bin privat – trag ich 'n Kopftuch und auf der Arbeit trag ich kein Kopftuch. Und das wollt ich vermeiden. Ich wollt nicht, dass meine Arbeitskollegen um mich herum sind, dass ich hier in der Nähe bin und – ich hab mich auch erst nach der Ausbildung für'n Kopftuch entschieden, es war – ich war während der Ausbildung hat ich kein Kopftuch gehabt und dann hieß es für mich – ich will nach Y-Stadt, ich will keine Arbeitskollegen um mich herum haben, weil das ist mein Privates und das ist mein Geschäftliches und deshalb wollt ich nach Y-Stadt.“*

I: *„Und im Moment arbeiten Sie mit- ohne, ne“*

Sibel: *„Ohne!“*

I: *„Ja.. Das war der Grund für –„*

Sibel: *„Genau! Für die, für – für den Ort.“*

I: *Und gäbe es da nicht die Möglichkeit mit Kopftuch zu arbeiten?*

Sibel: *„Ich habe diese Frage erst gar nicht gestellt und es würden zu viele Diskussionen aufkommen, die ich nicht eingehen möchte einfach.“*

I: *„Hat da der Arbeitgeber irgendwas gesagt?“*

Sibel: *„Die – JA. Die Arbeitskollegen sind da anders. Die denken halt ganz anders darüber, sind halt einige- alteingesessene Arbeitskollegen die da sind und ich wollt auch einfach privat und dienstlich trennen und mir gelingt das eigentlich ganz gut. Und ich bin auch glücklich mit der Entscheidung. Also – ich bin jetzt nicht zwanghaft zu sagen, nee ich will jetzt auf der Arbeit ein Kopftuch tragen. Das möcht ich nicht, von mir selber aus auch nicht.“*

Sibel unterscheidet zwischen privat mit und dienstlich ohne Kopftuch: Das Private ist in diesem Falle jedoch alles andere als privat, da es um ihre öffentliche Erscheinung und Identität als verschleierte Muslima geht. Um diese Identität aufrechterhalten zu können, muss sie die zwei Orte, in denen sie jeweils ohne (Berufsstätte) und mit Kopftuch (Wohnort) erkennbar zu sehen ist, möglichst weit voneinander trennen. Die Frage nach der Möglichkeit, auch im Beruf ein Kopftuch zu tragen, wehrt sie als eine Frage ab, die sie sich erst gar nicht stellen möchte. Das Sich-nicht-diese-Frage-stellen-Wollen begründet sie mit den *„Diskussionen"*, die mit ihren *„alteingesessenen Arbeitskollegen"* aufkämen, wenn sie ein Kopftuch tragen würde. Der Hinweis darauf, dass die Arbeitskolleginnen *„anders"* sind und *„halt ganz anders darüber"* denken würden (es handelt sich bei den *„Arbeitskollegen"* (fast) ausschließlich um Frauen), deutet an, dass sie sich deren (Vor-)Urteilen gegenüber dem Kopftuch nicht aussetzen möchte. Ihre Aussage, dass sie mit der Entscheidung, *„privat und dienstlich zu trennen"* glücklich sei und dies von ihr *„selbst aus auch nicht"* anders wolle, erklärt diese pragmatische Lösung des Konfliktes zum eigenen Wollen. Die fehlende Anerkennung des Schleiers seitens der Kolleginnen wird hier durch eine sich als freiwillig darstellende Trennung der beiden Lebenssphären gelöst.

Die Trennung von *„privat und dienstlich"* erfolgt erst nach der Ausbildung und fällt mit ihrer Heirat zusammen. Diese Trennung und Zäsur gehen mit einer bewussten Trennung von Arbeits- und Wohnort einher, mit dem Ziel, die sozialen Kreise des Arbeitens und des Lebens zu trennen. Durch diese Trennung findet sie ein Arrangement für einen zerrissenen Lebenszusammenhang, der sich angesichts mehrerer Brüche und Widersprüche durch ihr Interview zieht. Denn ihre Verbindung von Familie und Beruf ist auch prekär, da ihr Ehemann, der mit der Heirat aus der Türkei nach Deutschland gekommen ist, zwar nicht möchte, dass sie arbeiten geht, dies aber akzeptiert, da ihr Einkommen zur Finanzierung der Eigentumswohnung und dann des Eigenheims notwendig ist: *„Also er freut sich jeden Monat aufs Gehalt, wenn's kommt, aber flucht jeden Monat, wenn ich arbeiten geh, so ungefähr ist es."* Denn als MTA verdient sie relativ mehr als ihr Ehemann, der als Glasreiniger arbeitet, auch wenn jener aufgrund seiner langen Arbeitszeiten, die sie mit 50 Stunden in der Woche angibt, absolut etwas mehr verdienen mag als sie. Dass sie mittels ihrer Berufsarbeit auf *„eigenen Beinen"* steht, beruht damit mehr auf der finanziellen Notwendigkeit als auf der Akzeptanz ihres Ehemannes (auch wenn es grundsätzlich ihr eigenes und das Anliegen ihrer Eltern ist, unabhängig zu sein). Sie geht gerne arbeiten und mag ihre Arbeit, fühlt sich jedoch aufgrund ihrer Belastung durch die zwei Kinder und den großen Haushalt überlastet – insbesondere da das jüngere Kind unter gesundheitlichen Problemen leidet. Die Berufsarbeit empfindet sie mitunter als

Urlaub von diesen familiären Belastungen, beklagt jedoch zugleich, dass sie zu wenig Zeit für sich selbst findet.

Die Trennung von *„das ist mein Privates und das ist mein Geschäftliches"* zieht sich als ein Widerspruch durch das gesamte Interview: Denn weder ist das Private vollkommen privat, noch das Geschäftliche frei von Privatem. Das Arrangement, das tatsächlich aus einem Bündel von Arrangements besteht, kann über die Belastungen, die nur mit großer Mühe bewältigt werden können, nicht hinwegtäuschen: *„Nein. Ich pack's nicht mehr langsam. Ich merk's selber - also ich bin nee mehr jung."*

Notwendigkeit

Hülya: *„Wo ich dann arbeiten musste, dann hab ich meine Kopfbedeckung abgelegt."*

Hülya ist zum Zeitpunkt des Interviews 42 Jahre alt, verheiratet und hat vier Kinder. Sie kam mit zwei Jahren nach Deutschland, schloss ihre Schulzeit mit einem Hauptschulabschluss ab und begann sofort danach mit einer Ausbildung zur Friseurin. Nach dem Abschluss ihrer Ausbildung arbeitet sie noch ein Jahr in ihrem Beruf. Dann heiratet sie und zieht zu ihrem Ehemann in die Türkei: Damals wollte sie *„für immer"* dort leben.

Vor der Heirat trug Hülya kein Kopftuch: Ihren Vater bezeichnet sie als *„nicht SO streng"* und eher als *„ein bisschen mehr modern"*, sodass sie viel unternehmen und ausgehen durfte. Nach der Heirat lebt Hülya sieben Jahre in der Türkei in einer Großfamilie, d.h. in einem Haus, in dem die Familien von mehreren Geschwistern zusammen leben. Sie bringt zwei Kinder zur Welt, die zusammen mit fast zwanzig anderen Kindern im gleichen Haus aufwachsen. Obwohl sie nicht arbeitet, empfindet sie das Leben in der türkischen Metropole als sehr anstrengend. Die öffentliche Infrastruktur und (Gesundheits-)Versorgung ist nicht so gut wie in Deutschland, vor allem gefällt ihr jedoch die türkische Schule nicht: In der Grundschule seien *„40 - 50 Kinder in einer Klasse"*, es ginge nicht spielerisch, sondern sehr diszipliniert zu und *„in den sechs Monaten muss das Kind LESEN können und SCHREIBEN können"*. Ihre Eltern und Geschwister, die noch in Deutschland leben, überreden sie daher, zurück nach Deutschland zu ziehen. Und angesichts der besseren Arbeits-, Einkommens- und Lebensverhältnisse kann sie auch ihren Ehemann, der in der Türkei als Kellner arbeitete, davon überzeugen, mit ihr nach Deutschland zu kommen.

Da ihr Ehemann jedoch über keine deutsche Staatsbürgerschaft verfügte, musste sie zunächst allein nach Deutschland gehen, dort arbeiten und nachweisen, dass sie mit ihrem Einkommen den Unterhalt einer vierköpfigen Familie finanzieren kann: *„Das war ja so, am Anfang wo ich mein Mann herbringen* *musste, musste ich ja vorher arbeiten, dass er Visum kriegen konnte.“* Sie kann bei ihrem Bruder und ihrer Schwägerin wohnen und arbeitet Vollzeit als Friseurin bei einem italienischen Friseur, um ein geregeltes und hinreichend hohes Einkommen nachweisen zu können. Um eine Arbeit als Friseurin zu finden, muss sie ihre Kopfbedeckung ablegen:

Hülya: *„Ich hatte geheiratet. Nach zwei drei Jahren hab dann an- also hab ich dann – mich bedeckt. Wo ich dann nach Deutschland kam, wo ich dann arbeiten musste und meine Familie herbringen musste, dann hab ich dann – ich konnte ja nicht irgendwo jetzt sagen ja, das geht nicht. Ja dann hab ich dann meine Kopfbedeckung hab ich abgelegt, dann hab ich dann beim Friseur angefangen, weil ich ja meine Ausbildung auch hatte und auch sofort viel mehr Chancen eine Arbeit zu kriegen.“*

I: *„Können Sie ein Beispiel nennen, wo Ihnen gesagt wurde wegen Kopftuch geht es nicht?“*

Hülya: *„Ich hab – mit der Kopfbedeckung geht's nicht, da haben – bevor ich – wo ich nach sieben Jahren aus der Türkei nach Deutschland kam, da hat ich direkt dann mal schon meine Kopfbedeckung abgelegt, bevor ich gefragt habe, also – bevor ich zu den Betrieben gegangen bin, ich wusste ja schon direkt, dass es nicht gehen würde. Dass ich dann weniger Chancen hätte.“*

Die Notwendigkeit, in Deutschland eine Arbeit zu finden und ein Einkommen nachzuweisen, macht es für Hülya notwendig, den Schleier abzulegen. Denn mit Kopftuch hätte sie, wie ihre spätere Suche zeigen wird, kaum eine Chance gehabt, sehr schnell eine Vollzeitstelle als Friseurin zu finden. Tatsächlich verdient sie so viel Geld, dass ihr Ehemann nach neun Monaten nach Deutschland kommen kann. Wie in der Türkei arbeitet er auch in Deutschland als Kellner– jedoch zu wesentlich besseren Arbeitsbedingungen und mit einem besseren Einkommen. Daher gefällt es auch ihm in Deutschland. Sie arbeitet drei Jahre lang Vollzeit und sieben Monate Teilzeit als Friseurin. Danach bringt sie ihr drittes und viertes Kind zur Welt und ist zum Zeitpunkt des Interviews bereits wieder seit acht Jahren zu Hause. Seit etwa einem Jahr sucht sie jedoch nach einer Arbeit: *„Weil den ganzen Tag zu Hause sitzen hab ich gemerkt, das wird dann nach ´ner Weile dann doch zu langweilig und dann – dass ich dann auch wenigstens ´nen halben Tag arbeiten kann.“* Da sie diesmal jedoch mit Kopftuch arbeiten möchte, ist es schwer eine Arbeit zu finden: Bei deutschen Friseuren hat sie keine Chance, aber auch türkische Friseure wollen keine Friseurin mit Kopftuch einstellen: *„Wenn da Kundschaft kommt, da muss man auch ein bisschen Vorbild auch für die Kundschaft sein, dass man die Haare vernünftig hat, dass die Leute das sehen, ach das ist eine schöne Haarfarbe oder eine schöne Frisur, das möcht ich auch haben.“* Zum Zeitpunkt des Interviews hat sie jedoch eine Stelle in

Aussicht: Sie hat eine „*Türkin*“ kennengelernt, die einen Kosmetikladen eröffnet, der sich insbesondere an „*türkische Frauen*“ richtet – auch solche, die bedeckt sind. Hülya soll diesen Frauen in den hinteren Räumen, in die keine Männer von außen hereinsehen können, die Haare schneiden.

Doppelleben

Rabia: „*Ich will dieses Doppelleben nicht mehr.*“

Rabia ist „*in der Türkei geboren und kam mit neun Monaten nach Deutschland*“. Sie wuchs in einer „*normalen*“ „*türkische[n] Familie*“ auf, in der sieben Leute in einer Zweizimmerwohnung zusammenlebten. Als „*normal*“, aber nicht akzeptabel bezeichnet sie, dass Türken in der Schule, bei der Arbeitssuche und Wohnungssuche und allgemein in der deutschen Gesellschaft benachteiligt werden. Obwohl sie eine Gymnasialempfehlung hatte, wurde sie auf Anraten ihrer Lehrerin in die Hauptschule versetzt. Nach der Hauptschule ging sie mit einem sehr guten Abschluss auf die Realschule und auf das einjährige Berufskolleg. Dem Ratschlag ihrer Chemielehrerin folgend machte sie danach eine schulische Ausbildung zur Medizinisch-Technischen Assistentin (MTA). Seit zwölf Jahren arbeitet sie als MTA im Labor des gleichen Krankenhauses. Diese zwölf Jahre unterbrach sie nach der Geburt ihrer beiden Kinder, die sechs und zwei Jahre alt sind, zweimal durch eine dreijährige Elternzeit. Zum Zeitpunkt des Interviews befindet sie sich am Ende ihrer zweiten Elternzeit.

Rabias Vater, den sie als sehr streng und sehr religiös bezeichnet, wollte, dass sie zu Hause ein Kopftuch trug. Er überließ es jedoch den Kindern, ob sie in der Schule ein Kopftuch tragen wollten oder nicht: Rabia, die bereits zu Hause ein Kopftuch trug, bedeckte sich bereits seit ihrem 16. Lebensjahr in der Schule. Während sie dort „*wenig Probleme mit dem Kopftuch*“ hatte, wurde es zu einem Problem, als sie sich um eine Ausbildungsstelle als Optikerin bewarb. Nachdem diese vergeblich war, bewirbt sie sich ohne Kopftuch an der MTA-Schule und hat dort sofort Erfolg. Während der Ausbildung und auch danach im Beruf trägt sie kein Kopftuch, obwohl sie außerhalb des Berufs verschleiert ist. Zum Zeitpunkt des Interviews möchte sie nur noch verschleiert zu ihrem alten Arbeitgeber und an ihren alten Arbeitsplatz zurückkehren. Schon nach der ersten Elternzeit fiel es ihr schwer, unbedeckt in den Beruf zurückzukehren. Am Ende der zweiten Elternzeit erscheint ihr dies unmöglich, sodass sie entweder verschleiert wieder an ihre alte Arbeitsstelle zurückkehren möchte oder – wenn dies nicht möglich sein sollte – sich eine neue Arbeit suchen wird. Dies dürfte dann allerdings nicht leicht sein.

An ihrer stockenden Antwort auf die Frage, ob sie während der Arbeit ein Kopftuch trage, wird deutlich, wie schwer das Problem auf ihr lastet. Denn ihr ist klar, dass wenn ihr Chef die Frage, ob sie das Kopftuch tragen dürfe, ablehnt, sie nicht mehr dort arbeiten könnte. Denn dann würde sie sich nicht mehr als Person akzeptiert fühlen. Sie verweist im Interview auf eine Freundin. Dieser war es unmöglich, für einen HNO-Arzt zu arbeiten, der auf die Frage, ob sie bedeckt arbeiten dürfe, mit dem Argument ablehnte, *„das Kopftuch würde nicht zum Schrank passen"*. So schwer es ihr bisher gefallen ist, das, was sie ein Doppel- und Schattenleben nennt, zu führen, so unmöglich wäre es ihr, von ihrem Arbeitgeber in ihrer persönlichen Identität offensichtlich missachtet zu werden. Das Schattenleben stellt sie als ein Leben dar, in dem ihre Kolleginnen nicht wissen, dass sie ein Kopftuch trägt. Zweimal beschreibt sie im Interview den erniedrigenden Akt, wie sie das Kopftuch an der Schwelle zur Arbeit abnimmt und danach wieder aufsetzt: Sie trägt das Kopftuch bis zur „*Hintertür*" und setzt es auf der Straße wieder auf, wenn sie „*um die Ecke*" ist. So soll sie drinnen niemand mit Kopftuch sehen, draußen jedoch niemand ohne. Das Verbergen der eigenen Identität vor den Anderen bezeichnet sie als ein Doppelleben: Und dieses ist für sie im Laufe der Jahre und insbesondere nach jeder der beiden Elternzeiten nicht leichter, es ist schwieriger geworden. Heute findet sie es nicht nur schlimm, sondern sagt sogar, dass es krank mache. Sie will dieses Doppelleben daher nicht weiter führen und kämpft mit sich selbst darum, den Mut zu haben, ihren Chef nach der Erlaubnis zu fragen, ein Kopftuch tragen zu dürfen.

Dabei fürchtet sie nicht nur die ablehnende Antwort ihres Chefs, sondern auch die ihrer Kolleginnen, von denen sie sagt: „*Das sind zwar nicht Radikale. Aber die halten von den Türken wirklich wenig.*" Wie Sibel, die von den „*Alteingesessenen*" spricht, so macht auch Rabia einen Unterschied zwischen den Generationen: Es seien eher die Älteren, die „*Sprüche über Ausländer*" machten und sagten, sie würden nicht in die „*türkische Straße*" in der Stadt gehen, während die Jüngeren „*viel mehr Kontakt mit den Ausländern*" hätten. Was ihr auch Mut macht, ist die Tatsache, dass im benachbarten Klinikum immer mehr Frauen mit Kopftuch arbeiten: nicht nur Putzfrauen, nicht nur Pflegekräfte, auch Ärztinnen. Denn erst wenn das Tragen des Schleiers die Barriere von unten nach oben durchbrochen hat, findet es in einer Gesellschaft und deren vielfältigen beruflichen und betrieblichen Gemeinschaften Anerkennung. Rabias Kampf um Anerkennung, der in der folgenden, längeren Interviewpassage sehr deutlich und eindrucksvoll zum Ausdruck kommt, versteht sich daher als ein Kampf um Gleichberechtigung und Emanzipation: Die Frau mit Kopftuch soll nicht nur als Mama *„die Kinder auf die Welt bringen"*, sondern auch als eine berufstätige Frau wahrgenommen und akzeptiert werden.

I: *„Tragen Sie auch Kopftuch auf der Arbeit?"*

Rabia: *„Ach. Des. Ich – das ist das Problem jetzt."*

[Kinderschrei]

Rabia: *„Ich habe bisher auf der Arbeit kein Kopftuch getragen, aber ich will jetzt meinem Chef sagen, entweder ich arbeite jetzt mit Kopftuch und wenn er das nicht möchte – weil ich hab jetzt eine Freundin, die musste kündigen, weil sie jetzt ihr Kopftuch aufsetzen wollte. Weil der Chef hat gemeint, das geht nicht."*

I: *„Wo war das?"*

Rabia: *„Das war hier in X-Stadt. Bei so einem HNO-Arzt. Und der hat gemeint, das Kopftuch würd nicht zum Schrank passen. Und dann hat sie gekündigt. Jetzt ist sie zu Hause."*

I: *„Schade."*

Rabia: *„Ja, schade."*

I: *„Wie war das bei Ihnen genau?"*

Rabia: *„Also ich hab jetzt – ja, ich hab immer mein Kopftuch abgesetzt, aber jetzt will ich es nicht mehr. Jetzt werde ich es ihm sagen. Die wissen das noch gar nicht, dass ich Kopftuch trage. Das ist so ein Schattenleben. Die wissen das noch gar nicht. Ich hab immer so – wo war denn dieses Ding. Haube oder. Ja, aber dann hab ich – ich bin dann halt immer durch die Hintertür reingegangen. Ich hab nie auf der Straße ohne Kopftuch."*

[Technische Probleme oder Kind am Mikro]

Rabia: *„Und dann hab ich um die Ecke mein Kopftuch getragen. Ich will das auch nicht mehr machen. Jetzt sag ich auch Entweder-oder." [Lautes Klirren]*

I: *„Also wie kam´s zu der Entscheidung, dass Sie dann dort das nicht tragen?"*

Rabia: *„Ach wir waren damals viel unbewusster. Wo ich das Kopftuch aufgesetzt habe, war ich –. In der Schule hab ich auch Kopftuch aufgesetzt. In der Schule hat man ja wenig Probleme mit dem Kopftuch. Und da war ich halt 16. Da hab ich gemeint, ja jetzt trag ich das Kopftuch. Mein Papa war ja auch sehr religiös eingestellt, aber er hat jetzt nicht uns gezwungen, dass wir Kopftuch tragen müssen. Zu Hause ja, aber draußen. Also zu Hause ja, privat ja, aber in der Schule war das halt für ihn, wenn wir jetzt ohne Kopftuch, für ihn war das ok. Mit der Zeit hab ich gemeint, ich trag jetzt das Kopftuch. Und dann hab ich mich mit Kopftuch sehr oft beworben und dann hab ich keine Stelle gefunden und dann hab ich es eben für die zwei Jahre – wir haben das alles so unbewusst gemacht – finde ich. Dann hab ich mir das irgendwie gar nicht zugetraut. Jetzt schäm ich mich dafür wirklich."*

I: *„Sie haben ja schon versucht mit dem Kopftuch –"*

Rabia: *„Ja, ja. Ich hab´s versucht am Anfang."*

I: *„Dann haben Sie gesehen –"*

Rabia: *„Das klappt nicht. Das klappt nicht. Weil ich hab dann – Ne am Anfang wollte ich ja Zahntechniker oder Optiker werden. Also ich hab mich halt gar nicht beworben. Das war einfach. Bis dann halt, ich hab mich halt bis Optik, dann hat mir meine Chemielehrer gesagt, mach doch mal MTA-Schule. Und dann hab ich mich halt erst mal so beworben bei Optikern mit Kopftuch. Dann hat das irgendwie nie geklappt. Dann hab ich so – mal ohne Kopftuch bei MTA-Schule meine Bewerbung abgeschickt und dann hat das eben – beim ersten. Ja."*

I: *„Und die Ausbildung war dann –"*

Rabia: *„Ohne Kopftuch, ja. Aber ich hab dann halt auf der Straße immer, weißt du, bis zur Tür. Das kennst du vielleicht gar nicht, gell? Diese –"*

I: *„Ich hab auch eine Person gehabt, das war auch bei ihr so –"*

Rabia: *„Das ist schlimm, finde ich."*

I: *„...bei der Arbeit keines trägt."*

Rabia: *„Immer noch?"*

I: *„Ja, momentan auch. Das macht sie auch."*

Rabia: *„Das macht jemanden auch so krank. Weil das war dann immer nach der Elternzeit. Am Anfang war´s mehr unbewusst. Bei meinem Sohn wollte ich das. Irgendwie traut man sich nicht. Das ist so eine schwierige Sache. Nach der Elternzeit wollte ich ja gar nicht zur Arbeiten gehen, weil ich hab mir das eigentlich nicht zugetraut. Bei der Arbeit, wo ich arbeite, sind wirklich – das sind zwar nicht Radikale. Aber die halten von den Türken wirklich wenig. Also so wie die – die sagen –"*

I: *„Das sagen die auch so?"*

Rabia: *„Ne, aber – zum Beispiel, nicht alle. Es hat sich auch viel geändert. Die Alten sind schon weg in die Rente. Und jetzt ist die neue Generation ja schon ganz anders, die Jugendlichen. Die haben ja viel mehr Kontakt mit den Ausländern. Manche haben gesagt, die würde die Straße gar nicht runter laufen, wie – Wie heißt das? Die türkische Straße."*

I: *„In der Innenstadt?"*

Rabia: *„Ja. ja."*

I: *„Ach Gott."*

Rabia: *„Aber jetzt hat sich das auch viel geändert in der Arbeitsstelle. Die Alten sind weg, die Neuen sind da. Es kommen schon manchmal Sprüche über Ausländer, aber ich denk – Manchmal haben die ja auch Recht. Gell, also es ist halt so. Nicht immer, aber – Es ist ja immer so bei der Wohnungssuche. Als Ausländer hat man es schon schwieriger eine gescheite Wohnung zu finden. Auch wenn man das nicht wahrnehmen möchte, aber das ist so. Das ist halt so."*
[Kinderschrei]

I: *„Ja. Jetzt mit dem Arbeitgeber – wollen Sie nochmal absprechen?"*

Rabia: *„Evet, istiyorum. Her gün bunun için de dua ediyorum. [Übersetzung: Ja, ich will. Ich bete ja jeden Tag dafür]. Gib mir den Mut. Oder sonst muss ich kündigen. Ich will das nicht mehr. Ich will dieses Doppelleben nicht mehr. Ich steh auch dazu. Ich bin ja auch sehr – so mit der Zeit ist man ja auch viel bewusster. Ich bin jetzt auch kein Kind mehr. Mit 37 muss ich schon jetzt – [spricht kurz auf Türkisch mit dem Kind]."*

I: *„Ja. Warum sollte der das nicht akzeptieren?"*

Rabia: *„Ich wie –"*

I: *„Ist es ein Hindernis auf dem Markt? Auf dem Arbeitsplatz?"*

Rabia: *„Hm?"*

I: *„Ist es ein Hindernis für Ihre Arbeit?"*

Rabia: *„Ne, wir sind ja eigentlich unter Frauen. Ich glaub wir sind 22 Frauen. Im Labor, da kommt ja wenig von draußen Leute rein. Also das ist ja jetzt – ich weiß es nicht. Wie er reagieren wird. Wenn nicht, dann werde ich mir etwas anderes suchen. Weil hier im Klinikum gibt es ja jetzt so viele, die mit Kopftuch arbeiten. Es gibt ja auch Ärzte. Ja, deswegen. Mal gucken. Erst muss ich mir diese Kraft mal holen. Denn das ist ja auch ein großer Schritt. Das zu sagen und dazu zu stehen. Eigentlich trage ich es sehr gerne, mein Kopftuch. Es ist ja nicht so, dass ich dazu gezwungen werde. Aber da ich das damals nicht gesagt hab, fällt es mir jetzt schwer zu sagen. Ich weiß nicht, wie sie reagieren werden. Aber eigentlich ist es mir egal. Das ist jetzt –[Kinderweinen]."*

I: *„Möchten Sie noch etwas sagen? Als Letztes?"*

Rabia: *„Als Letztes – ich überleg mal [leises und undeutliches Murmeln]. Aber ich find auch, wenn ich [nicht verständlich] bin ich immer glücklich. Oder wenn ich im Krankenhaus bin, Frauen mit Kopftuch arbeiten seh, denk ich immer, hey so langsam ist es so weit, dass wir auch mit Kopftuch – dass die Frauen mit Kopftuch auch –. Die haben ja von uns ein ganz schlechtes Bild, finde ich. Die Leute, oder? Dass wir mit Kopftuch nichts machen können. Dass wir halt nur Mamas sind mit Kinder auf die Welt bringen. Obwohl das ja gar nicht stimmt."*

[Kinderschrei]

Rabia: *„Also ich find, dass in der Zukunft, dass das alles so anders wird. Dass die Leute uns als Mensch akzeptieren und nicht wegen dem Kopftuch schikanieren."*

Rabia stellt den Wunsch, auch im Berufsleben das Kopftuch zu tragen, als einen Prozess des Sich-selbst-bewusst-Werdens dar. Dieser Prozess des Bewusstwerdens mündet in einen Prozess der Emanzipation. Damals und früher habe sie vieles, was das Kopftuch betrifft, viel unbewusster gemacht als heute: *„Am Anfang war´s mehr unbewusst."* Dabei sprich sie jedoch nicht nur von sich selbst, sondern sie sagt *„wir"*: *„Ach wir waren damals viel unbewusster"* und *„wir haben das alles so unbewusst gemacht – finde ich."* Das Selbst geht hier in einem kollektiven „*Wir*“ auf – dem „*Wir*“ der muslimischen Frauen. Das Sich-selbst-bewusst-Werden wird als ein individueller Prozess in einen kollektiven Prozess der Bewusstwerdung eingebettet. Dabei mag auch der Altersunterschied zwischen der älteren Frau, die das Kopftuch in der Ausbildung abgelegt hat, und der jüngeren Interviewerin, die das Kopftuch trägt, eine Rolle spielen. Das Bewusstwerden hängt nicht nur von der Lebensphase ab, sondern auch von dem Zeitgeist, in den die einzelne Person hineingeworfen wird. Rabia gibt jedoch keineswegs die Verantwortung für das eigene Handeln an diese Wir-Identität ab. Denn obwohl sie erfahren hat, wie es ist, Diskriminierungen und Mobbing aufgrund des Kopftuchs zu ertragen, schämt sie sich persönlich für ihre unbewusste Anpassung an etwas, das ihr religiöses Selbst in Frage stellt: *„Jetzt schäm ich mich dafür wirklich.“* Sie betet jeden Tag, dass Gott ihr den Mut gibt, das Schatten- und Doppelleben, das sie krank macht, zu beenden.

Durch den Prozess des Sich-selbst-bewusst-Werdens wird in Rabias Darstellung aus einem Kind eine erwachsene Frau und aus einer unbewussten eine bewusste Religiosität und Entscheidung das Kopftuch zu tragen. Das „*ich*“ wird vor allem durch die zunehmende Sichtbarkeit von Frauen, die im Beruf das Kopftuch tragen, zu einem kollektiven „*Wir*“, das sich in seiner Andersheit gegenüber den anderen „*Leuten*“ zu behaupten vermag. Und das Sich-selbst-bewusst-Werden der eigenen Religiosität verbindet sich hier mit einem Prozess der Emanzipation, der auf Gleichberechtigung und Anerkennung zielt: Sie möchten nicht nur als Mutter die Kinder auf die Welt bringen, sondern auch als berufstätige Frauen anerkannt werden. Rabia möchte ihre Identität als Muslima öffentlich zu Erkennen geben und indem sie sich verschleiert auch als solche wahrgenommen werden. Ihre Identität lässt sich jedoch nicht auf den Schleier reduzieren. Sie möchte ungeachtet des Schleiers als Mensch anerkannt werden: Die Leute sollen sie „*als Mensch akzeptieren und nicht wegen des Kopftuchs schikanieren*“.

Zwei Charaktere

Sultan: „*Dieses Mal will ich mit meinem Kopftuch arbeiten. Ich hab Arbeit aufgemacht, draußen hab ich zu gemacht. Das hat mich gestört. Ich hab dann zwei Charakter, hab ich gefühlt so. Das ist nicht schön.*“

Wie Rabia so möchten zum Zeitpunkt des Interviews auch zwei weitere Frauen, Nurcan und Sultan, die früher das Kopftuch auf der Arbeit abgenommen haben, dieses nun auch im Beruf tragen. Beide Frauen sind auf der Suche nach einer Arbeit, finden jedoch aus ihrer Sicht auch deshalb keine, weil sie ein Kopftuch tragen.

Sultan lebte in ihrer frühen Kindheit abwechselnd für jeweils kurze Zeit in der Türkei und in Deutschland, da die Eltern in Deutschland nur eine kleine Wohnung besaßen. Sie geht auf die Hauptschule und schließt diese ab, findet jedoch keine Ausbildungsstelle. Sultan bedauert sehr, dass sie keinen Beruf gelernt hat. Dafür macht sie das Hin-und-Her zwischen der Türkei und Deutschland verantwortlich: *„Nur hin und her, das war nicht so schön. Deswegen konnte ich auch nicht gescheit was lernen."* Sie arbeitete zunächst in einer Wäscherei und als Küchenhilfe. Während der Arbeit trägt sie ein Kopftuch. Da sie vom Küchenteam schlecht behandelt wird, kündigt sie jedoch wieder: So sollte sie zur „*Strafe*" dafür, dass sie krank gewesen war, den „*Schweineeimer*" mit Essensresten leeren, obwohl sie sagte, dass sie dies als Muslima nicht machen könne. Danach arbeitete sie zwanzig Jahre lang in einem Pflegeheim, bis dieses geschlossen wurde. Die Arbeit im Pflegeheim machte ihr Spaß und sie verstand sich in dem kleinen Heim gut mit den Arbeitskolleginnen und -kollegen. Während der Arbeit trug sie kein Kopftuch. Sie bekam in dieser Zeit drei Kinder. Bei den ersten beiden ging sie zwei Jahre in den Mutterschutz, beim dritten Kind drei Jahre. Ihre Mutter unterstützte sie bei der Kinderbetreuung bis die Kinder ganztags im Kindergarten betreut werden konnten.

Sultan sucht seit zwei Jahren erfolglos nach einer Arbeit. Dies liegt auch am Kopftuch: *„Früher hab ich ohne Kopftuch gearbeitet. Da hab ich kein Problem gehabt. Jetzt mit Kopftuch, ich bekomme immer Liebesbriefe. Dankeschön, wir brauchen niemanden.*" Sie möchte heute jedoch nur noch mit Kopftuch arbeiten, da sie sich sonst so fühle, als habe sie *„zwei Charakter"*:

> *„Ja, mit Kopftuch. Dieses Mal will ich mit meinem Kopftuch arbeiten. Ich hab Arbeit aufgemacht, draußen hab ich zu gemacht. Das hat mich gestört. Ich hab dann zwei Charakter, hab ich gefühlt so. Das ist nicht schön. Und die Bewohner, Kinder sehen mich auf der Straße, die kennen mich. Die hat Kopftuch und drinnen hab ich ohne Kopftuch. Das hat mich gestört. Zwei Charaktere. Wenn ich das trage, dann trage ich das drinnen auch." (Sultan)*

Die „*zwei Charaktere*" verweisen auf eine gespaltene Identität. Tatsächlich geht es darum, dass sie sich in ihrer Identität als Muslima missachtet fühlt und diese Missachtung nicht mehr ertragen möchte. Dabei unterscheidet sie wie Rabia zwischen früher, als sie noch „*jung und naiv*" war, und heute, wo sie das Ablegen des Kopftuchs nicht mehr mit ihrem Gewissen vereinbaren kann. Es handelt sich also auch bei ihr um einen Prozess des Bewusstwerdens, der die eigene (religiöse) Identität auch bei der Arbeit nicht mehr außen vor lassen möchte:

„Da war ich jung. Jung und naiv kann man sagen. Hab ich nichts dabei gedacht. Viele haben gesagt, du kannst Arbeit auf machen und privat machst du zu. Das ist nicht schlimm. Aber das war für mich schlimm. Was die Anderen sagten. Aber innerlich. Ich hab dann auch gemacht. Irgendwann konnte ich Arbeit nicht zu machen. Das war dann auch komisch für mich auf einmal. Ich hab immer Kopftuch getragen. Wo ich auch jung war. Aber Arbeit, weiß ich nicht. Für unsere Landsleute ist das nicht schlimm. Kannst du Arbeit auf machen und privat machst du halt zu. Aber das ist nicht jeder Sache, glaub ich. Mit Gewissen." (Sultan)

Seit sie bedeckt nach einer Arbeit sucht, hat sie bereits zwei geförderte Praktika in einem Pflegeheim gemacht: *„Einmal hauswirtschaftliches und einmal dann Altenpflege. Und von Bewohner hab ich keine Probleme gehabt. Die haben mich so akzeptiert. War auch schön dort."* Sie bekam auch jedes Mal eine Zusage, dass sie eingestellt würde. Ob diese Zusagen auch eingehalten würden, wusste sie zum Zeitpunkt des Interviews jedoch noch nicht.

Nurcan ist eine von weiteren Frau in unserem Sample, die früher das Kopftuch während der Arbeit ablegten, dies heute aber nicht mehr möchten. Sie sucht nach einer Arbeit, weil sie Geld verdienen und wieder *„unter die Menschen, wieder sozial werden"* möchte.[13] Sie möchte jedoch nur noch verschleiert arbeiten. Dass sie früher das Kopftuch während der Arbeit abgenommen hat, findet sie heute *„blöd, idiotisch"*: *„Das ist auch blöd, idiotisch, aber [lacht] hab ich's damals gemacht, ich würde aber nie mehr so arbeiten. Ich bin so wie ich bin. Ich, mit Kopftuch."*

2.3 Verbindungen von Familie und Beruf

Derya: *„Also wir haben von meinem Vater immer gelernt auf eigenen Beinen zu stehen."*

Die interviewten Frauen möchten das Kopftuch auch im Beruf tragen. Und sie wollen beides sein: berufstätige Frau und Mutter. Sie möchten Familie und Beruf, ihr berufliches und ihr außerberufliches Dasein – welches weit mehr umfasst als nur die Familie – nicht voneinander trennen, sondern miteinander verbinden.

13 Nurcan: *„Ich bin jetzt zu Hause. Immer dasselbe, Essen kochen eh für die Kinder, Hausaufgaben. Eigent-, hab ich auch viel Arbeit, aber ich möchte mehr ([lacht]. Das macht mich nicht nur – das ganze macht mich nicht glücklich. Also ich möchte auch unter, ja, Menschen. Also vielleicht auch was dabei verdienen ist zweite, zweites, aber als erstes möchte ich unter die Menschen, wieder sozial werden."*

Daher geht es in diesem Abschnitt um Verbindungen: die zwischen Familie und Beruf, aber auch um die Verbindungen zwischen den kopftuchtragenden Muslima und der deutschen Gesellschaft, die den Schleier als ein Symbol ihres Glaubens und ihrer Identität anerkennt oder ablehnt. Es geht um das Verhältnis von Selbst- und Fremdbestimmung, Zwang und Freiheit. Aus soziologischer Perspektive handelt es sich dabei nie um ein absolutes und einfaches Entweder-Oder-Verhältnis, sondern immer nur um ein relationales und komplexes Sowohl-als-Auch-Verhältnis.

Dabei spielt das emanzipatorische Potenzial des Berufs eine große Rolle: Denn die Identität als Mutter und Ehefrau wird durch den Beruf zu einer solchen, die *„auf eigenen Beinen"* steht. Und schließlich um die verschiedenen Formen der Verbindung von Familie und Beruf: den schnellen und den späten Wiedereinstieg, die Vollzeit- und die Teilzeitbeschäftigung, die abhängige Beschäftigung und die Selbstständigkeit. Und nicht zuletzt finden sich in unserem Sample die verschiedenen Formen der Arbeitsteilung zwischen den Geschlechtern wieder: Während das traditionelle männliche Ernährer- und weibliche Zuverdienerinnenmodell in unserem Sample wie auch in der Bevölkerung insgesamt deutlich dominiert, sind auch die Modelle einer eher gleichberechtigten Arbeitsteilung und des (phasenweisen) Rollentausches vereinzelt vertreten.

Wir beanspruchen mit diesen Verbindungen von Familie und Beruf in den Biografien von Muslima, die ein Kopftuch tragen, keinerlei typologische Vollständigkeit. Die fünf Fallbeispiele markieren jedoch wesentliche Dimensionen der potentiellen Verbindungen, die von kopftuchtragenden Muslima zwischen Familie und Beruf praktiziert werden.

Selbstbestimmung

Büsra: *„Als er das erfahren hat, hat er gesagt, ich sollte sofort kündigen. Und dann hab ich gesagt, nein."*

Büsra ist zum Zeitpunkt des Interviews knapp 30 Jahre alt. Sie wurde wie auch ihre drei älteren Geschwister in Deutschland geboren. Obwohl ihre Eltern seit Anfang der siebziger Jahre in Deutschland leben können sie auch heute *„immer noch kein Deutsch sprechen"*. In der Schule konnten ihr daher nur ihre älteren Geschwister helfen. Nachdem sie die Hauptschule mit guten Noten abgeschlossen hatte, wollte sie die mittlere Reife erwerben. Sie scheiterte jedoch an der Abschlussprüfung, da ihr die kaufmännischen Fächer nicht lagen. Danach bewarb sie sich zwei Jahre vergeblich um eine Ausbildungsstelle, was auch daran lag, dass sie ein Kopftuch trug. Erst als sie von der Agentur für Arbeit an einen Bildungsträger vermittelt wurde, erhielt sie mit dessen Unterstützung eine Ausbildung als Krankenpflegehelferin. Da sie diese einjährige Ausbildung als Klassenbeste abschloss, durfte sie danach die dreijährige Ausbildung zur Krankenpflegerin machen. Diese schloss sie ebenfalls erfolgreich ab. Ein halbes Jahr nach Abschluss der Ausbildung wurde Büsra in ein unbefristetes Arbeitsverhältnis übernommen, in dem sie sich auch zum Zeitpunkt des Interviews befindet.

Büsra trägt bereits sehr früh ein Kopftuch. Ihre Erzählung macht den Einfluss ihrer Eltern deutlich, aber auch, dass es ihre eigene Entscheidung war, ein Kopftuch zu tragen:

„Meine Eltern, die sind sehr streng gläubig. Was halt auch – ich durfte halt entscheiden, entweder Kopftuch oder nicht. Die haben gesagt, ab einem gewissen Alter, wenn ich ein gewisses Alter erreich, dass ich Kopftuch tragen sollte und die haben mir das auch so beigebracht. Und ich kenne es auch nicht anders da.Und ab der fünften oder sechsten Klasse, hab ich dann angefangen ein Kopftuch zu tragen. Also während der Grundschule –ja. Ab und zu mal Kopftuch getragen. Ein Tag ja, zwei Tage nicht und, das war halt so ein Ablauf. Aber das war jetzt auch nicht so von meinen Eltern, dass sie mich gezwungen haben oder so. Was halt auch viele nicht verstehen. Also wenn ich gefragt werde, ob ich, ab wann ich Kopftuch getragen hab oder – wenn ich das denen erkläre, dann sagen sie, ah ja deine Eltern haben dich gezwungen oder so. Oder viele Mädchen jetzt in der Zeit werden gezwungen, denken die immer noch. Aber so war es eigentlich nicht." (Büsra)

Büsra wird durch ihre Eltern und deren streng religiöse Erziehung sehr stark beeinflusst. Bereits im Grundschulalter soll sie ein Kopftuch tragen, um sich früh daran zu gewöhnen. Dennoch betont sie, dass es ihre eigene Entscheidung sei, sich zu bedecken.[14]

Als sie nach der Schule zwei Jahre vergeblich nach einer Ausbildungsstelle suchte, lag dies auch daran, dass sie verschleiert war: So wurde ihr in einer Apotheke eine Ausbildungsstelle angeboten unter der Bedingung, dass sie kein Kopftuch tragen würde. Begründet wurde dies damit, dass die ältere Kundschaft eine Angestellte mit Schleier nicht akzeptieren würde. Aber auch der Übergang von der einjährigen zur dreijährigen Ausbildung als Krankenpflegerin verlief nicht reibungslos. Obwohl sie als Klassenbeste automatisch eine Empfehlung hätte erhalten müssen, erhält sie zunächst keine und am Ende des Schuljahres zunächst auch keinen Vertrag: Erst „*zwei, drei Monate*" später, kann auch sie einen Vertrag unterschreiben.

14 Vergleiche zum biographischen Verhältnis von muslimischer Religiosität und Erziehung ausführlich Karakaşoğlu-Aydin 1999.

„Das war so, dass drei Monate vorher, vor der Prüfung, die Schüler, die halt sehr gut waren, Empfehlungen vom Klinikum bekommen haben für die Dreijährige, als Krankenschwester. Und ähm – drei Monate vor der Prüfung haben viele Empfehlungen bekommen für die Dreijährige. Ich war nicht mit dabei. Ich konnte einfach – ich kann´s nicht begründen, warum die Schule mir keine Empfehlung gegeben hatte für die Dreijährige. Allerdings war es dann so, dass ich automatisch als Klassenbeste eine Empfehlung gekriegt hab. Und diese Empfehlung, wo wir an dem Tag wo die mündliche Prüfung stattgefunden hatten, haben viele unterschrieben. Weil die Verträge waren schon da. Für die Dreijährige, die Empfehlungen bekommen hatten und die Prüfung bestanden hatten. Und mein Vertrag war nicht mit dabei. Ich hab´s halt zwei, drei Monate danach unterschrieben." (Büsra)

Der theoretische Teil der Ausbildung war für Büsra sehr anstrengend, während sie im praktischen Teil gar keine Probleme hatte: Wenn sie von der Stationsleitung angesprochen wurde, ob sie mit den Patienten Probleme habe, konnte sie immer antworten, dass sie von jenen akzeptiert würde. Schwierig wurde es für sie jedoch, als sie mitten in der Ausbildung heiratete. Zum einen war ihr Vater gegen eine Hochzeit vor dem Abschluss – im Übrigen würde auch sie selbst es im Nachhinein *„niemandem empfehlen"*. Zum anderen wurde sie von ihren Lehrern aufgegeben, da jene davon ausgingen, dass sie nach der Heirat sofort schwanger und dann ihre Ausbildung eh nicht zu Ende führen würde: *„Die haben gedacht, ah ja, ok. Die ist jetzt verheiratet. Also ich weiß nicht, ob sie das als Zwangsehe gesehen haben oder so. Aber ich hab es halt so empfunden, dass sie ja – kein Interesse mehr gezeigt haben, dass ich meine Ausbildung zu Ende bringe. Also. Da war ich etwas so verloren. Aber ich hab letztendlich immer nachgehakt und bin immer drangeblieben."* Da bereits andere Schülerinnen mit Kopftuch vor ihr nach der Heirat gleich schwanger geworden waren und dann ihre Prüfungen nicht mehr gemacht hatten, gingen die Lehrer davon aus, dass dies auch bei ihr der Fall sein würde: Es handelt sich um ein typisches Beispiel statistischer Diskriminierung. Das gleiche Muster wiederholte sich, als sie nach ihrer Ausbildung auf der Station zu arbeiten begann:

„Als ich [Jahr] auf Station angefangen hab zu arbeiten, nach meiner Ausbildung, haben viele gesagt, ‚ah, du wirst bestimmt sofort schwanger'. Und dann hab ich gesagt, ‚nein. Also ich will erst arbeiten. Bissle genießen.' ‚Ah, du bist ja schon verheiratet. Du bist ja seit einem Jahr verheiratet. Bestimmt kommt dieses Jahr noch ein Kind'. Dann hab ich gesagt,, nein'. Dann hab ich gesagt, ‚das wird auf jeden Fall nicht'. Zwei Jahre später hab ich dann mein Kind bekommen. Und dann hab ich es halt auch jedem gezeigt und gesagt. ‚Also ich hab mir halt zwei, drei Jahre Zeit gegeben gehabt. Aber die anderen haben immer gesagt, nach einem Jahr bist du bestimmt schon Mutter oder so'." (Büsra)

Büsra musste sich nicht nur gegenüber den Vorurteilen ihrer Lehrer und Kolleginnen, sondern auch gegenüber denen ihres Mannes behaupten. So hatte Büsra ihrem Mann zwar gesagt, dass sie auf der Urologie arbeitet, jener wusste jedoch nicht, dass es sich dabei um eine Station handelt, auf der Männerkrankheiten behandelt werden. Dies teilte sie ihm erst mit, nachdem sie die sechsmonatige Probezeit überstanden und einen festen, unbefristeten Vertrag erhalten hatte. Woraufhin er ihr sagte, sie „*solle sofort kündigen*":

„Also er wusste schon Urologie. Aber er wusste nicht genau, was das ist. Ne? Also dass ich auch während meinem Tagesablauf auf Station auch Männergeschlechte sehen muss oder so. Das wusste er halt nicht. Dass ich zum Beispiel Patienten hab, männliche Patienten, die einen Dauerkatheter oder so hatten. Ne? Also – der konnte sich halt nichts drunter vorstellen und als er das erfahren hat, hat er gesagt, ich sollte sofort kündigen. Und dann hab ich gesagt, nein. Also ich würde auch nicht wechseln. Ich hab ein perfektes Arbeitsklima. Liebe Arbeitskollegen. Also ich würd –. Während dieser Ausbildungszeit hab ich ja sehr viele Bereiche gesehen, ich hab sehr viele Schwestern gesehen, ich hab sehr viele Leitungen gesehen, ich hab sehr viele Abläufe gesehen. Und es war nichts für mich. Und auf der Urologie fühl ich mich wohl. Ich kann zum Beispiel, ich achte zum Beispiel sehr darauf, dass wenn ein Pfleger da ist und ich bei einem männlichen Patienten irgendwie im Genitalbereich oder so was machen muss, dass ich dann immer die Pfleger schicke. Die akzeptieren das auch. Die wissen das ja auch. Wenn es soweit keine Pflicht ist und ich die Möglichkeit habe, diese Tätigkeit zu delegieren, dann machen die das auch. Aber wenn ich alleine bin, als Schwester auf Station, dann mache ich es auch." (Büsra)

Der feine Unterschied zwischen Zwang und eigener Entscheidung, Fremd- und Selbstbestimmung, der sich durch das ganze Interview zieht, tritt hier einmal mehr auf: Nicht ihr Ehemann bestimmt, ob sie auf der urologischen Station arbeitet oder nicht, sondern Büsra selbst. Sie möchte die Station aufgrund der kollegialen Atmosphäre nicht wechseln – auch, weil ihre Chefin ihr nach dem Wiedereinstieg bei der Einsatzplanung sehr entgegen kam. Sie setzt dies gegen den Widerspruch ihres Mannes durch – so wie sie andererseits das Kopftuch nicht ablegte, obwohl sie deswegen zwei sehr deprimierende Jahre lang vergeblich nach einer Ausbildungsstelle gesucht hatte. Auch setzt sie sich gegenüber dem Widerspruch ihres Mannes ebenso durch, wie schon bei der Heirat. Sie wehrt sich gleichermaßen gegen die Vorurteile ihres Mannes wie gegen die ihrer Lehrer, die glaubten dass sie nach der Heirat ihre Ausbildung abbrechen und gleich nach der Entfristung ihres Arbeitsvertrages schwanger würde. Büsras Erzählung steht daher prototypisch für die Aussage, dass sie als verschleierte Muslima selbstbestimmt entscheide und handle. Dass es dabei wie bei jedem von uns um keine reine Selbstbestimmung geht, versteht sich von selbst. Es wird jedoch sehr deutlich, dass jede Aussage über Fremdbestimmung oder Zwang angesichts der von Büsra erzählten Lebensgeschichte ins Leere läuft. Denn das Wechselverhältnis zwischen Fremd- und Selbstbestimmung ist in diesem – wie wohl in den meisten Fällen – viel zu komplex, als dass wir uns darüber ein einfaches Urteil erlauben könnten.

Nach der Geburt ihres Sohnes bleibt Büsra gut ein Jahr lang zu Hause, was sie sehr genießt, und steigt dann wieder mit einer 30 Prozent-Stelle bei ihrem alten Arbeitgeber in den Beruf ein. Da sie weder bei den städtischen noch den kirchlichen Kindergärten einen Krippenplatz bekommt, kann sie ihre Arbeitszeit nicht auf eine 50 Prozent-Stelle ausweiten. Anstatt dessen arbeitet sie an jedem zweiten Wochenende drei Spätschichten von Freitag bis Sonntag, da sich ihr Mann am Wochenende um das Kind kümmert. Dafür lobt sie ihn im Interview ausdrücklich. Sie möchte es jedoch der Familie, ihrem Mann, dem Kind und wohl auch sich selbst nicht antun, jedes Wochenende durchzuarbeiten. Daher arbeitet sie nur jedes zweite Wochenende durch.

Büsra sagt, dass ein zweites Gehalt heute notwendig sei: „*finanziell hat es nicht mehr gereicht*“. Sie wundert sich, wie ihre Eltern es früher mit vier Kindern und jährlichen Reisen in die Türkei geschafft haben – zumal ihr Vater der Alleinverdiener war. Allerdings möchte sie auch nicht mehr zu dieser Rollenverteilung „*wie meine Eltern das gemacht haben*“ zurückkehren. Sie wünscht sich ein zweites Kind und „*dass es unserem Kind sehr gut geht. Und mein Wunsch ist es einfach, ein Kind groß zu ziehen, ohne Migrationsproblem. Also wir wollen sehr, dass er studiert.*“ Sie weiß, dass das schwierig sein wird, denn auch ihr Kind wird noch gegen Vorurteile ankämpfen müssen, obwohl es wie sie selbst über einen deutschen Pass verfügt. Sie beendet ihr Interview daher mit einem Perspektivwechsel des Integrationsproblems: „*Ich finde das Problem ist einfach – warum sich die Ausländer nicht integrieren können, ist einfach auch die deutsche Gesellschaft.*“ Es liegt nicht nur bei den Migranten und Menschen mit Migrationshintergrund, sich durch Assimilation in die deutsche Gesellschaft zu integrieren. Die autochthone Bevölkerung solle sich ebenfalls ändern, damit eine Integration möglich wird. Kurzum: zur Integration gehören zwei Seiten.

Beruf und Familie

> Ebru: „*Auch wenn ich zehn Kinder hab, werde ich TROTZDEM im Krankenhaus arbeiten, weil einfach das Arbeiten zu mir gehört.*“

Ebru wurde in Deutschland geboren und war zum Zeitpunkt des Interviews 30 Jahre alt. Sie wuchs mit vier Geschwistern auf, die alle studiert haben, obwohl die Eltern selbst aus sehr einfachen Verhältnissen stammen. Die Eltern waren oft krank: der Vater berufsbedingt durch seine körperlich schwere Arbeit, die Mutter leidet an einem Gehirntumor. Der Leitspruch des Vaters gegenüber den Kindern lautete: „*Oku, öğren, profesör ol*“, was auf Deutsch heißt: „*Lese, lerne, werde Professor!*“

Nach dem Abschluss der Realschule machte Ebru eine Ausbildung als Krankenschwester und arbeitete bis zum Zeitpunkt des Interviews im gleichen Klinikum in diesem Beruf. Während ihrer Ausbildungszeit wendete sie sich stärker dem Islam zu und trägt seitdem ein Kopftuch. Sie heiratete nach Abschluss der Ausbildung. Nachdem sie nach einer dreijährigen Probezeit einen unbefristeten Vertrag erhielt, kam ihr erstes Kind zur Welt. Nach zwei Jahren Erwerbspause kehrte sie wieder mit einer halben Teilzeitstelle zu ihrem alten Arbeitgeber zurück, sodass sie zum Zeitpunkt des Interviews seit einem Jahr wieder arbeitete. Während sie arbeitet, wird ihr Sohn von ihrer Mutter, einer Schwester und ihrem Mann betreut. Er besucht jedoch als Zweijähriger auch eine Krippe und geht seit dem dritten Lebensjahr in einen katholischen Kindergarten. Sie wünscht sich weitere Kinder und strebt beruflich eine Selbstständigkeit als Hebamme an.

Ebru erzählt ihr Aufwachsen in schwierigen Verhältnissen als eine Bildungsgeschichte, die von ihren Eltern sehr stark unterstützt wurde. Sie beginnt ihre Lebensgeschichte damit, dass sie fünf Geschwister waren, von denen niemand den Kindergarten besuchen konnte. Dies lag daran, dass ihre Mutter Hausfrau war „*und damals in den 80er Jahren, war das halt so, dass NUR die Kinder von berufstätigen Müttern in den Kindergarten gekommen sind. Also – und das war halt damals sehr teuer.*“ Was die Kinder nicht im Kindergarten lernten, versuchte ihnen ihre Mutter zu Hause beizubringen: „*Und DANN hat sie auch Vieles mit MALEN, und mit Buchstaben und mit allem, was man halt so an schulische Sachen, was man ja in dem Kindergarten ja so lernt, für die Schule braucht. Und so haben wir es dann zusammen gelernt. Halt fünf Geschwister zusammen.*“ Dabei wächst sie bilingual und bikulturell auf: Die Kinder sprechen mit den Eltern Türkisch, untereinander jedoch Deutsch. Sie geht in eine deutsche und türkische Schule und erwirbt beide Schulabschlüsse. Ihr Vater wollte für den Fall, dass seine Kinder in die Türkei abgeschoben würden oder aus welchem Grund auch immer dorthin zurück gehen müssten, etwas „*in der Hand haben*“: Sie sollten daher auch über einen türkischen Schulabschluss verfügen.[15] So

15 Ebru: „*Das war – also du hast in der ersten Klasse, hast du angefangen mit der-deutsch-. Also du hast erst normal, erste Klasse Grundschule gemacht und nebenbei hat man in dieser Schule eine türkische Schule im Prinzip angeboten, wo man ein Diplom macht. Für Leute, die irgendwann vorhaben in die Türkei zurückzugehen. Man weiß ja nie was passiert. Ja. Was weiß ich. Wenn du irgendwann mal gehen MUSST. Egal, wegen was auch immer. Dass du was in der Hand hast. Und das wollte mein*

mussten sie gleich nach der Schule ihre Hausaufgaben machen, sollten lernen und Bücher lesen:

„Wir hatten keinen Fernseher, beziehungsweise eigentlich hatten wir einen Fernseher, aber wir durften kein Fernsehen. Mein Vater hat dann immer den Stromkabel versteckt, dass wir unter der Woche kein Fernsehen schauen und am Wochenende durften wir dann ab und zu mal gucken." (Ebru)[16]

Bildung ist ein zentraler Wert und wird durch das erreicht, was Max Weber – bezogen auf die „Protestantische Ethik" – eine aufgeschobene Bedürfnisbefriedigung in Kombination mit einer methodischen Lebensführung nannte. Es bleibt nicht bei dem Appell des Vaters an die Kinder. Die Eltern kümmern sich auch darum, dass die Kinder lernen und sich bilden, damit sie in der Schule und im Leben weiterkommen. Dies geschieht in einer sozialen Lage, in der so etwas keineswegs normal ist, sowie unter dem erschwerenden Umstand, dass beide Eltern oft und schwer krank sind: Der Vater aufgrund seiner harten Arbeit, die Mutter, da sie an einem Gehirntumor leidet. Ebru beschreibt die geringe Bildung ihrer Eltern und deren Zugehörigkeit zur Arbeiterschicht als *„Standard"* für die erste Generation der türkischen Migranten in Deutschland:

„Meine Eltern – also das ist so Standard. 50 Prozent der Türken, die in Deutschland sind, haben so eine Vorgeschichte. Die Mutter, die durfte keine Schule besuchen. Die ist An-

---

Vater unbedingt. Dass wir, im Prinzip, wenn wir irgendwann abgeschoben werden, oder was weiß ich was passiert. Dass meine Kinder – also so hat er gedacht, dass meine Kinder was in der Hand haben. Damit sie halt in der Türkei, im Prinzip, weiter-, entweder weiterstudieren oder weiter eine Ausbildung machen können."

16 An einer anderen Stelle sagt sie: Der Vater *„wollte es uns alles leicht machen. Indem hat er dann halt den Fernseher uns verboten. Strikt verboten. Er hat gesagt, nein, er hatte das Gefühl, wenn er mal den Fernseher anmacht, kommen wir gar nicht mehr von dem Fernseher weg. Also er hat das sofort geblickt, dass man halt an dem Ding irgendwie gebunden ist. Und damals gab es grad mal ARD und ZDF und so. Aber wir haben uns wirklich jeden Mist angeschaut, der da gelaufen ist. Ob das die Karel Show war oder so, gell? Das war für uns voll faszinierend. Na ja. Während alle anderen halt natürlich mittlerweile dann Computerspiele hatten. Dann kamen in den 90ern so Nintendospiele, SuperMario und so. Und Sega. Das hatten wir alles nicht. Das haben wir alles nicht bekommen. Also – wir hätten zwar das Geld dazu gehabt, das war das mindeste Problem, aber mein Vater hat das – also wir durften das weder zu Hause haben, noch durften wir zu den Freunden gehen, um das zu spielen, weil er einfach das Gefühl hatte, dass das uns von der Schule ablenkt, vom Lernen, vom Wissen."*

alphabet. Und der Vater musste ab einer bestimmten Klasse, musste er raus, um Geld für die Familie zu bringen." (Ebru)

Zugleich macht sie deutlich, dass dieser *„Standard"* durch die Lebensverhältnisse, in denen ihre Eltern aufwuchsen, erzwungen wurde. Sie glaubt, dass aus ihren Eltern unter anderen Umständen etwas anderes geworden wäre: *„Er hätte studiert, mein Vater. Der ist sehr klug. Also er wäre wirklich was Großes geworden. Und meine Mutter genauso. Meine Mutter durfte gar nicht die Schule besuchen."* Tatsächlich haben auch alle ihre Geschwister studiert. Ebru hätte auch von der Realschule aufs Gymnasium gehen und studieren können. Doch sie war in der Grundschule *„mehr so der Klassenclown"* und in der Realschule dann auch immer die *„Klassensprecherin"*. Sie war sehr sportlich und hat dreizehn Jahre lang in einem Verein Basketball gespielt. Sie war sehr viel unterwegs: *„Also ich war sehr viel unter Jugendlichen. Ich war immer – damals noch viel auf Partys und viel weggehen und feiern und das ganze Pipapo."* Ebru wollte nach der Realschule lieber eine Ausbildung machen. Aufgrund der schweren Krankheit ihrer Mutter war für sie klar, dass es im medizinischen Bereich sein sollte. Also wurde sie Krankenpflegerin. Erst in der Ausbildung ändert sich dann ihr Habitus. Sie lernt ihren zukünftigen Ehemann kennen und wendet sich stärker der Religion zu: *„Und [im Jahr] bin ich dann mehr zum praktisch – also mehr den Islam zu praktizieren rüber gegangen. Hab dann auch [Jahr] angefangen mein Kopftuch zu tragen. Und lebe dann halt dementsprechend jetzt mein Berufsleben mit meiner Religion und meiner Familie aus."*

Ebru trug also noch kein Kopftuch, als sie nach einer Ausbildungsstelle als Krankenpflegerin suchte. Dennoch erlebte sie in einer Klinik ein *„ganz übles Vorstellungsgespräch"*, in dem sie hinsichtlich ihres Aufenthaltsstatus und ihrer deutschen Sprachkenntnisse *„richtig doof angemacht"* wurde. Das Vorstellungsgespräch in einem anderen Klinikum verläuft jedoch *„super"*, sie erhält die Ausbildungsstelle und erlebt eine *„sehr schöne"* Ausbildungszeit, in der sie *„sehr viel gelernt"* hat. Als sie anfing sich zu bedecken, hatte sie *„GAR keine Probleme, weder mit Lehrern, noch auf Station."* Eine Bewerbung als OP-Schwester nach der Ausbildung wurde jedoch wegen des Kopftuchs abgelehnt. Im Vergleich zu anderen Kolleginnen hatte sie große Schwierigkeiten einen festen Arbeitsvertrag im Anschluss an die dreijährige Probezeit nach der Ausbildung zu erhalten. Sie erhält diesen schließlich aufgrund der Unterstützung durch die Pflegedienstleitung (PDL) aber gegen den Widerstand der Personalabteilung, die sie als *„sehr ausländerfeindlich"* bezeichnet.

Ebru: *„Nach der Ausbildung hab ich ein Vorstellungsgespräch gehabt. Ich wollte OP-Schwester – also ich wollte dann in den OP, weil ich wollte mehr sehen. Aber mein*

Vorstellungsgespräch lief genauso wie mein Gespräch in Y-Stadt ab. Da hieß es auch, warum ich ein Kopftuch trage? Und ob das sein muss. Und dass ich mich anpassen soll in Deutschland. Also hatte auch nichts mit der Klinik zu tun, aber das war mir dann auch Wurst und hab dann gesagt, die sollen meine Bewerbung einfach weiterschicken. Ich muss nicht im OP arbeiten. Ich hätte sogar Toiletten geputzt. Wär mir egal gewesen. Na ja. Auf jeden Fall haben sie dann meine Bewerbung weitergeschickt und dann hab ich ´ne – ja ´ne Stelle auf der HNO bekommen, wo ich nie hin wollte. Also da hab ich noch nie Interesse gehabt, Hals-, Nasen-, Ohrenklinik zu arbeiten. Und dann hab ich nach drei Jahren, nach schweren drei Jahren arbeiten, hab ich dann erst meinen Festvertrag bekommen. Das war schwierig meinen Vertrag zu bekommen, aber ich hab´s gekriegt.“

I: *„Und warum war das schwierig?“*

Ebru: *„Ich denk das hat was – ich denk, dass das wirklich mit meiner Religion was zu tun hat. Mit meinem Auftreten und so. Da bin ich mir – da bin ich fest überzeugt. Es gab nämlich viel – ich muss sagen, ich bin jemand gewesen, bin immer noch so, dass ich sehr schnell arbeite. Ich bin immer pünktlich gewesen. Ich hab nie gefehlt. Ich hab keine Krankheitstage gehabt. Ich hab immer sehr viel Komplimente von meinen Kollegen bekommen, wie ich arbeite, auch vom Wissen her und so. Ne? Aber das hat halt an den hohen Leuten gehapert. Bei der Stationsleitung halt. Ne? Die waren nämlich sehr ausländerfeindlich. Das hast du sofort gespürt und das hast du immer wieder irgendwie gezeigt bekommen. Aber es – mein Festvertrag liegt halt 50 Prozent in ihrer Hand und 50 Prozent bei der Oberschwester. Also PDL [Pflegedienstleitung] sagt man jetzt. Und weil die PDL mich sehr gemocht hat, hab ich meinen Festvertrag letztendlich, glaub ich, durch sie dann bekommen.“*

Nach der Geburt ihres Kindes bleibt sie die ersten zwei Jahre zu Hause, da sie die „*grundlegende Erziehung*“ zu „*100 Prozent*“ selbst leisten möchte. Im zweiten Jahr wird jedoch ihr Ehemann arbeitslos und kann wegen der Wirtschaftskrise über eine sehr lange Zeit keine neue Beschäftigung finden. Da sie nur für das erste Jahr nach der Geburt Elterngeld beantragt hatte, müssen sie Zuwendungen aus der Grundsicherung beantragen: „*DAMALS war das dann so, dass er überall sich beworben hat, aber hat keinen Arbeitsplatz bekommen und dann sind wir in diese Schiene reingerutscht, dass wir dann Hartz IV beantragen mussten. Das muss man sich mal VORSTELLEN, ja? Davor hast du voll im Luxus gelebt und auf einmal ist es dann so, dass du auf Hartz IV dann angewiesen bist.*“[17] Ebru

17 Diese prekäre Situation haben Ebru und ihr Ehemann zum Zeitpunkt des Interviews offensichtlich überwunden, denn sie leben seit einem halben Jahr in ihrem eigenen Haus.

möchte jedoch nach den zwei Jahren Elternzeit vor allem wieder arbeiten gehen, da sie sich zu Hause „*gelangweilt*" hat. Sie beschreibt das erste Jahr der Elternzeit als extrem anstrengend, da sie ein „*Schreikind*" hatte; das zweite Jahr dagegen als langweilig. In der Arbeitswelt zu sein bedeutet für Ebru über das Private hinaus etwas zum Wohlergehen der Welt beizutragen:

„Also die zwei Jahre Elternzeit waren für mich Horror. Ich muss sagen, ich hab ein Jahr lang überhaupt nicht geschlafen. Ich wusste überhaupt nicht, was es heißt zu schlafen, weil mein Kind war ein Schreikind. Der hat durchgehend nur geheult. Er hat auch nur zwei Monate, ich konnte ihn auch nur zwei Monate stillen. Statt zwei Jahre, nur zwei Monate. Ähm, ich war halt ziemlich überfordert, weil so was kennst du halt vorher nicht. Du hast einen Fulltimejob gehabt. Also der hat manchmal 17 Stunden am Stück nicht geschlafen. Also, neugeborene Babys schlafen normalerweise nach dem Stillen schlafen sie gleich ein. Und schlafen dann stundenlang und dann trinken sie wieder. Und dann kacken sie. Und dann wieder Windeln wechseln. Weißt? Normalerweise hast du immer so eine Routine, aber bei mir war es nicht so. Bei mir war er WACH. Und wenn er wach war, war er sehr unruhig. Und es war sehr schwierig. Ein Jahr lang. Und im zweiten Jahr, muss ich sagen, hab ich mich gelangweilt. Weil ich dann gedacht hab, ich brauch die Arbeit wieder. Ich hab gemerkt, die Arbeit ist ein Teil meines Lebens. Also ich MUSS arbeiten. Ich hab zwar zu Hause meine Hausarbeit gehabt, also Putzen, Kochen, Aufräumen und so. Dann hab ich auf der einen Seite Familie und Freunde gehabt. Und dann hab ich auf der einen Seite mein Kind und mein Mann gehabt. Aber das mit der Arbeit – also ich hab gemerkt, die Arbeit gehört auch mit zum Leben ein Teil dazu. Es gibt Leute die brauchen die Arbeit nicht. Die sagen, ich kann gut ohne Arbeit leben. Ich schlaf den ganzen Tag. Ich hab meine Familie, Freunde, ich hab meine freie Zeit und der Mann soll arbeiten. Aber bei mir ist es halt nicht so. Mir geht es nicht um das Geld, sondern mir geht es mehr darum, erstens, dass ich einfach in der Arbeitswelt bin. Das gibt einer Frau einfach das Gefühl, so ist es bei mir zumindest, also mir gibt es das Gefühl, dass ich zu der Welt was beitragen kann. Dass ich der Menschheit was machen kann. Dass ich nicht nur so für mich lebe und für meinen Mann, mein Kind und für *meine Familie und Freunde. Sondern, dass ich der gesamten Menschheit, im Prinzip, was Gutes tun kann. Und das gibt, find ich, einem Menschen ein sehr gutes Gefühl. Du bist halt ausgeglichen dadurch. Nicht dadurch, dass du den ganzen Tag, acht Stunden rennst und was schaffst, nicht deswegen, sondern weil du das Gefühl vermittelt bekommst, vom Patienten, gerade weil du ja mit vielen Menschen zu tun hast, kriegst du immer wieder das Gefühl vermittelt, ach schön, dass sie da sind. Ja? Gerade die Omis sagen immer ‚mein Sonnenschein' zu mir. Schon alleine, wenn du das dann hörst, das ist schon Energie für den ganzen Tag, ja?"*

Als Ebru nach zwei Jahren Elternzeit wieder mit der Arbeit anfängt, hat sie „*erst mal eine Woche gar nicht geschlafen*", weil sie „*so aufgeregt war*". Sie hat

Angst vor den fachlichen und personellen Veränderungen, neuen EDV-Systemen und neuen Ärzten. Tatsächlich ist sie jedoch nach kurzer Zeit wieder voll im „Arbeitsfluss“ drin: „*Und dann – also ich muss sagen, nach zwei, drei Tagen war ich schon wieder so drin, als wär ich nie zwei Jahre weg gewesen. Da war ich schon sofort im Arbeitsfluss wieder drin, dass es mir richtig Spaß gemacht hat.*“ Sie arbeitet jedoch nicht Vollzeit, sondern 50 Prozent Teilzeit, denn: „*Für was hab ich ein Kind auf die Welt gesetzt? Bestimmt nicht, um es den ganzen Tag bei meiner Mutter oder meiner Schwester zu lassen. Oder im Kindergarten bis 16 Uhr oder so. Das ist – für mich kommt das gar nicht in Frage.*“ Während sie arbeitet übernehmen in der Woche ihre Mutter oder ihre Schwester und an Wochenenden ihr Mann die Betreuung ihres Kindes. Sie würde ihr Kind niemals einer Tagesmutter überlassen, die sie nicht sehr gut kennt. Seit ihr Sohn drei Jahre alt ist, geht er jedoch in einen katholischen Kindergarten. Auf die Frage, warum er nicht auf einen muslimischen Kindergarten geht, antwortet sie mit einer Unterscheidung, die sie über die Differenz zwischen muslimischen und katholischen Kindergärten stellt: Ihr ist es vor allem wichtig, dass ihr Kind in einen konfessionell orientierten Kindergarten geht und religiös erzogen wird (im Gegensatz zu nicht-konfessionellen staatlichen Kindergärten). Ob dieser muslimisch oder katholisch ist, scheint demgegenüber zweitrangig zu sein.

I: „*Und beim Kindergarten, wie wär´s mit einem muslimischen Kindergarten? Vielleicht –*“

Ebru: „*Also der ist jetzt – als Alternative hab ich einen katholischen Kindergarten natürlich genommen, weil ich find – vom katholischen ist es mehr so islamisch ähnlich, ne? Also halt auch bevor du anfängst was zu essen, dass du dann ein Gebet sagst, dass es halt einen Gott gibt, ne? Und dass man dann auch einen Heiligen – also an bestimmten Tagen auch Feierlichkeiten hat. Obwohl natürlich Weihnachten hat jetzt nichts mit den islamischen Feiertagen zu tun, aber dass das Kind einfach lernt, dass es bestimmte Tage in einer Religion geben kann, die halt –. Dass es das halt einfach gibt und dass die Kinder von klein auf so erzogen werden. Ich find´s halt auch sehr wichtig – [Name des Kindes] wird islamisch erzogen. Ja? Für mich – der ist in einem katholischen Kindergarten. Für mich ist es sehr wichtig, dass er diese Religion halt lernt, weil es halt auch islamisch so ist, dass diese Bücher auch zu uns gehören. Natürlich ähm nicht so wie´s jetzt eigentlich da ist, die Bücher so wie sie da sind, sind natürlich verfälscht worden und dies entspricht natürlich nicht dem, was wir jetzt wirklich glauben. Aber wir glauben auch an dieselben Propheten und so, ne? Und deswegen, es ist halt sehr ähnlich, deswegen katholischer Kindergarten. Für ihn gibt es mal diese türkische Welt und auch diese deutsche Welt. Aber er lebt halt wirklich so beides in einem. Also für ihn gibt es da gar nicht so. Er denkt Deutsche sind Türken und Türken sind Deutsche.*“

Ebru betont die Ähnlichkeit von katholischen und islamischen Kindergärten im Unterschied zu nicht-konfessionellen staatlichen Kindergärten: Das Gebet, die heiligen Schriften und Propheten, dass es heilige Feiertage gibt und die Bedeutung der Religion sind beiden gemeinsam. Diese Gemeinsamkeiten sind ihr wichtiger als die Unterschiede. Dies geht einher mit einer Bikulturalität, die nicht auf der Abgrenzung zwischen der deutschen und türkischen Kultur, sondern auf der Verbindung zwischen den beiden Welten beruht. So denkt ihr Sohn beispielsweise: „*Deutsche sind Türken und Türken sind Deutsche*". Sie knüpft damit in einer Weise an ihre eigenen Kindheitserfahrungen an, die jene von der Erfahrung der Differenz in eine Erfahrung der Identität verkehrt. Während sie und ihre Geschwister keinen Kindergarten besuchen konnten, weil den Eltern dazu die finanziellen Mittel fehlten, ermöglicht sie ihrem Sohn den Besuch eines Kindergartens, in dem er sich in die deutsche Gesellschaft integrieren kann: Dies ist in einem katholischen Kindergarten eher möglich, als in einem islamischen Kindergarten. Während sie als Kind sowohl einen deutschen als auch einen türkischen Schulabschluss erwerben musste, damit sie im Falle einer Rückkehr in die Türkei etwas in der Hand hätte, soll ihr Sohn die türkische und deutsche Kultur in seiner Identität so verbinden, sodass beide zu einer bikulturellen Identität in einer gemeinsamen (Lebens-)Welt werden.

Ebru stellt daher einerseits einen prototypischen Fall für die Verbindung zwischen der türkischen und deutschen Kultur, der islamischen und christlichen Religion und deren beiden Lebenswelten dar. Andererseits stellt sie jedoch auch einen prototypischen Fall für die Verbindung von Familie und Beruf im Sinne einer selbstverständlichen Familienorientierung in Verbindung mit einer ausgeprägten Berufsorientierung dar. Die Integration in den Beruf erfolgt durch Bildung: Der Aufstieg zu einer anerkannten sozialen Position durch Bildung und Arbeit war bereits in ihrer Herkunftsfamilie das zentrale Erziehungs- und Handlungsmotiv. Dabei ist ihr und ihren Eltern die Ausbildung in ihrem Wunschberuf wichtiger als das Tragen des Kopftuchs während der Ausbildung. Der Abschluss der Ausbildung ist die Voraussetzung für die Statuspassage der Heirat, der unbefristete Arbeitsvertrag die Voraussetzung für die Familiengründung. Der Wiedereinstieg in den Beruf erfolgt nach zwei Jahren Familienpause in der Form einer halben Stelle. So wie sie ihre Jugend als ein Zugleich von Bildungsstreben und Lebensfreude (Sport und Partys) charakterisiert, so strebt Ebru als erwachsene Frau nach einem Zugleich von Familie und Beruf. Diese Balance zwischen Familienorientierung und Berufsorientierung zeigt sich in ihrer Berufsrückkehr auf eine halbe Stelle ebenso wie in ihrem inneren Bedürfnis zu arbeiten. Dieses innere Bedürfnis Familie und Beruf zu verbinden, bringt sie am Ende des Interviews noch einmal auf den Punkt:

„Natürlich will ich noch ein zweites oder drittes oder viertes Kind, aber ich werde IMMER – also ich hab immer auch zu meinem Mann gesagt, als wir uns kennengelernt haben: Auch wenn ich zehn Kinder hab, werde ich TROTZDEM im Krankenhaus arbeiten, weil einfach das Arbeiten zu mir gehört." (Ebru)

Auf die Frage der Interviewerin, ob es in diesem Zusammenhang noch etwas gibt, was sie erzählen möchte, führt sie dieses Bedürfnis wie folgt aus:

„Ach Gott. Ich erzähl viel, gell? Eigentlich – also ich muss sagen, Mütter die jetzt NICHT arbeiten, tun mir im Prinzip schon – also nicht Leid, aber ich denk dann immer, die verpassen was. Wenn die wüssten, was für ein toller Lebensausgleich das ist, auf der einen Seite zu arbeiten, auf der anderen Seite dein Kind und einen Mann und deine Familie zu haben. Es ist wirklich sehr schön, weil du kannst abschalten. Sagen wir mal, du hast Stress zu Hause gehabt oder es ist halt alles einfach manchmal zu viel, dann gehst du zur Arbeit, bist acht Stunden in deiner Arbeitswelt. Egal was du arbeitest, ja? Du bist dann acht Stunden da. Und dann bist du nur noch DU. Ja? Nur noch DU, deine Arbeit – jetzt in meinem Fall meine Patienten, mein Arbeitgeber und das ist dann als hättest du eine ganz andere Welt vor dir. Und dann hast du, wenn du dann wieder nach Hause kommst, hast du wieder den Ausgleich, weil du FREUST dich dein Kind zu sehen. Du FREUST dich deinen Mann zu sehen. Aber wenn du jetzt ÜBERHAUPT nicht arbeitest, als Mutter, dann kann ich mir gut vorstellen, dass man dann ab und zu mal depressiv werden kann. Oder dass einem langweilig ist. Oder man vermittelt dem Kind vielleicht gar nicht so viel was außen passiert. Ich kann zum Beispiel dem [Name des Kindes] voll viel erzählen, was jetzt heute war und so. Der besucht mich ja auch in der Klinik und der sieht, wow, die Mama hat eine weiße Hose, einen Kittel und sieht ja ganz anders aus. Hat überall Kugelschreiber und Telefon einstecken und so. Ne? Und wenn ein Kind dann in die Grund- oder Schule kommt, wenn's dann heißt: Was arbeitet deine Mama? Dein Papa? Dann kann mein Kleiner zum Beispiel sagen: Meine Mama ist Krankenschwester. Die arbeitet in der Klinik. Meine Mama gibt Spritzen. Das baut das Kind auch für die Zukunft ganz anders auf, als wenn es sagt, meine Mama ist Hausfrau. Fertig. Punkt. Ja, da gibt es nicht viel zu erzählen." (Ebru)

Die Fallgeschichte von Ebru steht hier prototypisch für den Wunsch der verschleierten Frauen, Familie und Beruf miteinander zu verbinden. Die Vereinbarkeit von Familie und Beruf ermöglicht die Integration in die deutsche Gesellschaft. Dabei handelt es sich um keine Assimilation, keine einseitige Anpassung an die deutsche Gesellschaft, sondern um eine hybride, bikulturelle Akkulturation, welche die Kultur und Religion der türkischen Herkunftsgesellschaft mit jener der deutschen Gesellschaft verbindet. Dies zeigt sich deutlich an der bikulturellen Erziehung der Kinder, für welche Ebru ein Leitbild sein möchte: als Mutter, aber vor allem auch als berufstätige Frau.

Familienunternehmen

> Merve: *„Es war kein Unterschied, weil es hat ja genauso in die Familie gehört, dieses Geschäft."*

Merve wächst mit ihrer Mutter und zwei Brüdern in der Türkei auf. Erst nachdem sie die achte Klasse der Mittelschule mit einem sehr guten Abschluss abgeschlossen hatte, zieht sie mit ihrer Mutter und ihren Brüdern nach Deutschland und wird dort in die neunte Klasse der Hauptschule eingeschult. Die ersten drei Monate habe sie *„Deutschland gehasst"*, da sie ihre Freunde und ihre Heimat verloren hatte. Da in der neuen Klasse *„hauptsächlich türkische Kinder"* waren, fand sie jedoch sehr schnell neue Freunde und schaffte am Ende des Jahres den Hauptschulabschluss, obwohl sie mit *„Null Deutschkenntnissen"* nach Deutschland gekommen war. Nach einem Berufsvorbereitungsjahr fängt sie eine Lehre als Verkäuferin an, die sie nach zwei Jahren mit einer guten Note abschließt. Ihre Wunschberufe lauten jedoch Krankenschwester, Polizistin oder Stewardess. Sie macht zunächst die einjährige Ausbildung zur Krankenpflegerin und kann dann, als eine der Besten der Klasse, die dreijährige Ausbildung am Klinikum machen.

Während der Ausbildung zur Verkäuferin legt sie das Kopftuch im Betrieb ab, da sie dazu verpflichtet wurde. In der Schule hingegen trägt sie es. Dort sind viele ihrer Klassenkameradinnen, die sie wegen ihrer guten Noten nicht leiden können, *„richtig eklig"* zu ihr: *„Es ist auch passiert, wo die mir auf'm Kopftuch gespuckt haben, wo die das gezogen haben und so weiter. Aber wie gesagt, da war ein guter Rektor und ich hab mich dann bei dem beschwert und ich wurde so richtig von ihm unterstützt. Und das war schon ok."* Ihre Eltern sagen ihr: *„Kind lerne"*, und: *„Du kannst Dein Kopftuch ausziehen."* Da es ihr wichtig ist, eine Ausbildung in ihrem Wunschberuf zu erlangen, trägt sie während der Ausbildung im Klinikum kein Kopftuch. Merve erklärt das ihr damals noch fehlende (Selbst-)Bewusstsein damit, dass in jener Zeit verschleierte Muslima noch nicht so häufig sichtbar und allgemein präsent gewesen seien. Denn während es damals *„vor 22 Jahren"* im ganzen Klinikum keine einzige muslimische Frau gab, die den Schleier trug, gibt es zum Zeitpunkt des Interviews sogar Ärztinnen, die ein Kopftuch tragen: *„Vor 22 Jahren. NACH MIR, das ist gekommen wie Aprilregen. Dann hat jeder angefangen."* Merve und ihren Eltern war es wichtiger, etwas zu lernen, als auf das Tragen des Kopftuchs zu bestehen – so wie es Merve heute wichtig ist, dass ihre Kinder auf eine Privatschule gehen, die ihren Kindern nicht nur fachliche Inhalte, sondern auch ethische Werte und soziale Verhaltensweisen vermittelt.

Gegen Ende ihrer Ausbildung lernt Merve ihren zukünftigen Partner kennen, den sie gegen den (anfänglichen) Willen ihrer Eltern heiratet:

„Und in der Zeit hab ich meinen Mann kennengelernt. Er war getrennt lebend, hatte zwei Kinder. Und ich bin das einzige Mädchen von der Familie. Hab zwei Brüder. Und wir haben uns natürlich heimlich getroffen und so weiter. Aber die waren getrennt. Hat mit mir nichts zu tun gehabt. Und das ist dann rausgekommen, meine Eltern waren ganz streng dagegen. Und hab meine, für die Examen vorbereitet und bevor ich meine letzte Arbeit geschrieben hab, bin ich dann zu ihm abgehauen. Ja [Lachen]. Bin dann zu ihm abgehauen. Jetzt bin ich seit 21 Jahren verheiratet. Ja. Genau. Dann hab ich meine Examen fertig." (Merve)

Merve beschreibt hier in kurzen, stakkatoartigen Sätzen den Bruch mit ihrer Familie: Sie verliebt sich in einen von seiner Familie getrennt lebenden Mann. Als ihre Familie davon erfährt, soll sie die Beziehung abbrechen. Sie ist „*dann zu ihm abgehauen*", macht ihr Examen und heiratet ihn. Einen Monat vor der Heirat übernahm ihr Mann ein Großhandelsgeschäft für Obst und Gemüse, in das sie dann als Partnerin in der Geschäftsführung und Buchhaltung, im Einkauf und Verkauf einstieg:

„Ja, der hat ja das Geschäft ganz frisch geöffnet gehabt. War ja alleine. Hat ja niemanden gehabt wegen Buchhaltung, wegen finanzieller Unterst-, der war ja ganz alleine. Und wir sind ja hochverliebt, wir wollten ja Tag und Nacht zusammen sein. Der Beruf war dann zweite Sache. Ich hatte ja meinen Abschluss und ich konnte jederzeit zurück in meinen Beruf und wir haben dann zusammen angefangen das Geschäft sozusagen wie ein Kind zu pflegen. Und da ging´s ja auch nicht nur um das Arbeiten, wir sind ja dann, weil das ein sehr schweres, zeitaufwendiges Arbeiten ist, wir waren dann immer zusammen. Also während des Geschäftslebens haben wir auch zusammen gelebt. Wir waren wirklich 24 Stunden lang, mal jahre-, monatelang zusammen. Nur. Wir haben zusammen gelaufen. Zusammen geatmet. Und das war das A und O. Wir waren ja hochverliebt in dem letzten Jahr auch." (Merve)

Das Geschäft, in dem sie beide arbeiteten „*gehörte in die Familie*", der Arbeitsort war ein Familienort wie das eigene Haus, in dem sie lebten. Nach einem Jahr wurde Merve schwanger und brachte das erste von drei Kindern zur Welt: „*Das war ein Mädchen und ich hab mein größtes Glück in dem Moment erlebt, wo ich meine Tochter nach der Geburt umarmt hab. Ich war – das war ein Gefühl, das kann man nicht beschreiben. Mutter zu sein – dass man, wenn zehn Kinder wei-*

nen und du weißt welches deins ist von der Stimme. Das ist ein wunderschönes Gefühl. Sehr wichtig für mich." Sie konnte sich nach der Geburt jedoch nicht aus dem gemeinsamen Geschäft zurückziehen, da dessen Erfolg auch ganz wesentlich von ihr abhing. So musste sie ihre Tochter die ersten drei Monate nach der Geburt im Babykorb mit ins Geschäft nehmen, neben den Computer stellen und Rechnungen schreiben: „*Dann bin ich hoch, hab ihr die Brust gegeben. Wir hatten so ein extra Büro. Hab die Windeln gewechselt und so weiter.*" Dann vertraute sie ihre Tochter drei Monate, in denen sie die Muttermilch abpumpte, ihrer Schwägerin an. Diese war die erste von insgesamt „*sieben verschiedenen Pflegemamis*", denen sie vertrauen konnte. Im Rückblick bedauert sie es allerdings, damals nicht genug Zeit für ihre Kinder gehabt zu haben:

> „*Die Arbeit fängt ja ziemlich früh an im Großmarkt. Nie wie die anderen Leute um sieben Uhr, acht Uhr. Sondern du musst spätestens um sechs Uhr dort sein. Und ich hab nämlich auch Rechnungen geschrieben und Geld kassiert. Musste ich um sechs Uhr schon dort sein. Und ich hatte ja noch 40 Kilometer zu fahren. Da musste ich praktisch nachts um drei Uhr mein Baby wecken, sie anziehen, sie zur Pflegemutter bringen, sie dort abgeben und ins Geschäft fahren. Da musste ich um sechs Uhr dort sein. Bis Mittag um zwei Uhr. Manchmal. Du kommst nach Hause, bist selber kaputt, müde. Nimmst dein Kind, hast du nicht richtig Zeit für das Kind, weil du bist selber müde und so weiter. Das waren schwere Zeiten. Ich bedaure es sehr. Das kann ich ganz klipp und klar sagen.*" (Merve)

Nach fünf Jahren wünscht sie sich ein zweites Kind und wird wieder schwanger. Nach der Geburt ihres Sohnes arbeitet sie dann drei Jahre von zu Hause, von wo aus sie die ganze Buchführung erledigt: „*Das war natürlich erleichternd. Erstens, dir fehlt der Weg. Zweitens, gefühlsmäßig, du musst dein Kind nicht bei irgendeiner abgeben oder abholen. Dann konnte ich mir meine Zeit einteilen, wie ich das brauch. Ich mein, mit einer Hand hab ich Essen gekocht, mit der anderen Hand hab ich Zahlungen vorbereitet.*" Nach drei Jahren ziehen sie um und kaufen ein zweites Haus in der Nähe des Großhandels, sodass die langen Wegstrecken und Fahrzeiten entfallen. Dreieinhalb Jahre nach der Geburt des Sohnes kommt das dritte Kind zur Welt, eine Tochter. Im neuen Haus befindet sich eine Mietwohnung, die sie an eine Frau, die sich im Gegenzug bereits ein paar Monate nach der Geburt um die Kinder und ihren Haushalt kümmert, mietfrei vergeben. So kann sie wieder im Großhandel arbeiten: „*Ich wollt halt, dass mein Kind morgens nicht geweckt wird. Wenn ich geh, dass sie dann nach unten geht, wir wohnen ja zusammen und dadurch ist meine jüngste Tochter viel bequemer groß geworden.*" Allerdings mussten ihre Kinder bereits sehr früh selbstständig sein und ihre älteste Tochter übernahm mitunter sogar die Rolle der Mutter:

„Ich hab's abends praktisch so gemacht, wo die jüngste Tochter dann auch angefangen hat zum Kindergarten, dann hab ich angefangen im Großmarkt wieder zu arbeiten. Bin dann früher von zu Hause weg. Ich hab dann abends ihr Frühstück auf dem Tisch vorbereitet. Und für jeden seine frischen Kleider auf dem Nachttisch vorbereitet. Und morgens hat jeder, der aufgestanden ist, seine Kleider selber angezogen. Und die jüngste auch. Mit drei Jahren. Zweieinhalb Jahren. Die hat sich angezogen und die Mutterrolle hat die älteste Tochter praktisch übernommen. Dann haben sie zusammen gefrühstückt und die ältere Tochter hat die jüngste Tochter und meinen Sohn im Kindergarten abgegeben. Von dort ist sie zur Schule gegangen. Sie sind zusammen, zu dritt, aus dem Haus raus. Die beiden jüngeren sind zum Kindergarten und die Tochter dann zu der Schule. Die hat sehr viele Rollen von mir übernommen. Ansonsten konnte ich ja nicht aus dem Haus gehen. Meine Kinder sind früh alleine aus dem Haus zur Schule oder in den Kindergarten. Und wenn sie zurückkamen, gab es Zeiten, wo ich noch nicht zu Hause war – und dann hab ich entweder über die Tochter, wo sie dann von der Schule kommt, hat sie die dann abgeholt." (Merve)

Als der Euro eingeführt wird, müssen sie das Großhandelsgeschäft aufgeben, da sie Gefahr laufen, Verluste zu machen. Merve schreibt eine Bewerbung für eine Stelle in einem Alten- und Pflegeheim, wird nach drei Tagen zu einem Vorstellungsgespräch eingeladen und eingestellt. Sie arbeitet die ersten sechs Jahre Vollzeit in der Früh- und Spätschicht. Ihr Mann findet eine Stelle, in der er Nachtschichten arbeitet. Dies zeigt, dass beide selbst nach den vielen Jahren im Großhandel weder ihre Arbeitskraft noch ihre Gesundheit schonten. Erst zwei Jahre vor dem Interview reduziert Merve von einer vollen Stelle auf eine Teilzeitstelle von 30 Prozent, da sie eines Tages merkt, dass sie nicht so weitermachen kann: Ihr wird schwindlig, sie muss sich hinsetzen, die Beine hochlegen und den Körper ausruhen, um nicht umzukippen. Sie erkennt ihre Grenzen und reduziert ihre Arbeitszeit. Sie erhält dadurch mehr Zeit für ihre Familie, für ihre Kinder, für sich und damit eine neue Lebensqualität, die sie sich aufgrund ihrer finanziellen Vorsorge leisten kann: In den Jahren, in denen sie mit ihrem Unternehmen viel Geld verdienten, sparten sie und investierten das Geld in den Erwerb der zwei Häuser. Für Merve ist das *„Allerwichtigste gute Kinder zu erziehen*". Sie meint, dass die Kinder mehr Zuwendung benötigen, je älter sie werden, da sie in die Pubertät kommen. Und dass sie, wie ihre ältere Tochter, jemanden brauchen, der ihnen zuhört. Merve resümiert ihre Lebensgeschichte als ein privates Glück, das vor allem auf ihrer Familie, dem Glück ihrer Kinder und deren Bildungserfolg beruht:

„Und – ja. Bin glücklich. Meine erste Tochter, die ist mittlerweile 19 Jahre alt und vor paar Monaten hat sie Verlobung gehabt. Sie lernt selber Krankenschwester. Nächstes

Jahr wird sie auch fertig. Und das war auch eine schöne, große Freude, wo wir die Verlobung gemacht haben. Und mein Sohn der ist auch im Gymnasium, achte Klasse. Sehr gutes schulisches Können. Die Jüngste, die ist in der Realschule, in der fünften Klasse. Mein Sohn und die jüngste Tochter, die sind beide in einer Privatschule. Und ich bin auch sehr zufrieden. Von dem Bildungsniveau her, von den Kindern. Ja – mein Mann. Über ihn hab ich nichts gesagt [Lachen]. Ah ja. Wir sind glücklich. Wir verstehen uns. Ja." (Merve)

Merves Erzählung steht prototypisch für die enge Verbindung von Familie und Erwerbsarbeit im Familienunternehmen: *„Es war kein Unterschied, weil es hat ja genauso in die Familie gehört, dieses Geschäft."* Obwohl das Familienunternehmen alle Zeit und Kraft der Eltern beansprucht, erfüllt es keinen Selbstzweck: Es ist für die Familie da, soll den Kindern eine gute Bildung und Zukunft ermöglichen. Dass dieser Zweck angesichts der doppelten Arbeitsbelastung aus dem Blick geriet, bereut Merve im Nachhinein. Ungeachtet dessen ist sie jedoch stolz auf ihre sehr beachtliche Leistung und vor allem ihre Kinder.

Haupternährer und Zuverdienerin

Özlem: *„Arbeit bedeutet Unterstützung der Familie"*

Özlem ist Mitte dreißig und wuchs in Deutschland auf. Sie hat die Hauptschule beendet und danach eine Ausbildung zur Einzelhandelskauffrau gemacht. Sie arbeitete danach als Reinigungskraft und im Einzelhandel als Warenfüllerin. Nachdem sie geheiratet hat, wurde ihr Kinderwunsch jahrelang nicht erfüllt. Als sie dann erfuhr, dass sie schwanger war, hörte sie sofort auf zu arbeiten: *„Hauptsächlich bevor die Kinder auf die Welt kamen hab ich gearbeitet, als ich schwanger war, hab ich erst mal aufgehört zu arbeiten."* Sie wollte wieder arbeiten gehen, als das erste Kind in den Kindergarten kam, wurde dann aber sehr bald wieder schwanger und blieb so insgesamt zehn Jahre zu Hause. Sie kehrte wieder ins Erwerbsleben zurück, als sie ihre alte Arbeitgeberin traf und diese ihr anbot, wieder in ihrer Reinigungsfirma zu arbeiten. Dabei handelt es sich um eine geringfügige Beschäftigung, die Özlem jedoch gefällt, da sie in der Woche vormittags, wenn die Kinder nicht zu Hause sind, arbeiten kann. Außerdem arbeitet sie am Samstag, wenn der Vater sich um die Kinder kümmern kann.

Für Özlem, die für ihren Kinderwunsch lange warten musste, stehen Familie und Kinder an erster Stelle: *„Weil mein Mann hat gearbeitet, und ich hatte es auch nicht nötig gehabt, weil für mich war wichtig: die KINDER, die einfach zu ERZIEHEN und ich hatte einfach diese Kinderfreude gehabt nach langen Ehejahren, Kinderwunsch, Kinderfreude".* Özlem kann *„EINFACH ARBEITEN"* gehen, da die „*UHRZEITEN PASSEN*": sie ist „*ZU HAUSE*" oder ihr Mann ist „*ZU HAUSE*", wenn die Kinder „*ZU HAUSE*" sind. Wenn ihr „*Mann NICHT Dreischichtsystem ARBEITEN würde*", würde sie „*vielleicht Vollzeit arbeiten*" gehen. Wenn ihre Kinder größer sind, wird sie mehr arbeiten gehen. Entscheidend ist für Özlem, dass sie zu Hause ist, wenn auch die Kinder zu Hause sind. Auf die Frage, ob und wann sie bereit sei, Vollzeit zu arbeiten, antwortet sie:

„*Wenn meine Kinder in die Ganztagesschule gehen. Sobald, wenn meine Kinder nicht davon betroffen sind. Wichtig ist für meine Kinder, dass ich bei denen bin. Wichtig ist, dass sie mich zu Hause sehen. Die WOLLEN mich zu Hause HABEN.*" (Özlem)

Arbeit bedeutet für Özlem Unterstützung der Familie, sodass diese in eine größere Wohnung umziehen kann. Sie selbst und ihr Mann freuen sich, dass auch sie Geld verdient. Die Arbeit als „Reinigungsfrau" macht sie gerne, da diese Arbeit „*nicht schwierig ist, einfach, kurz ist: einfach, schnell, sauber*". Özlem steht daher prototypisch für das traditionelle Haupternährer- und Hausfrauenmodell, in dem die Mutter und Hausfrau, sobald es die Umstände erlauben, ein zusätzliches zweites Einkommen zur Verbesserung der finanziellen Situation der Familie erwirtschaftet.

Später Wiedereinstieg und Berufswechsel

Aysenur: „*Ich bin eine erfolgreiche Mutter. Erfolgreiche Ehefrau. Erfolgreiche Geschäftsfrau.*"

Aysenur ist mit zwölf Jahren aus der Türkei nach Deutschland eingereist. Sie kam auf die Hauptschule, da sie „*fast mit Null angefangen*" hat. Die erste Zeit erlebte sie als „*sehr schwierige*" und „*ganz schlimme Zeit*", in der die Kinder „*sehr grausam*" zu ihr waren: So wurden ihr nach dem Schwimmunterricht die Schuhe versteckt, sodass sie eine „*sehr weite Strecke barfüßig auf dem Schnee nach Hause laufen*" musste. Und sie wurde gehänselt, weil sie kaum Deutsch sprach: „*Und dann hab ich mir geschworen, dass ich gesagt hab, ich muss die Sprache lernen. Das ist das Wichtigste. Und da hab ich dann NÄCHTE also auf meinem Schreibtisch verbracht und hab dann Wörterbücher durchgewälzt und hab dann NUR deutsche Freunde gehabt, mit denen ich mich unterhalten konnte.*" Im ersten Jahr blieb sie sitzen, im zweiten Jahr war sie dann bereits zusammen mit ihrer Freundin die Klassenbeste. Nach der Hauptschule besuchte sie eine kaufmännische Wirtschaftsschule und schloss diese mit einem Realschulabschluss ab. Danach ging sie als *Aupair* für zwei Jahre nach London, um Englisch zu lernen.

Aysenur möchte Stewardess werden und träumt davon, die Welt zu sehen. Von der Lufthansa erhält sie nach zwei, drei Vorstellungsgesprächen jedoch eine Absage, da sie nicht gut genug Deutsch spreche und 500 Gramm zu viel wiege. Auf die Frage, welche die wahren Gründe seien, wurde ihr geantwortet: „*Wissen Sie, Sie als Ausländerin haben eine Muttersprache, können Englisch, können noch Deutsch. Sie haben mehr Möglichkeit woanders unterzukommen. Deshalb tun wir erst mal die DEUTSCHEN annehmen. Also die mit der deutschen Staatsangehörigkeit. UND wenn dann noch Plätze frei sind, dann machen wir das so, dass wir dann, NICHT-Deutsche dann aufnehmen.*" Daraufhin macht sie eine Lehre als Reiseverkehrskauffrau, mit dem Ziel „*andere Länder, andere Sitten, andere Menschen kennenzulernen.*" Von da an muss sie nie nach einer Arbeit suchen, sondern wird immer von anderen abgeworben, weil „*die gewusst haben, ich kann gut arbeiten.*" So leitet sie schließlich ein Reisebüro eines Busunternehmens.

Aysenur heiratet und bleibt nach der Geburt ihrer beiden Kinder (das zweite Kind kam viereinhalb Jahre nach dem ersten Kind zur Welt) für insgesamt elf Jahre zu Hause:

Aysenur: „*Also da wollte ich intensiv die Zeit mit den Kindern verbringen. Das war mir wichtig. Am Anfang war es gut. Weil ich ja eh schon immer nur im Schulstudium oder halt im Berufsleben war. UND ÄH – am Anfang war es gut. Es war lange gut. Weil durch die Entwicklung der Kinder war´s dann auch echt toll. Da hat man jeden Tag was anderes erlebt. Mit den Kindern. Und die fingen an zu Laufen, die fingen an zu Sprechen. Also das war eine ganz tolle Zeit. Aber dann halt nach elf Jahren. Also, für eine Person wie mich war es dann echt zu viel. Also ich bin nicht der Typ, wo da – Herzchen am Herdchen und so irgendwie stehen kann.*"

I: *[Lachen]*

Aysenur: „*UND ich wollt halt auch mal über andere Dinge sprechen, wie jetzt über Windeln und Rezepte und so halt, ne. Das war dann halt für mich so die Zeit wo ich gesagt habe. ‚Ja: Jetzt reicht´s.‘*"

Sie konnte jedoch nicht mehr in ihren früheren Beruf zurückkehren, da sie seit der Geburt ihres ersten Kindes ein Kopftuch trug; wobei sie das große Erdbeben in der Türkei im Jahr 1999 als das Ereignis nennt, das ihre Hinwendung zur Religion bewirkt habe:

Aysenur: „*Da war dieses große Erdbeben in der Türkei. Und da hab ich mir halt Gedanken über den Tod, über das Leben und so gemacht. Und hab gesehen, es ster-*

ben so viele Leute, sind gestorben. Es muss auch was dahinter sein. Das Leben besteht nicht nur aus – was weiß ich, fortgehen, Halli Galli machen."

I: *[Lachen]*

Aysenur: *„Und Highlife machen. Sondern es muss auch was anderes da sein."*

I: *[Zustimmung]*

Aysenur: *„Hab ich dann angefangen, natürlich in meiner Religion erst mal, nachzuforschen. Wie ist das? Was muss ich da können, also Muslima? Und was gibt es da für Sachen? Ich hab immer von der logischen Seite her, bisschen, so, bin ich herangetreten. Ja. Weil ich ja ein sehr logisch denkender Mensch bin. Und allein der Glaube hat mich einfach nicht befriedigt. Ich hab immer hinterfragt. Fragen gestellt und ich hab für JEDE meiner Fragen, hab ich halt Antworten bekommen. Und das war für mich halt ausschlaggebend, dass ich das auch praktizieren wollte. Und dazu hat halt Kopftuch auch dazugehört. UND – danach war´s dann halt schwierig, mit dem Kopftuch. Dort wo ich gewohnt hab, früher. Also hier in X-Stadt ist es ja, glaub ich, weniger ein Problem. Ich weiß es nicht. Hat mich dann danach nicht mehr interessiert. Ähm, aber in der Zeit, dort wo ich herkomme, war es schwierig."*

Als sie in den Beruf als Reiseverkehrskauffrau zurückkehren möchte, erhält sie mit dem Kopftuch nur noch Absagen. Sie hat diesen Beruf auch wegen der sechs, sieben beruflichen Informationsreisen im Jahr sehr gerne gemacht: *„Also es war schon schöne Job."* Aber angesichts der Absagen merkt sie, dass sie ihn mit dem Kopftuch, aber auch mit sich selbst und mit ihrer „*familiären Situation*" und den Kindern nicht mehr vereinbaren kann:

„Aber das ist halt irgendwie ein Job, den man so mit Familie nicht so, also MEINER Meinung nach, ich könnte es nicht machen. Ja? Weil die Aufenthalte, die gingen meistens ein oder zwei Wochen und die Kinder waren zu klein. Wem soll ich sie ein oder zwei Wochen hier in Deutschland lassen? Das wollte ich nicht. Ich wollte also – ich hab mich für die Kinder entschieden. Und hab gesagt, die brauchen mich. Ich bin bei denen.' Also musste ich irgendwie einen Job suchen, wo ich nicht viel im Ausland bin, wo ich hier in der Nähe bin." (Aysenur)

Den Wiedereinstieg fand sie „*echt schwierig*", da sie „*kein Selbstvertrauen mehr*" hatte: „*Also, Selbstvertrauen ist sehr, sehr wichtig im Beruf. Und am Anfang hat es daran echt heftig gemangelt. Das hab ich natürlich niemanden gesagt oder gezeigt. Aber ich hab immer so, hm, mir graue Haare wachsen lassen. Und hab mir immer gesagt, oh, schaffst du das*?" Aysenur findet eine Stelle als Sekretärin in einem Integrations- und Nachhilfezentrum. Ein „*toller Chef*", eine „*gute Arbeitsatmosphäre*" und ein „*gutes Kollegium*" erleichtern ihr den Wiedereinstieg. Sie steigt sehr schnell zunächst zur Managerin der Integrationskurse und dann zur Managerin der gesamten Einrichtung auf. Ihr Beruf nimmt plötzlich *„sehr viel Platz ein"*, sodass ihr Ehemann nun zu Hause in *„allen Gebieten"* sehr viel mehr Arbeiten übernehmen muss. Dennoch passiert das, was sie als Kind nie erleben musste und ihren Töchtern nie antun wollte: Ihre jüngere Tochter, die gerade in die erste Klasse einer Ganztagsschule geht, wird zum *„Schlüsselkind"*, weil ihre Mutter um drei Uhr noch nicht zu Hause sein kann: *„Und das war genau das, genau das, was ich eigentlich nicht wollte. Ähm, hab ihr dann einen Schlüssel um den Hals gehängt. Schließ die Tür auf und so. Und das hat sie dann so ein oder zwei Monate mitgemacht. Und dann hat sie gesagt, ich will das nicht mehr. Ich will, dass du mit deinem Chef sprichst. Dass du dann daheim bist, wenn ich zu Hause bin."* Daher spricht Aysenur mit ihrem Chef und reduziert ihre Arbeitszeit, damit sie zu Hause ist, wenn ihre Tochter von der Schule kommt.

Aysenur möchte für ihre Kinder da sein – aber auch für andere Menschen: *„Also für mich ist es auch ganz wichtig, ganz wichtig, für andere da zu sein."* Indem sie Anderen bei ihrer Integration in die fremde Gesellschaft hilft, knüpft sie an ihre eigenen Migrationserfahrungen an. Während sie rückblickend die erste Zeit in Deutschland als ihre schwierigste Lebensphase bezeichnet, sieht sie ihr gegenwärtiges Leben mit einer *„inneren Ruhe"* und *„Zufriedenheit"*, die sie ihrem Glauben verdankt. Sie präsentiert sich im Interview als eine Frau, die *„jetzt mit beiden Füßen im Leben steht"*, die in ihrer Berufung als Ehefrau, Mutter und Geschäftsfrau gleichermaßen erfolgreich ist und mit diesem Dreiklang im Glauben, im Leben, im Glück angekommen sei:

Aysenur: *„Ja, also Ehe, Kinder, Glaube, Beruf, das ist alles irgendwie so – [Zögern]. Man – ich würde das nicht sagen, dass das jetzt als einzelne Komponente dasteht, sondern wirklich alles zusammen ist überhaupt schön geworden. Finde ich."*

I: *„Ok. Wie sehen Sie jetzige Situation? Und auch die Zukunft?"*

Aysenur: *„Ich stehe jetzt mit beiden Füßen im Leben. Komplett. UND ich bin mittendrin. Ja. Ich bin, eine erfolgreiche Mutter. Erfolgreiche Ehefrau. Erfolgreiche Geschäftsfrau. Denke ich. Also ich, ich denke, ich bin jetzt in allen Berufen wirklich so erfolgreich, dass mich das so total erfüllt, eigentlich. Ich hoffe, dass jetzt in meinem Alter keine gesundheitlichen Probleme dazukommen. Aber so, an sich, ja, Erfolg macht schon glücklich, irgendwo. Und dann halt, durch den Glauben, halt, die Zufriedenheit. Wenn das alles zusammenkommt ist das wunderschön."*

Während die meisten der von Sümeyye Demir interviewten Muslima innerhalb von drei Jahren nach der Geburt eines Kindes wieder in den Beruf zurückgekehrt sind, repräsentiert Aysenur eine der wenigen Frauen, die erst nach einer längeren Familienphase wieder erwerbstätig wurden. Dabei stellt die Geburt ihres ersten Kindes in mehrfacher Hinsicht einen markanten Übergang bzw. Bruch in ihrer Biographie dar: Von einer längeren Erwerbsphase zu einer längeren Familienphase, von einem Halli-Galli-Leben zu einem religiösen Leben, zu dem das Tragen des Schleiers gehört. Trotz der langen Familienphase gelingt ihr nach mehreren Versuchen der Wiedereinstieg ins Erwerbsleben, sodass sie sich im Interview als erfolgreiche Ehefrau, Mutter und Geschäftsfrau darstellen kann.

Normale Einzigartigkeit

Ipek: *„Ja, normaler Schulweg. Und im Gymnasium war ich dann die einzige Türkin auf tausend Schüler. War ich die Einzige."*

Ipek kam in Deutschland zur Welt und ist zum Zeitpunkt des Interviews 33 Jahre alt. Sie ist verheiratet und hat zwei kleine Kinder im Alter von vier Jahren und einem Jahr. Ipek betont an mehreren Stellen des Interviews die Normalität ihres Lebensweges, der allerdings keineswegs normal ist. So stellt sie fest: *„Ja, normaler Schulweg"*. Das soll heißen: Sie wird *„normal, regulär"* mit sechs Jahren in die Grundschule eingeschult und schließt auch das Gymnasium in der Regelzeit mit dem Abitur ab. Dagegen bemerkt sie jedoch wenig später: *„Und im Gymnasium war ich dann die einzige Türkin auf tausend Schüler. War ich die Einzige."* In ihrem Bekanntenkreis war sie eine der ersten, die das Abitur gemacht und ein Studium angefangen hat. Was Ipek als normal bezeichnet, ist für deutsche Kinder, die aus der Arbeiterschicht kommen, keineswegs normal – und noch weniger für Kinder türkischer Einwanderer aus der Arbeiterschicht. Ipeks Lebensgeschichte kann daher als eine „normale Einzigartigkeit" bzw. „einzigartige Normalität" bezeichnet werden, da die Normalität, die sie für sich selbst konstatiert, zugleich eine einzigartige ist.

In der Schule hat Ipek zum ersten Mal durch die Behandlung der Lehrer *„dieses Ausländersein gespürt. Vorher war das für mich gar kein Unterschied."* Sie erzählt dazu von einem Erlebnis, das sie als Türkin nicht unmittelbar, jedoch mittelbar betrifft, da es von einem türkischen Mitschüler handelt, der von einem Lehrer entwürdigend behandelt wurde:

„Ja, und was mir dann noch in Erinnerung bleibt, mit dem anderen Schüler in der ersten Klasse. Das waren eher so – wie soll ich sagen? Ne Familie, die ein bisschen ärmlicher war und er hatte halt nicht immer so neue Sachen an, sag ich mal. Wahrscheinlich vom

Flohmarkt oder schon getragene Sachen. Und einmal hat er einen neuen Jogginganzug angehabt. Und da hat ihn der Lehrer aufgefordert, auf einen Stuhl sich zu stellen und alle mussten klatschen. Von wegen, Murat hieß er, Murat hat neue Klamotten an. Das fand ich – in der ersten Klasse war ich da, das fand ich irgendwie total abwertend. Das war für mich irgendwie voll der Schock. Das bleibt mir bis heute in Erinnerung." (Ipek)

In diesem Kontext ist auch die Ermahnung ihres Vaters zu verstehen, sich mehr als die deutschen Kinder anzustrengen, damit „*keiner mit dem Finger auf uns zeigt*":

„*Mein Vater hat uns immer eingeredet, dass wir uns mehr anstrengen müssen, damit wir nicht schlechter dastehen, als jetzt die deutschen Schüler, damit mein ich halt die Türken und so weiter. Das hat er uns immer vorgesagt. Dass wir ja nicht schlechter dastehen, dass keiner mit dem Finger auf uns zeigt. Vor allem, weil es auch eine Kleinstadt war und jeder uns so gekannt hat.*" (Ipek)

Ipek durfte als Schülerin nicht bei Freunden "*in fremden Häusern übernachten*", sie durfte nicht am gemischtgeschlechtlichen Schwimmunterricht teilnehmen und auch nicht ins öffentliche Schwimmbad gehen – auch durfte sie nicht am vierzehntägigen Schulausflug an die Nordsee teilnehmen. Ungeachtet dessen und obwohl sie eine „*stille Schülerin*" war, fühlte sie sich in der Schule gut integriert: „*Meine Schulfreunde, meine Klassenkameraden haben da keinen Unterschied gemacht. Zum Glück. Ich hab da nie was gespürt, dass ich da ausgeschlossen bin.*"

Ipeks Berufswahl war sehr stark durch die Familie geprägt: „*Schon seit Generationen sind wir bauberuflich geprägt.*" Opa und Vater waren Maurer: Letzterer stieg jedoch vom einfachen Maurer zum Bauleiter auf Großbaustellen auf. Ihr Vater wünschte sich auch, dass sie studierte und unterstützte sie, als sie anfing, Bauingenieurwesen an einer Fachhochschule zu studieren, indem er ihr z.B. einen PC kaufte. Sie brach das Studium jedoch nach drei Semestern ab, da ihr der Praxisbezug aufgrund einer fehlenden Ausbildung im Baugewerbe fehlte und bewarb sich für eine Ausbildung als Bauzeichnerin. Ihre Bewerbung im Staatsbauamt blieb erfolglos: Dort hatte man ihr im Bewerbungsgespräch versucht klar zu machen, dass sie sich mit ihrem Zeugnis im öffentlichen Dienst „*bestimmt langweilen*" würde. Das waren keineswegs ihre Ängste, aber um die ging es dabei offensichtlich auch gar nicht. Sie machte dann ihre Ausbildung in einem kleinen Büro, in dem sie auch noch zum Zeitpunkt des Interviews arbeitete. Der Chef gesteht ihr erst viele Jahre später, dass er früher etwas gegen Ausländer gehabt hätte und sie als Türkin vielleicht gar nicht genommen hätte, dass sie ihn jedoch persönlich überzeugt und ihm als Typ gleich zugesagt habe.

„Und dann in dem kleinen Büro, wo ich mich dann beworben hab, hat mein Chef dann gesagt, ok. Im Nachhinein, hab ich jetzt auch erst vor Kurzem erfahren, hat er mir gesagt, er hätte früher was gegen Ausländer gehabt und als er sich dann für mich entschieden hätte, aus welchem Grund auch immer. Er weiß – im Nachhinein, sagt er: So als Türkin hätte ich vielleicht Sie so gar nicht genommen, aber als Typ haben Sie mir gleich zugesagt. Und jetzt hat er ein ganz anderes Weltbild." (Ipek)

Ipek trug während der Ausbildung kein Kopftuch getragen. Sie trägt es *„erst seit vor kurzem"* während der Arbeit, d.h. erst seit *„zwei Monaten"* vor dem Zeitpunkt des Interviews. Ihr Chef hat nichts dagegen und sie kann auch ihre *„Gebete verrichten, solange jemand aufs Telefon aufpasst."* Sie grenzt sich von einer Sekretärin italienischer Abstammung ab, die schon vor ihr im gleichen Betrieb arbeitete und unter Ipeks Einfluss zum Islam konvertierte. Die konvertierte Sekretärin trug zunächst das Kopftuch, verschleierte sich dann aber ganz, sodass man nur noch die Augen sah. Ipek, die mit dem Islam aufwuchs und religiös erzogen wurde, bedeckte sich während der Arbeit nicht. Die Kollegin konvertierte dagegen in einer radikalen Form zum Islam. Der Chef tolerierte dies, laut Ipek, da für ihn der Mensch, nicht die Kleidung wichtig sei. Auch wenn die Kollegin *„dann von sich selbst aus gekündigt"* hat, so ist doch zu vermuten, dass die Verschleierung des Gesichts als Zeichen einer extremen Ausdrucksform der Hinwendung zum Islam zu Spannungen oder gar Konflikten geführt hat. Aus der Erzählung von Ipek wird deutlich, dass sich die Kollegin, indem sie die Religion zu streng praktiziert habe, Ipeks Meinung nach auch als Mensch *„eher zum Nachteil"* verändert habe.

„Wir hatten eine Sekretärin, das muss ich noch kurz erwähnen, italienischer Abstammung. Also ihr Vater ist Italiener gewesen. Als ich dort angefangen habe, war sie schon dort Angestellte. Wir hatten oft Gespräche über unsere Religion und ich muss sagen ich bin sehr – also schon religiös erzogen worden, so aufgewachsen. Und wir hatten oft so, halt, Gespräche über Religion, über Gott und die Welt, sagt man ja so. Und sie hat immer so eine Lösung oder so einen Weg gesucht und im Gespräch und auch, dass sie sich für unsere Religion interessiert hat, ist ihr viel klar geworden. Anscheinend. Sie ist dann auch zum Islam übergetreten. Und hat dann angefangen ein Kopftuch zu tragen, als ich noch gar kein Kopftuch hatte. Und später hat sie sich dann ganz verschleiert. Also, dass man nur die Augen sieht. Und hat dann von sich selbst aus gekündigt. Und mein Chef hat das immer toleriert. Von ihm – hat er gemeint, das macht ihm nichts aus, wie man sich kleidet. Also Hauptsache als Mensch stimmt alles. Aber sie hat sich eher zum Nachteil so verändert. Weil sie das alles dann zu streng genommen hat." (Ipek)

Vermutlich hat Ipek *„erst vor kurzem“*, d.h. nachdem die konvertierte Sekretärin den Betrieb verlassen hat, mit ihrem Chef über die Toleranz von Andersheit und Anerkennung von Anderen gesprochen. Dies führte dazu, dass jener ihr seine nunmehr anerkennende Einstellung gegenüber *„Ausländern“* und sein im Gegensatz zu früher offeneres *„Weltbild“* mitteilte. Und *„erst seit vor Kurzem“*, seit *„zwei Monaten“* trägt Ipek ein Kopftuch während der Arbeit.

Ipek hat unmittelbar nach ihrer Ausbildung geheiratet. Ihr Ehemann lebte in der Türkei und betrieb dort sein eigenes Geschäft. Eigentlich wollten sie in der Türkei leben, als es damit jedoch ernst wurde, war sie sich *„nicht mehr so sicher“*: *„Und mein Mann hat dann, liebenswerterweise sich dann entschlossen hierher zu kommen. Obwohl er dort ein Geschäft hat, also sein eigenes auf die Beine gestellt hatte, hat er sein Geschäft dann seinem Cousin übertragen und ist dann hierher gekommen.“* Die Heirat war zum Zeitpunkt des Interviews zehn Jahre her. Laut Interview gehörte das erste Jahr der Ehe zu den schwierigsten ihres Lebens: *„Weil uns das – man lebt ja erst zusammen mit einer Person, wenn man geheiratet hat. Und auch wenn man sich sehr lang vorher gekannt hat, das Zusammenleben ist schon eine ganz große Veränderung. Das erste Jahr war schon sehr spannend [Lachen].“* Ihr Ehemann musste sein Geschäft abgeben und in Deutschland bei null anfangen: Sein türkischer Studienabschluss wurde nicht anerkannt. Er musste Deutschkurse besuchen, da er keinerlei Deutsch konnte. Später jobbte er und arbeitete für Zeitarbeitsfirmen, wo er für viel Arbeit sehr wenig verdiente. Nach einer Phase der Arbeitslosigkeit gründete er schließlich mit Unterstützung der Arbeitsagentur seinen eigenen Betrieb:

„Mein Mann ist zwischenzeitlich, hat er sich selbstständig gemacht. Er hat ein Transportunternehmen, die liefern Arzneimittel aus. Hier in der Gegend. Hat drei Mitarbeiter. Das Bürotechnische von meinem Mann, das übernehme ich auch. Also die Abrechnung, also vom Steuerberater kommen die Abrechnungen und ich mach dann die Überweisungen, was bezahlt werden muss, wenn geschäftlich irgendwas – Schriftverkehr gemacht werden muss, mach ich auch. Aber dann halt, wenn die Kinder abends schlafen.“ (Ipek)

Ipek kann jedoch auch nicht so weitermachen, wie ursprünglich geplant: Eigentlich wollte sie nach ihrer Ausbildung als Bauzeichnerin das Studium zur Bauingenieurin wieder aufnehmen. Dies ist ihr jedoch nicht mehr möglich, da sie mit ihrem Einkommen zunächst die Haupternährerin des jungen Paares und sechs Jahre später auch der jungen Familie ist. Auf die Frage, ob sie ihr abgebrochenes Studium nicht habe wieder aufnehmen wollen, antwortet sie:

„Eigentlich schon. Aber durch die Heirat. Dadurch, dass ich arbeiten musste, damit wir uns ernähren können, weil mein Mann konnte ja erst mal gar nicht arbeiten. Hat ja nur

ein paar Jobs so gehabt. Nebenbei. Und dann später durch die Kinder, dann irgendwie – nicht hingehauen."

Als sie nach sechs Jahren Ehe ihr erstes Kind zur Welt bringt, geht sie ein Jahr in Elternzeit: Dies ist ihr aufgrund des Elterngeldes möglich, mit dem sie ihren Familienunterhalt finanzieren können. Bei ihrem Wiedereinstieg übernimmt für die ersten vier Monate eine türkische Bekannte, die als Tagesmutter arbeitet, die Betreuung des Kindes. Nachdem ihr Ehemann arbeitslos geworden ist, übernimmt er diese Aufgabe. Seit dem zweiten Lebensjahr besucht ihr erstes Kind eine Krippe, dann den Kindergarten. Sie fängt nach einem Jahr Elternzeit wieder an in Teilzeit zu arbeiten, was ihr nicht schwerfällt, da sie schon während der Elternzeit immer wieder an einzelnen Projekten mitgearbeitet hatte. Als sie ihre Stelle von einer halben auf eine dreiviertel Stelle aufstocken möchte, wird sie mit dem zweiten Kind schwanger, das drei Jahre nach dem ersten Kind zur Welt kam. Ipek geht wieder ein Jahr in Elternzeit und steht zum Zeitpunkt des Interviews kurz vor ihrer zweiten Berufsrückkehr. Am Ende ihrer Elternzeit ist sie glücklich, wieder arbeiten zu gehen: „*Mit einem Jahr. Und mir ist dann auch so langsam die Decke auf den Kopf gefallen [beide lachen]. Weil dann doch schon Alltag wieder eingekehrt ist und morgens aufstehen, halt frühstücken und so. Und irgendwie, kam mir das alles, irgendwie leer vor [Lachen].*" Der erste Tag, an dem sie ihr weinendes Kind abgeben musste, war für sie hart, aber auf der Arbeit kann sie sich ganz auf diese konzentrieren und vergisst alles, was um sie herum ist. Den Wiedereinstieg mit zwei Kindern findet sie jedoch viel schwerer als den mit einem Kind: „*Weil man so, weil man so erst gemerkt hat, dass man wirklich Kinder hat.*"

Die Familie ist nach wie vor finanziell von ihrem Einkommen abhängig. Ihr Ehemann unterstützt sie bei der Betreuung der Kinder und im Haushalt, weil er weiß, dass sie ihre Berufstätigkeit braucht: „*Also er unterstützt das voll. Deswegen hilft er anscheinend auch [Lachen]. [Weinendes Kind] Weil er auch merkt, hat er mal gesagt, dass ich das so brauche.*" Unter der Woche unterstützt(e) er sie mit „*Kleinigkeiten: Spülmaschine ausräumen, Waschmaschine, Wäsche aufhängen, so Kleinigkeiten übernimmt er auch.*" Als ihr Mann arbeitslos zu Hause war, ließ diese Hilfe allerdings auch sehr schnell wieder nach: „*Aber Männer gewöhnen sich – also jetzt speziell mein Mann. Ich kann ja jetzt nicht allgemein sagen. Aber er gewöhnt sich sehr schnell, zu Hause zu sein. Und wird dann eher so – nachlässig, sag ich mal [Lachen]. Also das Tempo fehlt mir dann. Der tägliche Ablauf.*" Als sie nach ihrem ersten Wiedereinstieg planten, ihre Arbeitszeit von einer halben auf eine dreiviertel Stelle zu erhöhen, war er jedoch wiederum bereit, sich ein, zwei Tage in der Woche aus seiner Firma auszuklinken und die Arbeit einem Mitarbeiter zu übergeben, sodass sie die Betreuung der Kinder besser untereinander aufteilen konnten.

Ipek möchte beruflich *„nicht immer an einer Stelle bleiben"*. Während der Elternzeit hat sie eine Weiterbildung zur Hochbautechnikerin an einer Fachhochschule begonnen. Auch hat ihr Chef, der sich aus dem Berufsleben zurückziehen möchte, ihr bereits vorgeschlagen, das Büro zusammen mit seiner Tochter als Partnerin zu übernehmen. Sie möchte sich auch weiterentwickeln, um für ihre Kinder ein Vorbild zu sein.

Ipek: *"Ja, weil ich halt nicht so – für die Zukunft will ich nicht immer an einer Stelle bleiben. Also ich will mich weiterentwickeln. Je mehr ich lerne, desto größer werden auch meine Aufgabengebiete. Und so finanziell oder auch verantwortungsmäßig."*

I: *„Ok."*

Ipek: *„Und dass ich auch so ein Vorbild für meine Kinder werden möchte. Dass ich nicht mit etwas aufhöre, weil man hört nie auf zu lernen im Leben. Also in allen Bereichen. Und das denke ich, muss auch im Beruflichen dann so gehen."*

Von der Interviewerin danach gefragt, was sie sich für ihre Kinder wünsche, antwortet sie, dass diese *„selbstbewusste Persönlichkeiten werden"* und ansonsten für sich selbst entscheiden sollen, was sie werden möchten. Auch wünscht sie *„allen Frauen viel Stärke und Selbstbewusstsein"* und stellt ihnen ansonsten frei, nach welchem Lebensmodell und auf welche Art und Weise sie glücklich sein und werden möchten: So sollte keine Frau gezwungen werden, arbeiten zu gehen. Ipek braucht jedoch die Berufsarbeit für sich, aber auch für ihre Beziehung zu ihren Kindern.

„Wenn sie sich dazu fähig fühlen, das sollte kein Muss sein, eine Frau unbedingt arbeiten zu schicken. Weil es gibt verschiedene Frauen. Manche wollen das vielleicht gar nicht, sind eher auf Kinder, Haushalt und Ehe bedacht. Und aber es gibt auch, jetzt für mich selbst, ich hab das so gebraucht. So den Ausgleich, damit ich auch für meine Kinder ausgeglichener bin. Dass ich denen auch was – nicht nur emotional, sondern auch so vom Wissen her – was mitgeben kann". (Ipek)

Resümee

Die interviewten Frauen möchten, *„dass die Leute uns als Mensch akzeptieren und nicht wegen dem Kopftuch schikanieren."* Sie möchten als eigenständige Persönlichkeit wahrgenommen und aufgrund ihres Charakters, ihrer Leistungen und Kompetenzen bewertet werden. Sie möchten nicht als Personen zweiter Wahl behandelt werden, die nur dann eine Chance erhalten, wenn keine anderen

Bewerberinnen für eine Stelle vorhanden sind. Sie möchten Familie und Beruf miteinander vereinbaren, da sie durch ihre Erwerbsarbeit die Familie unterstützen und auf eigenen Beinen stehen können – aber auch da die Berufstätigkeit zu ihnen gehört und ein wichtiger Teil ihrer Identität und ihres Lebens ist. Und sie möchten, dass auch im Beruf ihre kulturelle und religiöse Identität anerkannt wird: *„Ich bin so wie ich bin. Ich, mit Kopftuch.“*

Wenn überhaupt, dann akzeptieren sie nur notgedrungen die Trennung von *„privat und dienstlich“* und legen den Schleier, den sie sonst im öffentlichen Raum tragen, während der Arbeit ab: *„Ich hab Arbeit aufgemacht, draußen hab ich zugemacht. Das hat mich gestört. Ich hab dann zwei Charakter, hab ich gefühlt so. Das ist nicht schön.“* Sie legen den Schleier ab, da sie sonst keine Arbeit finden oder befürchten, durch Beleidigungen aus ihrer Arbeit gemobbt zu werden. Das Ablegen des Schleiers bedeutet für sie, ein Doppelleben führen zu müssen, wobei ihr eigenes Leben, ihre kulturelle und religiöse Identität in ihrem Berufsleben und in der Gesellschaft, in der sie leben, keine Anerkennung findet.

Die Kämpfe der kopftuchtragenden Muslima um Anerkennung als Menschen, Mitbürgerinnen und Berufstätige mit gleichen Rechten und Chancen zeigen, dass es sich bei der Verweigerung dieser Anerkennung um Praktiken einer rassistischen Diskriminierung handelt. Der Schleier tritt dabei an die Stelle eines körperlichen Merkmals: Denn anstatt aufgrund der Hautfarbe wird die Diskriminierung durch das Kopftuch legitimiert. Im Unterschied zur Hautfarbe können die Frauen den Schleier ablegen; im Unterschied zum Farbenrassismus oder Rassenrassismus der Hautfarben, der biologisch begründet wurde, handelt es sich daher beim Kopftuch um einen Rassismus, der sich selbst als eine Form des Rassismus verleugnet (vgl. Hund 2007: 68ff.). Es handelt sich um einen Rassismus, dessen Praktiken sich nicht auf biologische Merkmale beziehen, sondern auf Symbole als Zeichen einer fremden, anderen Kultur. An die Stelle der anderen Hautfarbe, d.h. der nicht weißen Hautfarbe, tritt der Schleier als ein religiöses, fremdes, islamisches, nicht-christliches Symbol.

Daher stellt sich die Frage: Können wir angesichts einer stereotypen Stigmatisierung und Herabminderung einer ethnischen Gruppe aufgrund von deutlich sichtbaren, kulturellen Symbolen überhaupt von Rassismus sprechen?

Wir wissen heute, dass auch der Rassismus der Hautfarben sich nicht biologisch begründen lässt; tatsächlich handelte und handelt es sich auch bei ihm um eine soziale und kulturelle Bewertung der Hautfarben – keine biologische. Es gibt keine verschiedenen Menschenrassen, die sich biologisch begründen ließen.[18] Auch die Hautfarbe ist eine soziale und kulturelle Konstruktion, die einer

---

18 Siehe dazu ausführlich Plümecke 2013, 257-266: „Trotz vieler Versuche, über eine Rassekonzeption der Wahrheit der Differenz näher zu kommen, konnte kein

sozialen und kulturellen Bewertung unterliegt. Der biologische, auf natürliche Unterschiede rekurrierende Rassismus ist somit auch ein soziokultureller Rassismus. Der (biologische) Rassismus der Hautfarben basiert daher auf den gleichen diskriminierenden Prozessen, Mechanismen und Praktiken wie die rassistische Produktion kultureller Andersheit – und umgekehrt. Beide Rassismen konstituieren sich über Praktiken der stereotypen Stigmatisierung in Verbindung mit Prozessen der Entfremdung, Entwertung und Ausgrenzung (vgl. Hund 2007: 82-119). Wie die Hautfarbe im Farbenrassismus, so verkörpert das Kopftuch die angebliche Differenz zwischen uns und den muslimischen Frauen, die angesichts dieses deutlich sichtbaren Stigmas als *pars pro toto* für die Muslime und den Islam insgesamt angesehen werden.

Die stereotype Stigmatisierung ist das zentrale Merkmal der rassistischen Diskriminierung der verschleierten Muslima, die nicht mehr als individuelle Personen, sondern angesichts des stigmatisierenden Kopftuchs nur noch unter den diesem Stereotyp zugeschriebenen Bedeutungen wahrgenommen werden. Diese stereotype Stigmatisierung wird durch eine widersprüchliche Dialektik von Unten und Oben verstärkt, insofern unsere rassistische Diskriminierungen gegenüber den verschleierten Muslima umso deutlicher werden, je mehr sie sich räumlich, sozial und kulturell aus den unteren Schichten in die Mitte unserer Gesellschaft begeben. Je mehr wir die verschleierte Muslima als Persönlichkeit mit eigenem Charakter akzeptieren müssten, desto mehr stigmatisieren wir sie als die kulturell Andere und Fremde. Und je mehr sie in unsere beruflichen und sozialen Kreise aufsteigt, desto mehr versuchen wir sie aufgrund des Kopftuchs zu entwerten und aus diesen Kreisen auszuschließen. Denn je näher sie uns räumlich, sozial und kulturell rücken und je vergleichbarer ihre Lebensführung mit der unseren wird, desto bedeutender wird das Kopftuch als entfremdendes und distinguierendes Stigma, desto mehr fordern wir das Ablegen des Schleiers als Zeichen der Anpassung, der Assimilation.

Das Kopftuch wird zur stereotypen Legitimation dafür, dass die Muslima uns fremd bleiben. An die Stelle der Integration der kulturell Anderen tritt die Forderung nach deren Assimilation. Für die Muslima, die ihren Schleier ablegen soll, bedeutet diese Anpassung die Aufgabe ihrer eigenen religiösen und kulturellen Identität. Für die Muslime und Muslima in der Bundesrepublik Deutschland entspräche eine solch einseitige Assimilation einer Unterwerfung unter die dominante Kultur. Für die deutsche Gesellschaft geht es um den Anspruch, eine

---

Rassekonzept über längere Zeit stabilisiert werden. […] So sind Vorstellungen, die Rasse als reinerbige Gruppe konzipieren, Theorien zur ‚Degeneration' und der Schädlichkeit der ‚Rassenmischung' oder die Feststellung der Inferiorität der Anderen nicht mehr Bestand aktueller lebenswissenschaftlicher Konzepte."

offene, multikulturelle Gesellschaft in der Mitte Europas zu sein. Denn durch die Diskriminierung gegen das Kopftuch wird dieser Anspruch in sein Gegenteil verkehrt. Derya klagt und fragt daher zu Recht: „*EY, was für ne Stadt ham wa hier?*"

3. De-Konstruktionen von Andersheit

In allen Interviews finden sich Erfahrungen der Migration. Die Hälfte der interviewten Frauen sind erst im Alter von zwei bis fünfundzwanzig Jahren nach Deutschland eingewandert, die meisten von ihnen in jüngeren Jahren als Familiennachzug zu den bereits in Deutschland lebenden Eltern. Bis auf drei Frauen, die erst durch eine Heirat nach Deutschland kamen, sind alle Frauen nach ihren aus der Türkei nach Deutschland eingewanderten Eltern als zweite Generation in der Bundesrepublik aufgewachsen. Im ersten Abschnitt dieses Kapitels werden wir daher mit den biographischen Erzählungen der Frauen über die Erfahrungen der Migration beginnen.

Aus diesen Erfahrungen wird deutlich, dass die Eltern der Frauen mehrheitlich der (un- und angelernten) Arbeiterschaft angehören und insbesondere in den ersten Jahren nach der Migration in einfachsten sozioökonomischen Verhältnissen lebten. Dies wird an den Wohnverhältnissen deutlich: So mussten fünf- und mehrköpfige Familien in Zweizimmerwohnungen leben. Jedoch schlägt sich ein merklich steigender Wohlstand in größeren Wohnungen, Autos und Türkeireisen nieder und wird vereinzelt auch von beruflichen Aufstiegen der Eltern zu Vorarbeitern erzählt. Das Rollenmuster zwischen den Töchtern, die oft sehr früh die Rolle der arbeitenden Mütter im Haushalt übernehmen, und den Söhnen, die nichts für die Familie tun müssen, entspricht weitgehend patriarchalischen Familienstrukturen. Ungeachtet dessen hegen die Eltern starke Bildungsaspirationen in Bezug auf ihre Töchter: Diese sollen erst ihre Ausbildungen abschließen, bevor sie heiraten, damit sie mithilfe ihrer Berufstätigkeit auf eigenen Beinen stehen können. Die hohen Bildungsaspirationen kontrastieren freilich mit den eingeschränkten kulturellen und finanziellen Möglichkeiten der meisten Eltern, ihre Kinder hinsichtlich ihres Weiterkommens in der Schule zu unterstützen.

Im zweiten Abschnitt dieses Kapitels stellen wir die Vereinbarkeit von Familie und Beruf aus der subjektiven Wahrnehmung der interviewten Frauen dar. Das zentrale Ergebnis dieser Darstellung wird sein, dass sich die verschleierten Muslima nicht wesentlich von deutschen und anderen Frauen mit Migrationshintergrund unterscheiden, die Familie und Beruf miteinander vereinbaren möchten. Dies gilt für alle sechs von uns genauer analysierten Bereiche der Vereinbarkeit von Familie und Beruf. So unterscheiden sich die interviewten Muslima hinsichtlich ihrer Motivation, Familie und Beruf zu vereinbaren, nicht wesentlich von anderen Frauen: Sie sind wie jene sowohl extrinsisch als auch intrinsisch motiviert und sehen in der Berufstätigkeit einen wesentlichen Teil ihrer persönlichen Identität und Eigenständigkeit. Auch hinsichtlich der Dauer der Erwerbsunterbrechung unterscheiden sich die interviewten nicht von anderen Frauen: In der Regel unterbrechen sie ihre Erwerbstätigkeit um knapp zwei Jahre. Die starken Variationen von sehr kurzen bis sehr langen Unterbrechungen innerhalb der Gruppe der verschleierten Muslima unseres Samples sind größer als die Unterschiede zu anderen Frauen mit und ohne Migrationshintergrund.

Auch die Begründungen der Dauer der Familienphase und das Erleben der Elternzeit unterscheiden sich nicht grundsätzlich von denen anderer Frauen. So wird die Elternzeit vor allem am Anfang als sehr schön und bereichernd erlebt. Je länger sie jedoch dauert, desto enger werden den Frauen die vier Wände: Ihnen droht die Decke auf den Kopf zu fallen und sie wünschen sich, wieder berufstätig zu sein, um noch etwas Anderes jenseits der Familie zu erleben. Die Berufsrückkehr ist für die meisten der interviewten Frauen eine anstrengende, aber auch sehr spannende Zeit: Sie sind froh wieder arbeiten zu können, geraten jedoch durch die Doppelbelastung auch an die Grenzen dessen, was sie mit der Familie und mit sich selbst vereinbaren können. Wie die meisten Frauen wünschen sie sich daher eine Rückkehr in eine Teilzeitbeschäftigung: Die Familie und die Erziehung der Kinder sind den Frauen wichtiger als ihre eigene berufliche Karriere.

Angesichts dessen, das der Diskurs innerhalb der deutschen Mehrheitsgesellschaft das Kopftuch für ein Zeichen der Unterdrückung der Frau sieht, ist die familiäre Arbeitsteilung zwischen den Ehepartnern durchaus von Interesse. Die Doppelbelastung von Familie und Beruf liegt tatsächlich im Wesentlichen bei den Frauen. Ihre Partner helfen ihnen bei der Hausarbeit und der Erziehung der Kinder, aber die Verantwortung und Hauptlast liegt ganz eindeutig bei den Frauen. Wie deutsche und andere Frauen mit Migrationshintergrund versuchen jedoch auch die von uns interviewten Frauen die Beteiligung ihrer Ehemänner schöner und größer zu reden als sie tatsächlich ist – je mehr sie dies tun, desto deutlicher wird jedoch, wie stark die ungleiche Rollenverteilung nach wie vor ausgeprägt ist. Dass sich diese Rollenmuster nicht einfach umkehren lassen, wird besonders dann deutlich, wenn die Frauen mehr arbeiten als die Männer oder letztere gar arbeitslos sind: Denn der Rollentausch, den die moderne Vorstellung der Partnerschaft in dieser Konstellation nahelegen würde, findet nicht wirklich überzeugend statt. Es bleibt einmal mehr anzumerken, dass sich dies in der Regel auch bei deutschen und anderen Paaren mit Migrationshintergrund nicht anders verhält: In der Darstellung der familiären Arbeitsteilung fügen sich die verschleierten Muslima und ihre Partner durchaus ins allgemeine Muster.[1]

Wie auch für andere Mütter, so stehen die Erziehung und das Wohl der Kinder für die interviewten Muslima an erster Stelle. Sie möchten, dass es ihren Kindern einmal besser geht als ihnen selbst, dass sie in der Schule weiterkommen, eine Ausbildung machen oder studieren. Dies ist nur möglich, wenn ihre Kinder die deutsche Sprache beherrschen und sich in die deutsche Gesellschaft zu integrieren vermögen. Von einer Parallelgesellschaft kann daher keine Rede sein, vielmehr geht es den Frauen um eine bilinguale und bikulturelle Identität, die sich fluide zwischen und in beiden Kulturen bewegt. Ihre Kinder sollen sich in beiden Sprachen und Kulturen zu Hause fühlen, sie sollen „*wirklich so beides in Einem*" leben und denken: „*Deutsche sind Türken und Türken sind Deutsche*". Dieses Konzept einer bikulturellen Identität steht jedoch zugleich im Widerspruch zu einer einseitigen Anpassung bzw. Assimilation an die deutsche Kultur. Es fordert daher von der deutschen Gesellschaft, die andere(n) Kultur(en) durch die Öffnung hin zu einer multikulturellen Gesellschaft zu integrieren.

Im dritten Abschnitt dieses Kapitels stellen wir die Erfahrungen der interviewten Frauen bei der Suche nach einer Ausbildung oder Beschäftigung bzw. im Rahmen eines Ausbildungs- bzw. Beschäftigungsverhältnisses dar. Die Frauen haben durchaus Anerkennung im Beruf erlebt, auch Anerkennung des Schleiers als Teil ihrer Identität und Persönlichkeit; bei den meisten Erfahrungen, von denen sie erzählen, handelt es sich jedoch um solche der Diskriminie-

1 So kommt die eingewanderte und deutsche Frauen vergleichende Studie von Gümen/Herwartz-Emden/Westphal zu dem Ergebnis, dass deutsche Frauen nicht nur den Kindern einen sehr geringen Anteil der Hausarbeit zuteilen, sondern auch ihren Ehepartnern: „Überraschenderweise zeigte sich, dass der Mann bei den deutschen Frauen weniger Hausarbeit machen soll als bei den Aussiedlerinnen und den Frauen aus der Türkei" (dies. 1994). Dies mag wiederum eher am sozialen Status als an der ethnischen Herkunft der Befragten und ihrer Ehepartner liegen, da bei Paaren aus der un- und angelernten Arbeiterschaft eher pragmatische Arrangements der familialen Arbeitsteilung vorherrschen als bei Akademikern (vgl. Meuser 2010: 260-275).

rung. Diskriminierungen erleben die Frauen sowohl implizit als auch explizit, sowohl seitens der Gatekeeper, ihrer Vorgesetzten und der Personalverantwortlichen, als auch seitens der Kolleginnen, der Kunden oder Patientinnen.

Der Schleier wird durch diese Diskriminierungen zum Stigma: An die Stelle einer individuellen Wahrnehmung der Trägerin tritt die stereotype Ablehnung. Die Frauen erleben mitunter wie sie aufgrund des Schleiers entfremdet werden, ohne dass ihre Persönlichkeit bzw. ihr individueller Charakter dabei irgendeine Rolle spielen würde. Sie fühlen sich nicht als Menschen, sondern nur noch als Kopftuchträgerinnen wahrgenommen. Diese Dehumanisierung geht einher mit einer Desozialisation: Indem ihnen eine eigenständige Persönlichkeit abgesprochen wird, wird ihnen auch ein eigener Wille, eine eigene Entscheidungs- und Handlungskompetenz abgesprochen. Sie werden als unterdrückte und unfreie Frauen abgewertet und als solche wie *„Menschen ohne soziale Persönlichkeit"* bzw. als *„sozial tote Menschen"* behandelt (Wirz 1984: 61, zitiert nach Hund 2007: 88). Die Stigmatisierung durch das Kopftuch geht so mit einer stereotypen Herabminderung der verschleierten Frauen einher. Diese führt dazu, dass ihre berufliche Eignung ebenso wenig Anerkennung findet wie ihre beruflichen Kompetenzen und Leistungen.

Die mit ihrer Stigmatisierung verbundenen Praktiken der stereotypen Entfremdung und Herabminderung, Dehumanisierung und Desozialisation führen zur Prekarisierung, Marginalisierung und Ausgrenzung der Frauen. In einigen Bundesländern wie z.B. Baden Württemberg wird diese Ausgrenzung sogar legal begründet: Der Paragraph 38 des baden-württembergischen Schulgesetzes verbietet das Tragen ostentativer religiöser Symbole, wobei sich die Intention des Gesetzgebers tatsächlich gegen das Tragen des Kopftuches richtet (vgl. Henkes/Kneip 2009; Rosenberger/Sauer 2012). Diese gezielte Diskriminierung gegen den muslimischen Schleier wurde nicht zuletzt dadurch offensichtlich, dass in Baden-Württemberg Nonnen weiterhin ihr Nonnenhabit im Schuldienst tragen durften, während verschleierten Muslima gekündigt und der Zugang zum Lehrer- und Erzieherinnenberuf verwehrt wurde. Aufgrund der Vorbildfunktion des öffentlichen Arbeitsgebers auf der einen Seite und des staatlichen Erziehungs- und Bildungswesens auf der anderen Seite fördert diese Gesetzgebung, die meines Erachtens schon aufgrund ihrer ungleichen Anwendung als illegitim zu bezeichnen ist, Diskriminierungen gegen verschleierte Muslima weit über ihren unmittelbaren Geltungsbereich hinaus.[2]

2 Vgl. Heide Oestreich 2004: 195: „Dennoch ist nun eine Chance vertan. Hier waren zum ersten Mal praktizierende Musliminnen betroffen, die sich ganz offenbar so sehr mit den Werten dieser Gesellschaft identifizieren, dass sie sie in staatlichen Schulen weitergeben wollten. Die Gesellschaft verzichtet nun in großen Teilen freiwillig

Die interviewten Frauen fühlen sich daher auf dem Ausbildungs- und Arbeitsmarkt als *„zweite Wahl in Person"*. Sie schließen für sich Berufe aus, die sie gerne ausüben würden, da sie keine Chance sehen, ihrem Wunschberuf mit einem Schleier nachgehen zu können. Und sie bewerben sich oft vergeblich auf Ausbildungs- und Arbeitsstellen, da ihre Bewerbungen immer wieder aufgrund des Kopftuchs – meistens eher implizit, manchmal auch explizit – abgelehnt werden. Gleichzeitig sehen sie jedoch, dass es immer mehr Muslima gibt, die mit Schleier arbeiten. So wollen einige der interviewten Frauen, die den Schleier früher in der Ausbildung und in früheren Berufsjahren noch abgelegt hatten, heute nur noch verschleiert arbeiten. Es stellt sich daher die Frage, ob es einmal (in nicht allzu ferner Zukunft) möglich sein wird, dass der Schleier nicht mehr als diskriminierendes Stigma, sondern als persönliches Bekenntnis wahrgenommen und anerkannt wird. Indem die Frauen sich in der Öffentlichkeit und im Beruf verschleiern, verwandeln sie das Stigma in ein Zeichen ihrer persönlichen, kulturellen und religiösen Identität.[3]

Wir schließen das Kapitel mit der Frage ab, inwiefern es sich bei den Erfahrungen, die wir darin beschrieben haben, um Erfahrungen einer rassistischen Diskriminierung handelt. Wie die Hautfarbe im Farbenrassismus, so werden wir argumentieren, verkörpert das Kopftuch im kulturellen Rassismus gegen Musliminnen im Besonderen und den Islam im Allgemeinen ein rassistisches Stigma. Der rassistische Charakter des *racial othering* wird an den Praktiken der Stigmatisierung, Entfremdung, Entwertung und Ausgrenzung deutlich. An die Stelle der Integration des kulturell Anderen in eine offene, multikulturelle Gesellschaft, tritt so die Erwartung der einseitigen Assimilation, der Anpassung an die Mehrheitsgesellschaft und die Aufgabe der eigenen kulturellen Identität. Das Tragen des Schleiers kann dagegen als eine Strategie der Behauptung der eigenen Identität verstanden werden. Wie die Fallbeispiele des vorangehenden Kapitels, so zeigen die systematische Analysen der Interviews, dass es sich dabei um eine Identität handelt, die sich in der Mitte der deutschen Gesellschaft verorten möchte, nicht an deren unterem Rand.

---

darauf, sie als Vermittlungsagentinnen in einer schwierigen, weil in der Tat multikulturellen Gesellschaft zu beschäftigen. Nun muss sie sich andere interkulturelle Agenturen suchen: Auf Integrationsangebote, insbesondere für muslimische Frauen, darf weiterhin gespannt gewartet werden."

3 Vgl. hierzu Nilüfer Göle 2004.

3.1 Erfahrungen der Migration

Alle zwanzig interviewten Frauen verfügen über einen türkischen Migrationshintergrund. Die Hälfte der zwanzig Frauen kam in der Türkei zur Welt und ist im Alter von zwei bis fünfundzwanzig Jahren nach Deutschland eingewandert.[4] Die andere Hälfte der Frauen des Samples wurde in Deutschland geboren, ihre Eltern sind jedoch aus der Türkei nach Deutschland eingewandert. Eine Ausnahme stellt hier Esra dar, deren Vater aus der Türkei stammt, während ihre Mutter Deutsche ist. Einige der später nach Deutschland gekommenen Frauen wanderten zusammen mit beiden Eltern ein. Andere zogen erst später zu ihren Eltern, die bereits in Deutschland lebten.

Drei der interviewten Frauen kamen erst nach der Heirat nach Deutschland: Sie bilden eine eigene Gruppe, auf die wir in dieser Studie nicht tiefer eingehen werden, da sowohl die Anzahl als auch die Qualität der Interviews, die in türkischer Sprache durchgeführt wurden, dafür nicht ausreicht.[5] Andererseits ist eine

4 Siehe Übersicht der Fälle im Anhang: Sibel (2), Sultan (6), Merve (ca. 15), Aysenur (12), Nurcan (8), Yüksel (9), Nurgül (nach Mittelschule), Yildiz (25).

5 Seher, Kiymet und Yildiz wanderten erst nach der Heirat aus der Türkei nach Deutschland ein. Eine der interviewten Frauen, Yildiz, ist sogar erst nach ihrer Heirat nach Deutschland gekommen: Sie verfügt über einen türkischen Fachhochschulabschluss im Kunsthandwerk und arbeitete vor der Heirat zwei Jahre in der Türkei, womit sie zufrieden war. Mit der Heirat und der Migration nach Deutschland wird ihre berufliche Qualifikation entwertet, was sie in dieser Form nicht erwartet hatte: Ihre Berufsausbildung wurde nicht anerkannt. Auch musste sie sich erst die deutsche Sprache aneignen und Deutschkurse besuchen. Kurz nach der Einreise bekam sie ihr erstes Kind. Danach war sie drei Jahre lang zu Hause, bis das Kind in den Kindergarten kam. Als das Kind zehn Monate alt war, besuchte sie zwischenzeitlich für zwei Monate einen Kunstkurs in Istanbul. Nach den drei Jahren zu Hause besuchte sie weiterhin den Deutschkurs und gab in türkischen Vereinen wöchentliche Ebru-Kurse. Nachdem sie die B1 Sprachprüfung in Deutsch abgelegt hatte, meldete sie sich bei der Arbeitsagentur, um mit ihren Deutschkenntnissen praktische Erfahrungen zu machen. Dabei wollte sie allerdings in ihrem Berufsfeld bleiben. Vor allem kam und kommt für sie keine Putztätigkeit in Frage. Die Vermittlung der Agentur für Arbeit empfahl ihr einen berufsbezogenen Kurs, den sie momentan unter der Woche vier bis fünf Stunden vormittags besucht. Derzeit gibt sie mittags wöchentlich auch Kunstkurse in verschiedenen Vereinen. Im berufsbezogenen Kurs war es Pflicht, ein Praktikum zu absolvieren, weshalb sie in einer türkischen Bäckerei ein Praktikum machte. Bei deutschen Arbeitgebern traute sie sich wegen

der interviewten Frauen, Hülya, nach ihrer Heirat von Deutschland in die Türkei gezogen, wo sie für immer leben wollte: Nach sieben Jahren zog sie jedoch nach Deutschland zurück. Ihr Ehemann folgte ihr neun Monate später zusammen mit den Kindern, nachdem er eine Aufenthaltserlaubnis erhalten hatte.[6] Erfahrungen der Migration finden sich daher in allen Interviews, besonders stark jedoch in denen der Frauen, die in ihrer (frühen) Kindheit oder vereinzelt auch sehr viel später nach Deutschland eingewandert sind.

Merve ist mit ihrer Mutter und ihren Geschwistern in der Türkei aufgewachsen, während ihr Vater bereits in Deutschland arbeitete. Sie erzählt, wie ihr Vater sie fast mit dem Auto umgefahren hätte, als er zum ersten Mal in die Türkei kam und sie ihm als kleines Kind entgegen lief:

„Was unbedingt ich jetzt erwähnen müsste, ich kann mich erinnern, wo mein Papa erstes Mal nach Türkei kam, mit Auto. Ich hab gesehen der Papa kommt. Ich renn zum Auto, als Kind, das Gefühl, Papa wusste nicht. Beinah hat er mich umgefahren, ne?" (Merve)

Ihr Vater fährt sie versehentlich fast um und sie will ihn, den sie zunächst nicht als ihren Vater anerkennt, nicht ins Haus lassen: *„Dann, ich hab ihn nicht rein gelassen. Hab ich gesagt, du bist nicht mein Vater. Du hast hier nichts zu suchen. Raus mit dir. Hab ich ihn rausgeschmissen. Daran kann ich mich erinnern."* Je später die Einwanderung nach Deutschland stattfand, desto schwieriger war sie für die Frauen. So sagt Merve, die erst nach der achten Klasse nach Deutschland kam:

„Erste drei Monate ich hab Deutschland gehasst. Ich wollte zurück. Weil ich hab meine Schule unterbrochen. Ich hatte meine Freunde. Mein Umfeld. Alles. Ich musste kommen, weil meine Mama mir gesagt hat: 'Komm!'" (Merve)

---

ihrer schlechten Sprachkenntnisse und des Kopftuchs nicht, sich zu bewerben,. Sie hält jedoch an ihrem Ziel, sich beruflich zu integrieren, fest.. Sollte es in Deutschland nicht möglich sein, ihren Beruf auszuüben, so möchte sie wieder in die Türkei zurückkehren. und bereitet sich darauf bereits vor.

6 Auch andere Frauen – wie z.B. Sibel – überlegen, in die Türkei auszuwandern oder – wie Yildiz – wieder in die Türkei zurückzukehren. Andererseits sind einige der Ehepartner aus der Türkei nach Deutschland gezogen: So z.B. die Ehemänner von Sibel und Hülya. Hülya ist zunächst aufgrund ihrer Heirat in die Türkei ausgewandert, um dann nach sieben Jahren mit ihrem Mann und den Kindern wieder nach Deutschland zurückzukehren.

Von ihrem schwierigen Anfang in Deutschland erzählt auch Aysenur, die erst mit zwölf Jahren aus der Türkei, in der sie sich „*sehr frei bewegen konnte*“, nach Deutschland kam: „*Das war eine ganz schlimme Zeit für mich.*“ Sie konnte die deutsche Sprache nicht, musste in der Schule bei Null anfangen und wurde von ihren Mitschülerinnen und Mitschülern gehänselt und gemobbt, weil sie kaum Deutsch spricht: „*Also es waren schon schlimme Erlebnisse. Ja, also, unter anderem hat man mir mal – kann ich mich erinnern, die Schuhe versteckt, nach dem Schwimmunterricht. Ich bin barfüßig, im Schnee, nach Hause gelaufen.*“

Zwei Frauen kamen aus einem anderen Grund erst spät nach Deutschland: Ihre Zwei-Zimmer-Wohnungen waren zu klein für eine große Familie mit drei Kindern und beide Eltern Arbeit brauchten.. Nurcan wechselte vor der Einschulung immer zwischen der Türkei und Deutschland hin und her und besuchte dann die ersten beiden Klassen der Grundschule in der Türkei, da die Wohnung, in der ihre Eltern in Deutschland lebten, mit 43 qm für eine fünfköpfige Familie zu klein war. So kam sie erst mit acht Jahren nach Deutschland und hatte es sowohl in der Türkei als auch in Deutschland in der Schule sehr schwer. Auch Sultan kam das erste Mal zur Einschulung in die erste Klasse nach Deutschland, musste dann aber wieder bis zur dritten Klasse in die Türkei zurück, da die Zwei-Zimmer-Wohnung für eine Großfamilie mit drei Kindern ebenfalls zu klein war:

„*Wir haben eine kleine Wohnung gehabt. Wir waren damals drei Kinder. Deswegen musste ich nochmal in die Türkei. War ich Türkei Grundschule bis dritte Klasse. Nach der dritten Klasse war ich nochmal in Deutschland. Hab ich die dritte Klasse nochmal in Deutschland besucht. Mein schönes Erlebnis war [Lachen] – in der dritten Klasse hab ich lauter Fünfer bekommen. Ich hab mich gefreut. In Türkei war die Fünf Eins, sehr gut. Hab ich gedacht in Deutschland ist auch Fünf Eins. Sehr gut. Das war auch – dann musste ich nochmal in die Türkei gehen. Hin und her.*“ (Sultan)

Dieses Hin-und-Her zwischen der Türkei und Deutschland führte dazu, dass Sultan „*nicht gescheit was lernen*“ konnte. Dass sie aufgrund dieser Situation keinen guten Schulabschluss und keine Ausbildung machen konnte, ist ein zentraler Erzählstrang in Sultans Interview. So würde sie zum Zeitpunkt des Interviews gerne eine Ausbildung zur Altenpflegerin machen, wozu ihr jedoch die qualifikatorischen Voraussetzungen fehlen. Daher resümiert sie ihren Lebenslauf: „*Wenn ich nochmal in die Welt kommen würde, würde ich was lernen. Egal was, aber was GESCHEITES lernen.*“

Die extrem beengten Wohnverhältnisse werden von vielen der interviewten Frauen thematisiert. Oft teilten sich mehrere Geschwister ein kleines Zimmer, in dem kein Schreibtisch stand, sodass sie ihre Hausaufgaben am Küchentisch machen mussten. Rabia stellt das Aufwachsen in einer siebenköpfigen Großfamilie, die in einer Zwei-Zimmer-Familie lebt, als das für eine „*türkische Familie*“ normale dar:

„*Also wir haben in einer Zwei-Zimmerwohnung gewohnt. So sieben Leute. Also ich fand das nicht so schlimm. Jetzt kann ich mir das nicht vorstellen, in einer Zwei-Zimmerwohnung zu leben. Aber damals war das für mich ganz normal. Mit zwölf sind wir ja umgezogen. Da haben wir dann eine Vier-Zimmerwohnung gehabt. Mit 110 Quadratmetern. Die Umstände sind halt wie in jeder türkischen Familie [Lachen]. Aber so schlimm fand ich meine Kindheit jetzt nicht, ehrlich gesagt. Es war nicht so toll, aber es war halt normal.*“ (Rabia)

Die Eltern der interviewten Frauen kamen als Arbeiter und Arbeiterinnen oder Hausfrauen nach Deutschland. Die meisten lebten sozioökonomisch in sehr einfachen Verhältnissen, was uns in der Regel durch die sehr eingeengten Wohnverhältnisse, aber auch durch die Kleidung, die sie im Vergleich zu den anderen Kindern trugen, mitgeteilt wurde. Sie erwirtschafteten sich im Laufe der Jahre jedoch einen bescheidenen Wohlstand, der sich in größeren Wohnungen, Autos und regelmäßigen Reisen in die Türkei niederschlug. Einige der Befragten waren froh darüber, dass ihre Mütter zu Hause blieben und sie „*kein Schlüsselkind*“ waren:

„*Ja, wenn wir von der Schule gekommen sind, war das Essen auf dem Tisch. Und also es war auch ganz toll. Und – ich war also kein Schlüsselkind. Schlüsselkind mein ich jetzt Kinder, die Schlüssel um den Hals hängen haben und [Lachen mit Interviewerin] und die kommen da von der Schule und müssen die Tür aufschließen und gucken wie sie klar kommen. Also ich war kein Schlüsselkind.*“ (Aysenur)

Andere erlebten, dass ihre Mütter viel arbeiteten und wenig zu Hause waren, sodass beide Eltern wenig Zeit hatten, sich um die Kinder zu kümmern.

„*Meine Mama hat – die hat auf dem Acker gearbeitet. Die haben Radieschen gepflückt. Das war so. Die hat, glaub ich, zehn Jahre gearbeitet. Das war auch eine Knochenarbeit. Die haben dann im April angefangen und bis November haben sie dann so Radieschenbündchen gemacht. Die hat dann morgens um sieben angefangen bis – wenn es dann halt gutes Wetter war oder wenn dann halt große Lieferungen da waren, haben sie bis um fünf, sechs gearbeitet. Dann war sie schon kaputt. Im Sommer haben wir wenig von meiner Mutter gehabt. Die hat dann halt, wenn sie nach Hause kam, hat zwar gekocht, aber dann hat sie geschlafen. Meistens.*“ (Rabia)

Oft mussten sich dann die (großen) Schwestern um den Haushalt und die jüngeren Geschwister kümmern und viele Aufgaben der abwesenden Mütter übernehmen. Während Rabia mit ihren beiden Schwestern erst einmal die Wohnung aufräumen musste, wenn sie von der Schule nach Hause kamen, hatten ihre Brüder keinerlei Pflichten: *„Also die Jungs haben wenig gemacht, so wie immer.“* Die Frauen sind für die Haushaltsführung zuständig und die Väter übernehmen die Rolle der „Brotverdiener“. Die Töchter werden dementsprechend früh als „gute“ Ehefrauen erzogen, wodurch die patriarchalische Rollenverteilung gefestigt wird. Auch Merve erzählt, dass sie die Rolle ihrer Mutter übernehmen musste:

„Die Mama hat im Feld gearbeitet. Ganz früh aufgestanden. Frühstück vorbereitet, Taschen vorbereitet für die Männer. Papa war Maurer. War ganz früh weg, abends nach Hause. Und mein Bruder hat auch mit meinem Vater zusammen gearbeitet. Ja und ich hab halt in der Schule – in der Zeit bin ich, wenn ich zu Hause war, hab geputzt, gekocht, Einkaufen gegangen. Rolle übernommen praktisch von der Mutter, dass sie es dann auch leichter hat. Weil die ist ja auch ganz früh aufgestanden, für uns Frühstück vorbereitet, ist sie dann auch ganz früh weg. Die hat auf dem Feld gearbeitet. Dann wenn ich von der Schule nach Hause kam, musste die ganze Wohnung noch sauber gemacht werden, für abends gekocht werden und so weiter. Ich hab sehr viele Rollen für die Mutter übernommen. Sehr viel.“ (Merve)

So wie sich die interviewten Frauen eine Integration ihrer Kinder in die deutsche Gesellschaft wünschen, so wünschten sich bereits die Eltern der Frauen, dass es ihren Kindern besser gehen sollte als ihnen selbst. Die Frauen wollen, dass ihre Kinder auf der Basis einer guten Erziehung in der Schule, in der Ausbildung, im Studium und im Beruf erfolgreich sind. So lautete der Leitspruch von Ebrus Vater, der selbst ein ungelernter Arbeiter war: *„Oku, öğren, profesör ol'“*, was auf Deutsch heißt: *„Lese, lerne, werde Professor!“*

Manche der Eltern mussten nach der Grund- oder Pflichtschulzeit die Schule verlassen – so auch Ebrus Eltern. Sie waren Analphabeten und sprachen oft kein oder nur sehr wenig Deutsch. In der Familie wurde Türkisch gesprochen, sodass die Kinder die deutsche Sprache außerhalb der Familie lernen mussten. Ebrus Eltern fehlte wiederum das Geld, um den Kindergarten bezahlen zu können. Sie konnte ihre Kinder nicht in den Kindergarten schicken. In der Schulzeit waren es dann eher die älteren Geschwister als die Eltern, die den Mädchen bei den Schulaufgaben helfen konnten. Viele Eltern gingen nicht zu den Elternabenden und verstanden das deutsche dreigliedrige Schulsystem nicht, sodass sie ihre Kinder auch bei deren Schulwahl nicht unterstützten konnten. So wurde Rabia, auf Anraten ihrer Lehrerin auf die Hauptschule geschickt, obwohl sie eine Gymnasialempfehlung hatte und ohne dass sich die Eltern dagegen gewehrt hätten. Andere Eltern wiederum konnten ihre Kinder unterstützen. So engagierte sich der Vater von Sibel im Elternbeirat. Als sie nur eine Hauptschulempfehlung erhielt, setzte er durch, dass sie eine Aufnahmeprüfung für die Realschule machen konnte:

„Also mein Vater war schon hinter uns. Er wollte immer, dass wir nicht normale Arbeiter werden wie er, dass wir schon etwas Höheres werden und da hat er wirklich auch gekämpft, er war auch im Elternbeirat und hat immer da mitgeholfen, also auch schon aktiv. Aber so viel an Hausaufgaben haben sie uns dann net damals helfen können, wir haben eigentlich alles selber machen müssen." (Sibel)

Und auch die Mutter von Emine kämpfte dafür, dass ihre Tochter auf die Realschule gehen konnte, nachdem die Schule deren Realschulempfehlung mit der Hauptschulempfehlung ihres Zwillingsbruders vertauscht hatte. Dieser sollte trotz schlechterer Noten auf die Realschule, sie dagegen trotz besserer Noten auf die Hauptschule gehen.

Beide Elternteile zeigen in der Regel starke Bildungsaspirationen für ihre Töchter: Sie möchten, dass diese einen guten Bildungsabschluss erwerben und erst dann heiraten, wenn sie ihre Ausbildung bzw. ihr Studium abgeschlossen haben. Denn sie möchten, dass es ihren Kindern besser geht als ihnen selbst, dass sie keine ungelernten Arbeiterinnen werden und, dass sie mit einer abgeschlossenen Berufsausbildung auf eigenen Beinen stehen können. Die Eltern wollen ihren eigenen Arbeiterstatus durch den Bildungserfolg der Kinder überwinden, ohne jenen jedoch in der Schule helfen zu können. Oft können sie nicht genug Deutsch und keine Nachhilfe finanzieren. Sie kennen das Schulsystem nicht, gehen selten zu den Elternabenden und engagieren sich noch seltener in der Schule. Daher fühlten sich die interviewten Frauen als Kinder oft mit den hohen Ansprüchen ihrer Eltern allein gelassen.

Jene unterscheiden sich von ihren Eltern vor allem darin, dass sie sehr viel besser in der Lage sind, ihren Kindern in der Schule zu helfen. So sagt die Friseurin Hülya, deren Eltern *„überhaupt kein Deutsch"* konnten: *„Ich kann meinen Kindern jetzt helfen."* Die interviewten Frauen wollen berufstätig, ihre Kinder sollen jedoch keine *„Schlüsselkinder"* sein. Sie wollen im Vergleich zu ihren eigenen Müttern eine bessere Balance zwischen ihrer Rolle als Mutter und ihrem Berufsleben erreichen, sodass sie für ihre Kinder da sein können, wenn diese zu Hause sind. Wenn diese in den Kindergarten oder in die Schule gehen, können sie beruflich tätig sein. Wie sie diese Familien- und Berufsorientierung in der Praxis miteinander verbinden, werden wir im nächsten Abschnitt darstellen.

3.2 Die Vereinbarkeit von Familie und Beruf

Die Vereinbarkeit von Familie und Beruf ist eines der zentralen Themen unserer Untersuchung. Daher haben alle Frauen dieses Samples ein oder mehrere Kinder und sind berufstätig bzw. wollen (wieder) erwerbstätig sein. Die (Un-)Vereinbarkeit von Familie und Beruf ist daher eine Problematik und Aufgabe, mit der sich alle von uns interviewten Frauen auseinandersetzen müssen.

Bis auf zwei der zwanzig Frauen, die von ihrem Partner getrennt lebten und alleinerziehend waren, sind alle verheiratet und leben mit ihren ausschließlich türkischen Partnern zusammen. Sie haben zwischen ein und vier Kinder – im Durchschnitt 2,1 Kinder je Frau – wobei diejenigen Frauen, die nur ein Kind haben, sich weitere Kinder wünschen und angesichts ihres jungen Alters diese voraussichtlich auch noch zur Welt bringen werden. Zum Zeitpunkt des Interviews waren die Kinder zwischen 1,5 und 24 Jahren alt. Der Wiedereinstieg in den Beruf erfolgte recht unterschiedlich: Während Merve fast unmittelbar nach der Geburt ihrer drei Kinder wieder im Familienunternehmen arbeitete, blieb Aysenur nach der Geburt ihrer drei Kinder elf Jahre ununterbrochen zu Hause. Die meisten Frauen versuchten im zweiten oder dritten Jahr nach der Geburt ihres Kindes wieder in den Beruf zurückzukehren: Dies gestaltete sich aufgrund der fehlenden Kinderbetreuung oder auch aufgrund der erfolglosen Arbeitssuche mitunter als sehr schwierig. Auf die Probleme, die das Kopftuch bei der Arbeitssuche bereitete, gehen wir jedoch erst im nächsten Abschnitt 3.3 ein.

Von den interviewten Frauen waren 14 Frauen zum Zeitpunkt des Interviews erwerbstätig, fünf waren noch in Elternzeit und/oder arbeitssuchend (Hülya, Rabia, Sultan, Nurcan, Yildiz) und eine Frau war aufgrund einer psychischen Erkrankung erwerbsunfähig (Kiymet). Vier Frauen verfügten über keine Ausbildung (Sultan, Yüksel, Seher Kiymet) und 16 Frauen hatten eine Ausbildung abgeschlossen. Von diesen befanden sich zum Zeitpunkt des Interviews Esra, Ipek und Derya in einem Studium, wobei die beiden letzteren berufsbegleitend studierten. Yildiz verfügt über einen Studienabschluss im Kunsthandwerk, den sie in Deutschland nicht nutzen kann; und Kiymet über das türkische Abitur, hat aber keinen Berufsabschluss. Die Hälfte der Frauen arbeitet nach der Berufsrückkehr wieder in ihrem Ausbildungsberuf (Derya, Emine, Sibel, Hülya, Rabia, Büsra, Ebru, Merve, Ipek, Meltem). Aysenur musste nach der Elternzeit den Beruf wechseln, da sie aufgrund des Kopftuchs nicht mehr in ihrem alten Beruf arbeiten konnte. Özlem konnte in ihrem Beruf nicht arbeiten, da dieser in Deutschland nicht anerkannt wurde; sie möchte in die Türkei zurückkehren, sollte sie auf Dauer in Deutschland nicht beruflich tätig sein können. Andere Frauen hatten keinen Beruf oder konnten in ihrem nie kontinuierlich arbeiten, da ihre Erwerbsverläufe prekär waren (Özlem, Sultan, Nurcan, Yüksel, Nurgül). Drei Frauen strebten eine berufliche Weiterentwicklung durch ein Studium an, eine wünschte sich den Übergang in eine Selbstständigkeit als Hebamme.

Die Aussagen der interviewten Frauen werden im Folgenden nach sechs Themenfeldern gegliedert:

- Berufs- und Familienorientierung
- Dauer der Erwerbsunterbrechung
- Erfahrungen der Elternzeit
- Berufsrückkehr
- Rolle des Ehemannes
- Erziehung und Ausbildung der Kinder

Der erste Abschnitt zur Berufs- und Familienorientierung geht insbesondere auf die Motive ein, aufgrund derer die Frauen erwerbstätig sein möchten. Der zweite Abschnitt erörtert wie die unterschiedliche Dauer der Erwerbsunterbrechung und der dritte wie die Erfahrungen der Elternzeit von den Frauen reflektiert werden. Im vierten Abschnitt stellen wir dar, wie die Frauen die Berufsrückkehr erlebt haben, und im fünften, welche Rolle die Ehemänner bei der Vereinbarkeit von Familie und Beruf spielen. Im letzten Abschnitt zeigen wir anhand der Erzählungen zur Erziehung und Ausbildung der Kinder auf, dass es den Frauen – im Gegensatz zu einer einseitigen Assimilation, aber auch einer segregierten Parallelgesellschaft – um eine bikulturelle Integration ihrer Kinder in die deutsche Gesellschaft geht.

Berufs- und Familienorientierung

> Yüksel: *„Ich sollte bei meinen Kindern bleiben und ich sollte Geld verdienen. Also die BEIDEN hab ich immer im Kopf gehabt und hab ich das geschafft [lacht]."*

Das oben stehende Zitat zeigt, dass die interviewten Frauen beides „sollen": ihre Kinder erziehen und Geld verdienen. Sie sollen dies, da die (deutsch-türkische) Gesellschaft, in der sie leben, beides von ihnen und sie selbst es von sich erwarten. Das soziale „Sollen" ist jedoch ein vollkommen internalisiertes Sollen, das geradezu nahtlos in ein eigenes, persönliches Wollen übergeht: „Also die BEIDEN hab ich immer im Kopf gehabt und hab ich das geschafft [lacht]" (Yüksel). Die zwanzig Frauen dieser Studie unterscheiden sich sowohl in ihrem Wunsch Familie und Beruf zu vereinbaren, als auch in der Art und Weise, in der sie diesen Wunsch zum Ausdruck bringen, nicht wesentlich von anderen Frauen: Die Aussagen der verschleierten Frauen unterscheiden sich bezogen auf die Vereinbarkeit von Familie und Beruf in Nuancen, jedoch nicht grundsätzlich von gut einhundert Berufsrückkehrerinnen, die der Autor in einem Projekt zu dieser Thematik untersucht hat.[7]

Die Motivation berufs- bzw. erwerbstätig zu sein ist bei den Frauen des Samples dieser Studie breit gefächert. Sie reicht von der (finanziellen) Notwendigkeit und dem Bedürfnis die Familie durch ein zweites Einkommen zu unterstützen bis hin zu einem existentiellen Bedürfnis zu arbeiten und einer starken intrinsischen Identifikation mit dem Beruf. Dabei schließen sich extrinsische und intrinsische Motivationen keineswegs aus: In der Regel sind beide Motivationen vorhanden und gehen ineinander über bzw. bedingen einander.

So musste Hülya, nachdem sie nach einer ersten längeren Familienphase wieder aus der Türkei nach Deutschland zurückgekehrt war, drei Jahre als Friseurin Vollzeit arbeiten, um die Einreise und Aufenthaltsgenehmigung für ihren Ehemann zu ermöglichen und den Lebensunterhalt für ihre Familie in den ersten Jahren in Deutschland zu sichern. Hülya arbeitete jedoch nicht nur aus Notwendigkeit, sondern auch gerne als Friseurin, da ihr der Beruf gefällt. Daher möchte sie auch nach ihrer zweiten Familienpause wieder als Friseurin einsteigen und ist froh, dass sie dies mit der Kundengruppe muslimischer Frauen wieder kann, obwohl sie ein Kopftuch trägt.

Sibel und ihr Ehemann kamen bei der Geburt des ersten Kindes noch mit einem Einkommen aus, da sie nur in einer Mietwohnung lebten. Vor der Geburt des zweiten Kindes erwarben sie jedoch eine Eigentumswohnung, die sie noch abbezahlen müssen. So muss Sibel noch vor der Geburt des zweiten Kindes arbeiten gehen, um dann während der Elternzeit Elterngeld beziehen zu können: *„Beim Zweiten war's dann so, dass wir gekauft hatten und dass dieses Gekaufte*

---

7 Von den einhundert Frauen sind ca. 80 Prozent deutscher Herkunft und 20 Prozent mit Migrationshintergrund, darunter mehrheitlich Frauen aus Osteuropa und der Türkei. Im Gegensatz zu den hier untersuchten Frauen trugen die im Rahmen der Berufsrückkehrerinnen-Studie interviewten Frauen kein Kopftuch (vgl. Kreutzer 2014b). Laut der repräsentativen Studie von Becker und El-Menouar über den Einfluss der Religion auf Geschlechterrolleneinstellungen und gelebte Geschlechterrollen, entscheiden in über 10 % der muslimischen Haushalte Männer allein über die Erwerbstätigkeit der Frauen. Dieses patriarchalische Muster korrespondiert jedoch nicht unbedingt mit traditionellen Erwerbskonstellationen, denn „überdurchschnittlich häufig geben Personen mit der Erwerbskonstellation ‚beide Partner Vollzeit erwerbstätig' an, dass in ihrem Haushalt der Mann allein über den Umfang der Berufstätigkeit der Frau entscheidet" (Becker/El-Menouar 2014: 182).

abbezahlt werden musste. Deshalb mussten wir halt auch vorher arbeiten gehen.“ Die Erwerbsarbeit der Frauen ist finanziell notwendig. So sagt Derya: *„Vorne reicht´s nicht, hinten reicht´s nicht.“* Auch Büsra muss aus finanziellen Gründen wieder arbeiten, nachdem der Bezug des Elterngeldes ausläuft.

„Finanziell hat es nicht mehr gereicht. Also man kriegt ja zwölf Monate dieses Elternzeitgeld und – das waren halt die 65 Prozent von meinem Nettogehalt, was ich davor halt gekriegt hab. Das war sehr gut, aber nach zwölf Monaten hat es halt von vorne bis hinten nicht mehr gereicht.“ (Büsra)

Der Wiedereinstieg in den Beruf lässt sich jedoch nicht auf diese finanzielle Notwendigkeit reduzieren. Er bewirkt auch eine soziale Unabhängigkeit, durch welche die Frauen *„auf eigenen Beinen“* stehen können. Erwerbstätige Frauen sind laut der interviewten Frauen *„stärker“*, *„intelligenter und fleißiger“* und *„selbstbewusster“*, sodass die finanzielle Unabhängigkeit ihnen auch eine *„psychische Leichtigkeit“* verleiht (so z.B. Kiymet, Yüksel, Nurgül, Seher).

Sibel sieht es als normal an, dass sie unmittelbar nach der Elternzeit wieder arbeiten geht: Die meisten ihrer Freunde arbeiten und sie selbst möchte die *„schwere Ausbildung“* zur Medizinisch-Technischen Assistentin (MTA) nicht umsonst gemacht haben. Sie setzt sich mit ihrem Wunsch zu arbeiten gegen den Wunsch ihres Ehemannes durch, der *„eigentlich nicht“* möchte, dass sie arbeiten geht. Dabei hilft ihr offensichtlich, dass sie gleich *„von Anfang an“* als sie sich kennenlernten, klar gemacht hatte, dass sie auch als Ehefrau und Mutter arbeiten wird.

„Dadurch, dass viele von meinen Freunden selber arbeiten gehen, ist es ganz normal gewesen. Es war klar, von Anfang an, dass ich wieder arbeiten gehe. Ich wollte definitiv nicht wieder zu Hause sitzen und mir war's auch so klar weil ich gesagt hab, ich hab drei Jahre lang eine schwere Ausbildung gehabt. Also das war, also MTA [Medizinisch-Technische-Assistentin] Ausbildung ist keine leichte Ausbildung. Und ohne Entgelt. Also wir haben ja kein Ausbildungsentgelt bekommen während der Ausbildung, nicht wie normale Ausbildung. Da hab ich gesagt: Ich hab drei Jahre lang nur eine schulische Ausbildung gemacht und ich mach die nicht umsonst. Ich werde arbeiten – und bin dann auch wieder arbeiten gegangen. Das war zum Beispiel am Anfang für meinen Mann, hieß – hat der gesagt, er möchte eigentlich nicht, dass ich arbeiten geh, als wir uns kennengelernt haben. Und ich: ‚Du, ich geh arbeiten! Ich hab die Ausbildung gemacht und ich möcht die auch erleben.´ Und dann war's klar dass ich arbeiten geh. Meine Eltern haben auch nichts gesagt – im Umfeld haben ein paar Leute gesagt, ‚ja was machst du jetzt mit dem Kind.‘ Und da haste gesagt, der kommt in den Kindergarten.“ (Sibel)

Sibel würde prinzipiell gerne das Kopftuch während der Arbeit tragen, aber ihr ist die Arbeit so wichtig, dass sie den Konflikt vermeidet, der mit ihren Kolleginnen und der Personalleitung entstehen könnte. Sie möchte sich die Freude an ihrer Arbeit und die mit dieser verbundene Selbstständigkeit nicht durch ihre Kollegen, verderben lassen, die sie wegen des Kopftuchs so sehr mobben könnten, dass sie von sich aus kündigen müsste.

Özlem, die über keine Berufsausbildung verfügt, arbeitet als Reinigungskraft, um ihre Familie mit einem zusätzlichen, wenn auch geringfügigen Einkommen zu unterstützen. Sie will, dass sich ihre Familie etwas mehr, insbesondere aber eine größere Wohnung leisten kann. Für sie sind vor allem Arbeitszeiten wichtig, die so liegen, dass sie nur dann arbeiten muss, wenn ihre Kinder nicht zu Hause sind. Auch kommt ihr gelegen, dass es in Deutschland niemanden stört, wenn eine Reinigungskraft mit Kopftuch putzt. Die Arbeit macht ihr Freude, weil die Arbeitszeiten passen und sie dadurch ein zusätzliches Einkommen erhält. Sie macht die Arbeit gerne, da sie *„nicht schwierig ist"* und ihr genug Zeit für die Familie lässt. Die Familie, nicht die Arbeit, steht ganz im Mittelpunkt ihres Lebens.

Nurcan, die Apothekenhelferin gelernt und dafür sehr gute Bewertungen bekommen hat, findet bei ihrer Berufsrückkehr nach einer längeren Familienpause keine Anstellung in einer Apotheke: Die Kundschaft würde eine Angestellte mit Kopftuch nicht akzeptieren. Im Unterschied zu Özlem ist sie dagegen nicht bereit, als *„Putzfrau"* zu arbeiten: *„Also, ich würde gerne wieder arbeiten. Aber nicht als Putzfrau."* Sie hatte eine Stelle, bei der sie in einer Arztpraxis von 20 bis 22/23 Uhr reinigen sollte, gab diese jedoch wieder auf, da die Arbeitszeiten nicht familienfreundlich waren: *„Das Geld war das nicht wert. Also, diese Zeit war mir zu-, eigentlich zu wertvoll. Da hab ich nach einer Woche aufgehört. Und meine Tochter, die wollte mich bei sich haben, wenn sie einschlafen wollte. Und da hab ich mir überlegt, ist es das – ist das das Geld wert. Dann hab ich nach einer Woche dort aufgehört. Also ich möchte wieder arbeiten, in der Zeit, wo ich von-, wo meine Kinder in der Schule sind."* Wenn die Zeiten passen würden, wäre Nurcan vielleicht auch bereit als Reinigungskraft zu arbeiten, da ihr der Zugang zu qualifizierteren Stellen nicht zuletzt aufgrund des Kopftuchs versperrt bleibt. Im Unterschied zu Özlem geht es Nurcan jedoch nicht nur um die Familienfreundlichkeit der Arbeit und das Geldverdienen, sondern auch um die soziale Qualität der Arbeit. Nur Hausfrau und Mutter zu sein, macht sie *„nicht glücklich"*. Sie möchte außerhalb der Familie arbeiten, um wieder unter Menschen zu kommen:

„Ich bin jetzt zu Hause. Immer dasselbe, Essen kochen für die Kinder, Hausaufgaben. Eigentlich hab ich auch viel Arbeit, aber ich möchte mehr [lacht]. Das macht mich nicht

nur-, das Ganze macht mich nicht glücklich. Also ich möchte auch unter, ja, Menschen. Also vielleicht auch was dabei verdienen ist zweite, Zweites, aber als Erstes möchte ich unter die Menschen. Wieder sozial werden." (Nurcan)

Unter Menschen sein, „*wieder sozial werden*", produktiv sein, eigenes Geld verdienen und eigene Werke schaffen gelten auch bei vielen der anderen Frauen (z.B. Yildiz und Kiymet) als gewichtige Motive. Viele sprechen von der Langeweile, die sich sehr schnell breit macht, wenn sie nur noch zu Hause sind. Die Arbeit wird daher auch als ein Urlaub von der Familie, ein erholsamer Ausgleich zur Familienarbeit und eine Möglichkeit gesehen, die potentiell unbegrenzten Ansprüche der Familienmitglieder einzugrenzen. So bringt die eigene Berufstätigkeit für Ipek einen Ausgleich, „*damit ich auch für meine Kinder ausgeglichener bin. Dass ich denen auch was – nicht nur emotional, sondern auch so vom Wissen her, was mitgeben kann.*" Nachdem sie betont hat, wie „*sehr schön*" die Elternzeit war, bringt Sultan dieses Grundbedürfnis, die eigenen vier Wände verlassen zu können, auf den Punkt: „*Aber ich bin ein Mensch. Ich muss raus!*"

Denn die Arbeit bringt mehr als ein Einkommen, so sagt Seher, sie bringt Selbstbewusstsein und psychische Leichtigkeit. Das „*auf den eigenen Beinen stehen*" ist immer sowohl eine finanzielle Unabhängigkeit als auch ein psychischer Autonomiegewinn aufgrund des neuen und anderen Selbstbewusstseins, das die Berufs- und Erwerbsarbeit im Unterschied zum Hausfrauendasein vermitteln kann. So stellt Yüksel fest, dass sie finanziell nicht vollständig von ihrem Mann abhängig sein möchte: „*Das ist nichts für mich. Das ist mir schwer gefallen. Auch wenn ich Taschengeld habe, trotzdem muss ich was von mir haben [...] Also ich bin nicht so ein Typ, dass ich immer von meinem Mann Geld verlange. Habe ich nicht gewollt.*" Sie grenzt sich darin von ihrer Mutter ab, die immer zu Hause bei den Kindern war und im Unterschied zu vielen anderen türkischen Frauen nicht in der Fabrik oder auf dem Feld arbeiten musste: „*Aber von der anderen Seite immer von meinem Vater Geld verlangen – das ist mir nicht gut bekommen. Hab ich mir gesagt, mach ich mir was BEIDES: Ich sollte bei meinen Kindern bleiben und ich sollte Geld verdienen. Also die BEIDEN hab ich immer im Kopf gehabt und hab ich das geschafft [lacht].*" Dabei geht es vielen Frauen nicht unbedingt und oft gar nicht in erster Linie um eine Unabhängigkeit gegenüber dem Ehemann. Durch die unmittelbare Nähe zur Armut, in der sich viele der Familien sozioökonomisch bewegen, geht es ihnen oft auch um eine Unabhängigkeit von den Behörden, dem Sozialamt oder der Grundsicherung und deren bürokratischen Gängelungen: „*Mein Mann verdient nicht so viel Geld. Ich will frei sein. Nicht Wohnungshilfe rennen. Nicht überall Papierkram ausfüllen. Das brauch ich, das brauch ich. Ich bin ein Mensch. Ich will frei sein. Ich kann mit meinem Geld machen was ich will, wenn ich arbeiten gehe.*"

Das Bedürfnis zu arbeiten, hat in unserem Sample am eindrücklichsten Ebru als Teil ihrer Persönlichkeit und damit Identität zum Ausdruck gebracht (siehe Zitat Seite 80). Während das erste Jahr ihrer Elternzeit wegen ihres „*Schreikindes*" sehr anstrengend war, fängt sie sich im zweiten Jahr an zu langweilen, und merkt, dass die Arbeit ein Teil ihres Lebens ist, den sie zum Ausgleich gegenüber der Familie benötigt. Und dies steht keineswegs im Widerspruch zu Emines Antwort auf die Frage nach einem schönen und zukünftigen Leben, in dem sie das private Glück und das eigene Heim gegenüber der beruflichen Karriere in den Vordergrund stellt:

I: *„Und die schönste Phase?"*

Emine: *„Mein Kind. Und mein Mann."*

I: *„Hm. Ok. [Hintergrundgeräusche] Wie sehen Sie Ihre jetzige Situation und Ihre Zukunft?"*

Emine: *„Ähm – ich will Karriere machen. Ne, quatsch [Lachen]. Meine jetzige Situation is-, ich bin zufrieden. Natürlich hat man Ziele vor seinen Augen. Ich hab auch meine Ziele und ähm – strebe danach. Versuche meine Ziele zu erreichen. Aber mit meiner Situation im Moment, bin ich voll und ganz zufrieden."*

I: *„Was sind Ihre Ziele?"*

Emine: *„Muss ich die sagen? [verzögernde Pause] Ne, quatsch. Also – wir wollen eine Haus oder eine Wohnung kaufen. Mit meinem Mann zusammen."*

Die Aussagen der interviewten Frauen sind für Frauen türkischer Herkunft, die einen Schleier tragen, nicht repräsentativ, da wir nur solche interviewt haben, die Familie und Beruf vereinbaren möchten.[8] Die Aussagen zwischen den interviewten verschleierten Muslima und deutschen Frauen (und auch Frauen mit Migrationshintergrund) unterscheiden sich hinsichtlich ihrer Berufs- und Familienorientierung jedoch nicht grundlegend, sondern zeigen im Wesentlichen die gleichen Muster und Argumente. Dass die kopftuchtragenden Frauen im Vergleich zu den deutschen Frauen der Berufsrückkehrerinnen-Studie stärker familienorientiert sind, können wir aufgrund unserer qualitativen Daten und qualitativen Analysen nicht feststellen. Die ausgeprägte Familienorientierung kommt weit stärker in der höheren Anzahl der Kinder zum Ausdruck als in ihren Aussagen. So unterscheidet sich die Art und Weise, in der die beiden Gruppen ihre berufliche Motivation und ihre Motive der Vereinbarkeit von Familie und Beruf in den Interviews darstellen, bestenfalls in Nuancen, nicht jedoch grundsätzlich.

8 Dies war auch der Fall bei den deutschen Frauen der Berufsrückkehrerinnen-Studie und auch den Frauen mit Migrationshintergrund, die kein Kopftuch tragen (Kreutzer 2014b).

Wir können daher aufgrund der Daten feststellen, dass sich die Verbindung von Berufs- und Familienorientierung bei kopftuchtragenden Frauen, nicht wesentlich von deutschen Frauen und anderen Frauen mit Migrationshintergrund, die nach einer Elternzeit wieder in den Beruf zurückkehren möchten, unterscheidet.

Dauer der Erwerbsunterbrechung

Ebru: *„Also ich hab mir dann zwei Jahre ausgesucht, weil ich der Meinung war, dass ich zwei Jahre auch stillen wollte und vor allem weil die ersten zwei Jahre eines Kindes sehr wichtig sind, was die Erziehung betrifft, ne?"*

Die Dauer der Erwerbsunterbrechung nach der Geburt der Kinder ist in unserem Sample sehr unterschiedlich. Insgesamt entspricht sie jedoch dem allgemeinen Muster: Die meisten, d.h. drei Viertel der interviewten Frauen, unterbrechen ihre Erwerbstätigkeit für wenige Wochen bis drei Jahre nach der Geburt des ersten und auch nach jedem weiteren Kind, wobei sich die Familienphase durch die Geburt eines zweiten Kindes innerhalb derselben dementsprechend verlängert.[9] Die durchschnittliche Erwerbsunterbrechung je Kind liegt bei dieser Gruppe bei zwei Jahren. Eine zweite Gruppe, d.h. ein Viertel der Frauen, weist Erwerbsunterbrechungen von insgesamt acht bis elf Jahren auf, sodass die durchschnittliche Familienphase bei neun Jahren bzw. bei etwa 4,5 Jahren je Kind liegt. Während drei Viertel der Frauen innerhalb von wenigen Tagen bis drei Jahren wieder erwerbstätig sind – und dies nach dem zweiten und jedem weiteren Kind ebenso wie nach dem ersten – unterbricht ein Viertel der Frauen ihre Erwerbstätigkeit sehr viel länger und bleibt nach der Geburt von zwei Kindern zwischen acht und elf Jahren zu Hause.[10]

9 Vgl. Mühling et al. und Berufsrückkehrerinnen-Studie (Kreutzer 2014b).

10 Differenzieren wir die Gruppe der Frauen die (je Kind) bis zu drei Jahren in Elternzeit waren, so ergibt sich folgende Aufteilung: Drei Frauen in unserem Sample haben bei ihrem ersten Kind eine Elternzeit von wenigen Wochen (Merve) bis zu einem Jahr genommen (Ipek, Yüksel); sieben Frauen waren bis zu zwei Jahren (Emine, Esra, Sultan, Büsra, Ebru, Meltem, Nurgül) und vier Frauen waren bis zu drei Jahren in Elternzeit (Derya, Sibel, Rabia, Yildiz). Seher war nach der Geburt ihrer ersten beiden Kindern sechs Jahre, nach der Geburt ihres dritten und vierten Kindes jedoch nur ein bzw. zwei Jahre in Elternzeit. Die restlichen fünf Frauen hatten eine Erwerbsunterbrechung von acht bis elf Jahren (Hülya, Özlem, Aysenur, Nurcan, Kiymet), wobei Hülya nach der Geburt ihrer ersten beiden Kinder acht Jahre, nach der Geburt ihres dritten und vierten Kindes sieben Jahre unterbrochen hat.

Als Özlem nach Jahren des unerfüllten Kinderwunsches erfährt, dass sie schwanger ist, kündigt sie sofort ihren 400-Euro-Job als Warenfüllerin in einem Supermarkt:

Özlem: *„Also als ich die Arbeit abgebrochen habe – mit Freude hab ich gekündigt [lacht]. Weil, meine Schwangerschaft war ein KINDERWUNSCH, nach langen Jahren und ich hab mit Freude gekündigt."*

I: *„Okay"*

Özlem: *„Also, als ich es erfahren hab, dass ich schwanger war, hab ich gleich an dem Tag gekündigt, also, danach bin ich nicht mehr hingegangen."*

Während Özlem sogleich als sie erfuhr, dass sie schwanger war, ihre Arbeit kündigte, und nach der Geburt ihres ersten und zweiten Kindes für insgesamt zehn Jahre durchgehend zu Hause blieb, war Merve aufgrund ihrer Unabkömmlichkeit im eigenen Unternehmen keine nennenswerte Familienpause vergönnt. Merve nahm ihre Tochter die ersten drei Monate nach der Geburt im Babykorb mit ins Geschäft: *„Die ersten drei Monate nicht. Die ersten drei Monate hab ich sie mitgeschleppt. Ich hab mit dem Babykorb ins Geschäft, neben den Computer hingestellt, hab Rechnungen geschrieben. Dann bin ich hoch, hab ihr die Brust gegeben. Wir hatten so ein extra Büro. Hab die Windeln gewechselt und so weiter."* Nach der Geburt ihres zweiten Kindes blieb Merve zwar zweieinhalb Jahre zu Hause, arbeitete jedoch von dort weiter: *„Das war natürlich, erleichternd. Erstens, dir fehlt der Weg. Zweitens, gefühlsmäßig, du musst dein Kind nicht bei irgendeiner abgeben oder abholen. Dann konnte ich mir meine Zeit einteilen, wie ich das brauch. Ich mein, mit einer Hand hab ich Essen gekocht, mit der anderen Hand hab ich Zahlungen vorbereitet."* Nach der Geburt ihres dritten Kindes kümmert sich während Merves Arbeitszeit eine Untermieterin um die Kinder.

Ebru ist nach der Geburt zu Hause geblieben, da sie ihr Kind *„stillen wollte"* und ihrer Meinung nach die *„ersten zwei Jahre eines Kindes sehr wichtig sind, was die Erziehung betrifft, ne? Also [...] die grundlegende Erziehung kriegst du in den ersten zwei Jahren."*

I: *„Und wann bist du in den Mutterschutz gegangen?"*

Ebru: *„In Mutterschutz bin ich sechs Wochen vor Entbindung, also Stichtag, ne? Wenn du einen Entbindungstag hast, davon werden sechs Wochen vorher, bis dahin hab ich [...] noch gearbeitet und sechs Wochen bist du dann in den Mutterschutz. Genau."*

I: *„Und dann warst du zwei Jahre dann zu Hause? Beziehungsweise hast nicht gearbeitet."*

Ebru: *„Hm, genau. Zwei Jahre Mutterschutz gewesen. Äh, Elternzeit. Tschuldigung."*

I: *„Ging es auch kürzer oder länger?"*

Ebru: *„Ich hätt's mir aussuchen können, ob ich –. Ich hätt auch ganz wieder arbeiten können. Gleich, direkt, nach den acht Wochen, hast du ja nochmal Mutterschutz. Ne? Also acht Wochen Pflicht nach der Entbindung, wo du zu Hause bleiben MUSST. Also da kann keine Mutter sagen nach zwei Wochen, ich geh wieder arbeiten. Da darfst du nicht, ne? Gesetzlich. Und ähm-, kannst dir aussuchen. Also ich hab mir dann zwei Jahr ausgesucht, weil ich der Meinung war, dass ich zwei Jahre auch stillen wollte und vor allem weil die ersten zwei Jahre eines Kindes sehr wichtig sind, was die Erziehung betrifft, ne? Also […] die grundlegende Erziehung kriegst du in den ersten zwei Jahren. Und das wollte ich meinem Kind halt 100 Prozent leisten und nicht halb. Und deswegen bin ich zwei Jahre zu Hause geblieben und mein Mann hat gearbeitet."*

Derya brachte ihre beiden Kinder kurz hintereinander während ihrer Ausbildung zur Erzieherin zur Welt. Anderthalb Jahre nach der Geburt des ersten Kindes wurde das zweite Kind geboren, weshalb sie ein weiteres Jahr mit beiden Kindern zu Hause blieb. Sie empfand diese Zeit einerseits als zu kurz, wollte aber andererseits ihre Ausbildung fortsetzen und zu Ende führen – auch weil ihr zu Hause nach 2,5 Jahren Elternzeit langweilig wurde.

„Ich hab dann mein Kind auf die Welt gebracht. Dann war mal Sense, dann war ich nur noch fürs Kind da. Ein Jahr lang. Eineinhalb Jahre lang. Dann kam die zweite Maus. Und dann war ich dann für die kleine Maus auch, auch komplett ein Jahr da. […] Das war, glaub ich, n bisschen kurz. Aber, so wies halt ist. Wir hab-, also, ich hab's richtig genossen mit meinen Kindern zweieinhalb Jahre zu Hause zu sein. Und dann war's doch wieder n bisschen langweilig. Hab gedacht, gut Derya, zieh-, mach deine Ausbildung fertig. Damit ich irgendwas hab, was mir wirklich Spaß macht." (Derya)

Ipek blieb ein Jahr zu Hause, da sie während dieses einen Jahres Elterngeld erhielt. Da sie die Hauptverdienerin der Familie war (und ist), wäre eine längere Erwerbsunterbrechung ohne das Elterngeld nicht möglich gewesen: Ipek hätte ohne diese Unterstützung *„vielleicht"* schon wieder nach dem Ende des Mutterschutzes arbeiten gehen müssen. Sie fand es im Nachhinein *„praktisch"*, dass sie bei ihrem ersten Kind die Möglichkeit einer einjährigen Pause hatte; sie hätte jedoch nicht später wieder ins Erwerbsleben zurückkehren wollen, da ihr *„so langsam die Decke auf den Kopf gefallen"* sei und ihr *„das alles irgendwie leer"* vorkam.

Ipek: *„Ja, da war ich ein Jahr in der Elternzeit. Hab ich mir dann ein Jahr Pause gegönnt. Auch weil das Finanzielle so abgesichert war, durch den Staat, durch das Elterngeld. Vielleicht hätte ich nach zwei Monaten angefangen zu arbeiten, hätten wir diese Möglichkeit nicht gehabt. Weil mein Mann da noch Leiharbeiter war. Da gab es doch diese Leiharbeiterfirmen, ganz viele, zu der Zeit. 2008 war das. Und hat dann halt –. Er war auch von morgens sechs bis abends vier, fünf auf der Arbeit. Aber hat sehr wenig Lohn raus bekommen. Dadurch, dass seine Ausbildung aus der Türkei hier nicht gültig ist. Er hat auch ein Studium abgeschlossen in der Türkei. Hat mir eigentlich so –. Das Finanzielle war das Ausschlaggebende. […]"*

I: *„Wie haben Sie diese Erziehungszeit, dieses eine Jahr, empfunden? Erlebt?"*

Ipek: *„Ja, im Nachhinein, war das schon praktisch, weil beim ersten Kind weiß man nicht, was alles auf einen zukommt. Die hab ich gebraucht. Also das eine Jahr. Aber so zum Schluss, hab ich auch bei ihr gemerkt, dass sie nicht mehr so viel mit mir irgendwie Kontakt haben wollte. Sondern auch Kontakt zu anderen Kindern gesucht hat. Mit einem Jahr. Und mir ist dann auch so langsam die Decke auf den Kopf gefallen. [Lachen]"*

I: *[Lachen]*

Ipek: *„Weil dann doch schon Alltag wieder eingekehrt ist und morgens aufstehen, halt frühstücken und so. Und irgendwie, kam mir das alles irgendwie leer vor [Lachen]."*

Ipek kehrte mit einer halben Stelle zu ihrem alten Arbeitgeber zurück, für den sie auch schon während der Elternzeit kleinere Arbeiten von zu Hause aus ausgeführt hatte. Die Betreuung des Kindes übernahm zunächst eine Bekannte, die sich als Tagesmutter qualifiziert hatte. Als nach vier Monaten ihr Ehemann arbeitslos wurde, kümmerte sich dieser um das Kind bis es mit zwei Jahren in den Kindergarten kam. Ipek wollte ein halbes Jahr nach dem Wiedereinstieg eigentlich mit ihrer Stundenzahl auf eine Dreiviertel-Stelle hochgehen, da sie jedoch in dieser Zeit wieder schwanger wurde, beließ sie es bei einer halben Stelle. Auch beim zweiten Kind unterbrach sie ihre Arbeit für ein ganzes Jahr.

„Weil ich das mal abklären musste, wie dass dann mit zwei Kindern läuft. Ich war mir nicht sicher, ob ich dann nach einem Jahr dann wieder anfange oder ob ich dann doch die drei Jahr ausnutze. Weil Elternzeit kriegt man ja lang. Aber ja. Wie gesagt. Dadurch, dass ich die-, meine Bekannte, diese Qualifizierung gemacht hat, als Tagesmutter kam das dann grad gelegen. Und, ja und dadurch, dass mein Mann sie erst später bringt und sie schläft dann auch wieder später dort, ist sie eigentlich gut aufgehoben. Und im Kindergarten hatten die Erzieherinnen immer wieder die Sprache drauf gebracht, dass [Tochtername] vielleicht doch früher gebracht werden sollte, weil sie mit ihren Deutschkenntnissen noch nicht so weit war. Und sie waren der Meinung, dass sie sich erst spät in die

Gruppe integriert und so dann halt, mit der Sprache nicht so gut aufbauen kann. Das war auch ein Grund, dass ich sie gleich morgens früh bringe, dass sie sich da besser integriert. Und das merkt man auch. Sie spricht jetzt auch zu Hause öfters Deutsch.“ (Ipek)

Während der zweiten Elternzeit arbeitet Ipek für ca. 20 Stunden im Monat von zu Hause aus für ihren Arbeitgeber weiter und beginnt nebenbei eine Weiterbildung zur Hochbautechnikerin an einer Fachhochschule. Bei der Rückkehr in den Beruf wird sie wiederum von der bekannten Tagesmutter und ihrem Ehemann unterstützt, der sich mittlerweile selbstständig gemacht hat. Die Vereinbarkeit von Familie und Beruf ist jedoch mit zwei Kindern deutlich schwieriger geworden. So sagt Ipek, *„dass man mit zwei Kindern eher merkt, dass man ein Kind hat. Das hab ich dann gemerkt, dass man mit einem Kind-, dass es sehr leicht ist, so. Aber mit zwei Kindern, das ist schon ne Umstellung.“*

Das zentrale Argument für eine längere Erziehungszeit lautet, dass die Frauen ihre Kinder selbst erziehen wollen. So sagt Rabia, die drei Jahre zu Hause blieb: *„Aber ich wollte unbedingt, dass ich meine Kinder selber erzieh. Deshalb hab ich gemeint, ich nehme drei Jahre Eltern-, also Erziehungsurlaub. Ja, weil ich das eigentlich so wollte. [...] Also ich mein, wenn man die Möglichkeit hat, dann soll man es lieber selber machen, denk ich mir. Weil in der Krippe, es wird zwar gesagt, die gucken, also ich will jetzt niemanden so kritisieren, aber ich – die Mama macht das am Besten, finde ich. Die ersten drei Jahre sind ja auch wichtig.“* Auf die Frage, wie sie diese Zeit empfunden habe, antwortet sie: *„Es war sehr schön. [...] In den drei Jahren bin ich zwei Mal in die Türkei geflogen. Ja, es war sehr schön. Da hab ich so richtig die Zeit genossen.“* Auch Yildiz, die sehr darunter leidet, dass sie ihren Beruf in Deutschland nicht ausüben kann, wollte die ersten drei Jahre ganz für ihr Kind da sein. In dieser Zeit war ihr das Muttersein wichtiger als die Karriere: *„Annelik duygusu kariyerden öne geciyor bu sefer.“*[11]

Fassen wir die Daten und Aussagen zur Dauer der Erwerbsunterbrechungen aufgrund von Erziehungszeiten zusammen, so zeigt sich bei den interviewten Frauen ein breites Spektrum, dass sich jedoch in seinen wesentlichen Tendenzen und Aussagen mit denjenigen deutscher Frauen deckt.[12] Die Differenzen innerhalb der beiden Gruppen sind größer als die zwischen ihnen: So kontrastiert Merve, die aufgrund des eigenen Familienunternehmens kaum die Zeiten des Mutterschutzes in Anspruch nahm, , mit Özlem, die ihren Job als Warenfüllerin in einem Supermarkt sofort kündigte, als sie nach vielen Jahren des Wartens

11 *„Karriereinteressen sind in dieser Zeit gegenüber der Kindererziehung als nachrangig anzusehen.“*

12 Vgl. Mühling 2013 und Kreutzer 2014b.

schwanger wurde und zudem nach der Geburt ihres ersten und zweiten Kindes für insgesamt fast zehn Jahre nicht mehr erwerbstätig war. Die meisten Frauen unterbrachen ihre Erwerbstätigkeit jedoch (wie Ipek) bis zu einem bzw. (wie Ebru) bis zu zwei Jahren, wobei sich bei den Erwerbsunterbrechungen vor 2007 die Regelung der dreijährigen Erziehungszeit, bei denen nach 2007, die Regelung des einjährigen Elterngeldes auf die längere bzw. kürzere Dauer der Erwerbsunterbrechung auswirkte. Die hier nur qualitativ zu beobachtenden Auswirkungen entsprechen den allgemeinen Daten zur Entwicklung der familienbedingten Erwerbsunterbrechung – ebenso die größeren Schwierigkeiten beim Wiedereinstieg mit zwei und mehr Kindern.[13]

Erfahrungen der Elternzeit

Sultan: *„Also, am Anfang war es sehr schön"* und
Aysenur: *„Doch das war schön. Aber ich bin ein Mensch, ich muss raus!"*

Die Erfahrungen der Elternzeit variieren entsprechend der Dauer der Elternzeit, zeigen jedoch zugleich ein deutliches Muster. Die meisten Frauen haben ihre Elternzeit genossen, waren jedoch auch froh, als diese ein Ende hatte und sie wieder arbeiten gehen konnten. So sagt Büsra, dass sie die Elternzeit *„sehr genossen"* habe, jedoch auch froh war, als sie nach vierzehn Monaten wieder arbeiten gehen konnte.

> *„Ich hab's genossen. Die Elternzeit hab ich sehr genossen. Das war eine Zeit, wo ich mit meinem Kind viel unternommen hab. Aber danach auch gemerkt hab, ich muss aus dem Haus. Ich muss was anderes machen. Weil ich halt auch dran gewöhnt war. Ich mein-, auch während meiner schulischen Zeit oder vor der Ausbildung, wo ich zwei Jahre zu Hause war, hab ich Aushilfen gemacht. Ich hab Hausaufgabenhilfe gegeben und Betreuung und so. Und ja, nach 13 Monaten Mutterschutz, das war dann sehr schön."* (Büsra)

Aysenur, die zur Erziehung ihrer drei Kinder insgesamt elf Jahre zu Hause geblieben war, beschreibt diese Familienphase als eine schöne und wichtige Auszeit, in der sie *„intensiv die Zeit mit den Kindern verbringen"* konnte. Diese Familienphase war *„am Anfang"* und *„lange gut"*. Am Ende *„war es dann echt zu viel"*, sodass sie froh war, wieder arbeiten zu können.

---

13 Aus quantitativer Perspektive siehe Mühling 2013; aus qualitative Perspektive siehe Kreutzer 2014b.

„Ah. Am Anfang war es gut. Weil ich ja eh schon immer nur im Schulstudium oder halt im Berufsleben war. Und am Anfang war es gut. Es war lange gut. Weil durch die Entwicklung der Kinder war's dann auch echt toll. Da hat man jeden Tag was anderes erlebt. Mit den Kindern. Und die fingen an zu laufen, die fingen an zu sprechen. Also das war ne ganz tolle Zeit. Aber dann halt nach elf Jahren. Also, für ne Person wie mich war es dann echt zu viel. Also ich bin nicht der Typ, wo da-, Häu-, äh, Herzchen am Herdchen und so irgendwie stehen kann. [...] Und ich wollt halt auch mal über andere Dinge sprechen, wie jetzt über Windeln und Rezepte und so halt, ne? Das war dann halt für mich so die Zeit wo ich gesagt habe. Ja. Jetzt reicht's!" (Aysenur)

Dieser Prozess von *„am Anfang war es gut"* bis zu am Ende war *„es dann echt zu viel"* findet sich in fast allen Interviews: Er zeigt, dass die Elternzeit keine Vereinbarkeit von Familie und Beruf darstellt. Je länger sie andauert, desto mehr werden die Frauen vom Berufsleben separiert und dadurch vom allgemeinen gesellschaftlichen Leben ausgeschlossen. Die Reduktion auf die Rolle eines *„Herzchen am Herdchen"* verhindert, dass die Frauen *„auch mal über andere Dinge sprechen"* können und sie verwehrt ihnen die soziale Anerkennung, die sie nur über den Beruf erfahren können.

An Esras Darstellung der Elternzeit zeigt sich deutlich, dass diese kein Erziehungsurlaub war: An ihrer Darstellung werden Widersprüche deutlich, in denen ihr eigener Mutter-Tochter-Konflikt virulent wird. Diese Konflikte vermag sie nur durch eine Therapie zu bewältigen. Einerseits brauchte sie diese (schöne) Elternzeit mit ihrem Sohn; aber sie hätte andererseits auch jemanden gebraucht, der ihr geholfen hätte und für sie da gewesen wäre. Sie fühlte sich leer und alleingelassen (von ihrer deutschen Mutter, die ihr nicht half, und ihrer türkischen Großmutter, die in dieser Zeit verstarb), sodass sie Panikattacken bekam und einer psychologischen Therapie bedurfte.

„Die Mutterschutzphase, also ich hab-, genau ich hab – man hat ja drei Jahre Recht auf Erziehungsurlaub und ich hab schon ja von Anfang an gesagt: ‚Ich brauch was.' Mein Gehirn war so leer, ich mein [lacht] immer nur zu Hause sein und sich um sein Kind kümmern ist ja was SEHR, SEHR Schönes, ich hab die Zeit sehr genossen, auch die zwei Jahre, wo ich meinen Sohn gestillt habe. Ehm ja, aber diese zwei Jahre, die waren schon, wie gesagt, nicht wirklich befriedigend für mich, hab mich so leer gefühlt, weil vor allem, ich hab ja auch nicht nur als Arzthelferin gearbeitet, ich hab auch nebenbei für die [Firmenname] hab ich Diabetesschulungen gehalten und Hypotonieschulungen und dann alles auf einmal wegzustreichen. Das ging gar nicht. Und noch meine Oma, die gab's dann auch nicht mehr, weil die hab ich ja auch – ich hab mich auch um sie dazwischen gekümmert, sie hat auch nochmal ne schwere OP, wo ich auch dabei war bei dieser Operation, ich durfte dank meinem Chef mit rein, weil sie Angst hatte alleine. Ja aber die gab's dann

auch nicht – um die hab ich mich auch nicht mehr gekümmert. Das war von Heut auf Morgen alles weg – nur noch mein Sohn, Haushalt – das war's. Ja und das hab ich nicht wirklich verkraftet, also, das ging mir wirklich auch in die Psyche [lacht], sodass ich auch eine Therapie bekommen habe und so. […] Es war so diese Leere, dieses, ja-, wie soll ich es sagen –. Ich hab ja gesagt, ich hab ne deutsche Mutter und ich will jetzt nicht für JEDEN sprechen, aber das ist wirklich ein Unterschied, weil türkische Mütter, die hängen noch ziemlich an ihren Töchtern und die unterstützen sie auch bei allem. Aber meine Mutter hat mich halt als ne starke Person gesehen und dachte, ich brauch keine Unterstützung. Ich mein, mein Gott ich hab 'n Kind bekommen und niemand war – nur mein MANN und er hat ja auch das erste Mal n Kind, man weiß halt nicht, machst du was richtig, machst du was falsch, dann – Verlust von daher, dass ich meine Oma nicht mehr hatte, die war meine Bezugsperson auch. Dann war's der Fall, dass mein Mann auch auf Montage gehen musste, sprich er war fünf Tage die Woche weg, zwei Tage da und ich hab dann Panikattacken bekommen.“ (Esra)

Angesichts dieser Erfahrungen ist es nicht verwunderlich, dass Esra sich *„wie neugeboren*“ fühlte, als sie wieder anfing zu arbeiten: *„Ja, ich hab mich wie neugeboren gefühlt [lacht]. Ja, also ich hab mich sehr wohl gefühlt, ehrlich gesagt.“* Esra ist nicht die einzige Frau in unserem Sample für die die Elternzeit eher schwierig war. So haben wir schon im zweiten Kapitel erfahren, dass für Ebru die zwei Jahre Elternzeit ein *„Horror“* waren: Im ersten Jahr, weil ihr Kind ein *„Schreikind“* war, das „durchgehend nur geheult“– im zweiten Jahr, weil sie sich zu Hause *„gelangweilt“* hat. Für Sibel war nicht die erste, sondern die zweite Elternzeit mit zwei Kindern ihre *„schwerste Zeit“*, da sie sich mit den beiden Kindern überfordert und zu Hause *„eingeklemmt“* fühlte.

„Glaub die schwierigste Phase waren für mich diese zwei Kinder. Also, das – wie gesagt, das erste Kind ist sehr schnell und auch sehr schön die Phase gewesen aber dann dieses Zweite. Ich kann mich an eine Situation erinnern, die mir bis heute noch weh tut – war das ich? Also frisch entbunden mit dem Zweiten und der Erste – und hat mich irgendwie genervt und wollte irgendwie an das Kind und ich hab dem eine geknallt. Weil ich einfach ausgelastet war, ich war frisch aus dem Krankenhaus entlassen, ich war überfordert auch mit dieser Situation. Mit diesem Kleinkind und mit diesem etwas größeren was auch in die Schule gekommen ist, war ich glaub ich überfordert. Und ich glaub das war meine schwerste Zeit und deshalb hab ich auch sozusagen eingeklemmt ins Haus. Ich bin nicht viel weg gegangen, weil ich ständig hinter diesen Kleinen her musste, und das – das wollte ich nicht. Also des war wirklich ein ganz, ganz aktives Kind. Keine Minute sitzen bleiben. Also es war sehr schwierig mit ihm.“ (Sibel)

Bei den Frauen unseres Samples zeigt sich hinsichtlich der Erfahrung der Elternzeit ein Muster, dass uns auch aus der Berufsrückkehrerinnen-Studie vertraut ist:

Die Elternzeit wird als eine schöne, wenn auch oft anstrengende Zeit empfunden; je länger sie jedoch andauert, desto mehr fällt den Frauen *„die Decke auf den Kopf"*. Sie wollen raus, weil ihnen langweilig wird und sie sich in den vier Wänden *„eingeklemmt"* fühlen. Die Relevanz des Berufs für den eigenen sozialen Status sowie für das eigene (soziale und psychische) Wohlbefinden, zeigt sich beispielsweise daran, dass sich Esra *„wie neugeboren gefühlt"* hat, als sie wieder anfing zu arbeiten.

Berufsrückkehr

Hülya: *„Das war schon ein schönes Gefühl auch."* und
Emine: *„Hauptsache Arbeit, hab ich gedacht."*

Rabia hatte nach drei Jahren Familienpause etwas Angst, ob sie den technischen Anforderungen in ihrem Beruf als Medizinisch-Technische Assistentin noch gerecht werden könne. Es stellte sich jedoch sehr schnell heraus, dass die Berufsrückkehr *„nicht so schwierig"* war wie zuvor befürchtet. Und Ebru war so aufgeregt, dass sie die Woche vor dem Wiedereinstieg *„gar nicht geschlafen"* hat, stellt dann jedoch fest: *„Nach zwei, drei Tagen war ich schon wieder so drin, als wär ich nie zwei Jahre weg gewesen."*

„Also ich muss sagen, ich hab erst mal ne Woche lang gar nicht geschlafen, bevor ich mit der Arbeit angefangen hab, weil ich so aufgeregt war. Und als ich dann wieder mit der Arbeit angefangen hab, hab ich gedacht: ‚Oh mein Gott, es hat sich so viel verändert'. Also in zwei Jahren haben wir ziemlich viel, was halt Computer und so-, neue Systeme und so. Und neue Ärzte. Auf einmal hab ich die ganzen Ärzte nicht gekannt und so. Das war nicht schwierig, es war einfach anders. Und dann – also ich muss sagen, nach zwei, drei Tagen war ich schon wieder so drin, als wär ich nie zwei Jahr weg gewesen. Da war ich schon sofort im Arbeitsfluss wieder drin, dass es mir richtig Spaß gemacht hat." (Ebru)

Aysenur, die nach einer langen Familienphase von elf Jahren wieder ins Erwerbsleben zurückkehrt, erlebt den Wiedereinstieg dagegen als schwierig, da sie sich vollkommen neu orientieren muss: Aufgrund des Kopftuchs, das sie früher nicht getragen hat, aber nun trägt, kann sie nicht mehr in ihrem alten Beruf als Reiseverkehrskauffrau arbeiten. Am Anfang fehlt es ihr an Selbstbewusstsein und sie fragt sich immer wieder: *„Schaffst du das?"*. Aber auch sie findet sich dank eines tollen Chefs und guten Kollegiums sehr schnell in der neuen Arbeit zurecht, sodass ihr Selbstbewusstsein auch wieder *„komplett da"* ist.

Aysenur: *„Der Wiedereinstieg war echt schwierig. Also da hat man kein Selbstvertrauen mehr, ja. Also man, man denkt, hm, kann ich das? Schaff ich das? Und so. Also, Selbstvertrauen ist sehr, sehr wichtig im Beruf. Und am Anfang hat es daran echt heftig gemangelt. Das hab ich natürlich niemandem gesagt oder gezeigt. Aber ich hab immer so, hm, mir graue Haare wachsen lassen. Sag – und hab mir immer gesagt, oh, schaffst du das? Schaffst du das? Und – aber ich hab nen tollen, tollen Chef. Also, der hat mich wirklich ganz toll da eingeführt. Und, das ist auch wichtig, dass man da gute Arbeitsatmosphäre hat. Gutes Kollegium, die einem auch helfen, so. JA. Und mittlerweile – also Selbstbewusstsein is –"*

I: *„da. Wieder da."*

Aysenur: *„Schon komplett da. Ja. Genau."*

Für Ipek, die auch während der Elternzeit weiter an einzelnen Projekten gearbeitet hatte, war nicht die Rückkehr ins Büro, sondern vor allem die Trennung von ihrem Kind, das von einer ihr bekannten Tagesmutter betreut wurde, hart.

Ipek: *„Also der erste Tag war schon hart für mich. Weil ich sie dann zum ersten Mal dort abgegeben hab. Und sie hat auch sehr geweint. Sie ist schon eine, die anhänglich ist. Und wir haben ja praktisch ein Jahr zusammen verbracht. Also 24 Stunden lang. Und sie auch so vom Typ her, eher zurückhaltend, also gegenüber Fremden. Aber es war sehr einfach, danach. Weil, wenn ich dann weggegangen bin, hat dann meine Bekannte gesagt, war das nicht so schlimm. Weil sie hatte noch eine Tochter, die war zwei Jahre älter, da haben sie zusammen gespielt."*

I: *„Wie war's auf der Arbeit selbst?"*

Ipek: *„Auf der Arbeit –. Also ich bin ne Person, wenn ich mich auf was konzentriere, vergesse ich um mich herum alles. So zwischendurch kam natürlich schon-, in der Zeit schon – wo ich mir dann-, sie dann vielleicht öfters angerufen hab, ob auch alles klappt. Aber so war das schon ein Ausgleich auch für mich. Und dadurch, dass ich ja in dem Jahr immer wieder Kontakt hatte zum Büro, war das auch so vom beruflichen dann auch nicht so schlimm."*

Sultan beschreibt die Trennung von ihrem jüngsten Kind mit den gleichen Worten, mit der andere Frauen die Trennung von der Arbeit während der Elternzeit darstellten: Obwohl es schön sei, dass das Kind jetzt in den Kindergarten gehe, sei ohne die Kinder ein Gefühl der Leere entstanden. Genau invers hatten Frauen die Elternzeit beschrieben: Das sie schön gewesen sei, sich aber immer mehr ein Gefühl der Leere breit gemacht habe – mit dem Unterschied, dass Sultan dieses Gefühl der Trennung von ihren Kindern als *„komisch"* bezeichnet, da sie sich ohne die Kinder *„allein"* und *„leer gefühlt"* habe. Dies liegt vor allem auch daran, dass Sultan noch nach einer Arbeit sucht. So dürfte ihr die Loslösung von ihrer Mutterrolle aufgrund der noch nicht vollzogenen erfolgreichen Integration in die Erwerbsarbeit schwerer fallen, als Frauen wie Ipek, die sich ganz auf die Arbeit konzentrieren und alles um sich herum vergessen können.

„Erste Woche war das komisch. Erste Woche hab ich mich so komisch gefühlt. Allein gefühlt. Ohne Kinder. Leer. Wie sagt man da? Hab mich leer gefühlt. Ohne Kinder. Außen. Oder drum rum. War schön und ein bisschen komisch. Auch wo mein Tochter am ersten Tag im Kindergarten war. Auch mir war bisschen so komisch. Anderes Gefühl. Dass die groß geworden. Kindergarten geht. Jetzt geht sie zehnte Klasse." (Sultan)

Hülya hatte nach ihrer Heirat acht Jahre in Istanbul gelebt. Sie war in dieser Zeit nicht berufstätig, konnte sich kaum selbstständig bewegen und war sehr stark an das Haus und an die Großfamilie gebunden. Als Hülya nach Deutschland zurückkehrte, musste sie für mehr als drei Jahre als Friseurin arbeiten: Damit ihr Ehemann nach Deutschland einreisen konnte, musste sie nachweisen, dass sie den Unterhalt für die ganze Familie verdienen könne. Sie erlebte diese Rückkehr nach Deutschland und in ihren Beruf als ein *„schönes Gefühl"*, durch das sie wieder ein eigenes Selbstbewusstsein gewann. Das Arbeitsleben sei doch etwas anderes als nur *„zu Hause rumsitzen"* und *„nix tun"*, da *„man Geld verdient"* und *„auf eigenen Füßen stehen kann"*. Das heißt für sie auch, dass sie das Leben *„alleine schaffen kann"*. Während sie in Istanbul nicht *„so selbstständig"* war und nicht alleine *„irgendwohin gehen"* konnte, kann sie sich in Deutschland, wo sie aufgewachsen ist, selbstständig bewegen.

„Das war schon ein schönes Gefühl auch, weil ich ja auch – ja gearbeitet habe in dem Beruf wo ich – was ich gelernt habe, was – ich gerne gemacht habe. Und, da war das für mich auch wieder – das Bewusstsein – das Selbstbewusstsein kam wieder zurück halt. Dass ich – dass ich was kann und – und da ist das Arbeitsleben doch was anderes halt. Dass man auch schon – ja, dass man Geld verdient halt. Dass man da auf eigenen Füßen stehen kann, auch ohne Mann. Der war ja nicht DA. Und neun Monate lang, dass ich dann doch alleine auf-, – alleine schaffen kann." (Hülya)

Emine wird es im zweiten Jahr ihrer Elternzeit langweilig, sodass sie nach dem zweiten Jahr anfängt, sich als Erzieherin zu bewerben. Da sie unerwartet schnell eine Stelle erhält, steht sie jedoch plötzlich ohne einen Kindergartenplatz für ihre Tochter dar:

„Also erst mal, in der Schwangerschaft war's super. Und danach hat man ja mit dem Kind genug zu tun. Aber so nach dem ersten Jahr hab ich dann gedacht: Hm, es wird langweilig. Vor allem während die Kleine schläft. Und es wär doch schon gut, wenn ich

wieder arbeiten würde. Danach, so nach dem ersten Jahr, kamen dann schon die Gedanken wieder zu arbeiten. Und ähm, nach dem zweiten Jahr hab ich mich dann beworben. Also, dann hab ich gedacht, eig-, also ich hab auch nicht gewusst, dass es gleich klappen wird. Ich hab gedacht, ah ja. Ich werd mich bestimmt jetzt OFT bewerben, bis ich was krieg. Aber dann hat es sehr schnell geklappt. Aber dann stand ich halt da, ohne Platz. Ohne Kindergartenplatz für die Tochter. Das war halt'n bissle spät." (Emine)

Emine fand schließlich doch noch einen Kindergartenplatz in einem privaten Kindergarten, der jedoch nicht gerade um die Ecke lag. Trotz der Kosten und der vielen Fahrzeiten, die das Leben *„wirklich sehr sehr stressig"* machten, ist sie froh so schnell eine Arbeit gefunden zu haben: *„Hauptsache Arbeit, hab ich gedacht."*

Eine enge Verbindung von einer sehr starken Erwerbsorientierung mit einer sehr starken Familienorientierung haben wir bereits im zweiten Kapitel am Beispiel von Merve kennengelernt, die (fast) nach jeder Geburt unmittelbar wieder im Familienunternehmen arbeitete. Merve beschreibt die Geburt ihres ersten Kindes als ihr größtes Glück.

Rückblickend bedauert sie, dass sie aufgrund des eigenen Unternehmens nicht mehr Zeit für die Kinder hatte, als diese noch klein waren. Andererseits sieht sie es als wichtiger an, sich jetzt, da die Kinder in der Pubertät und Adoleszenz sind und wichtige Statuspassagen zu meistern haben, mehr Zeit für die Kinder zu nehmen. Denn für Merve ist das *„Aller-Allerwichtigste gute Kinder zu erziehen"*. Merve, die meistens mehr als Vollzeit, nämlich oft mehr als zwölf Stunden von sehr früh bis spät im Großmarkt gearbeitet hat, fehlte zwar oft die Zeit für ihre Kinder, sie trug jedoch immer Sorge dafür, dass diese gut versorgt waren. Die Vereinbarkeit von Familie und Beruf bedeutet auch immer eine Unvereinbarkeit, da zwei verschiedene Logiken miteinander verbunden werden müssen. Das Beispiel von Merve zeigt: Es gibt durchaus Möglichkeiten, beide miteinander vereinbaren zu können, aber es gibt auch deutliche Grenzen der Vereinbarkeit. Und oft führen die Notwendigkeiten der Erwerbsarbeit und die Möglichkeiten der beruflichen Entwicklung dazu, dass die Grenzen der Belastungen regelmäßig überschritten werden – insbesondere für die Frauen, aber auch für die Kinder und Familien.[14] So stellt Merve rückblickend fest, dass sie damals ihre Grenzen überschritten habe und bedauert dies im Interview:

„Das waren schwere Zeiten. Ich bedauere es sehr. Das kann ich ganz klipp und klar sagen. Egal, wenn ich mit jetzigem Kopf, mein Kin-, egal welches Kind, ich hätte mich einfach umdrehen müssen und sagen müssen, da, Mann, mach. Mach was du machen

14 Siehe dazu auch: Lutz: Erschöpfte Familien.

kannst. Wenn du nicht machen kannst, schaff's weg. Kind-Mama gehören zusammen und die Zeit muss da sein." (Merve)

Auf die Frage der Interviewerin: „*Und wie war ihr Arbeitgeber in Hinblick auf Familienfreundlichkeit?*", antwortet Merve lachend: „*Mein Mann war mein Arbeitgeber. [Lachen] Der war net freundlich [Lachen].*" Im eigenen Unternehmen arbeitete Merve eher deutlich mehr als Vollzeit, da ihr Mann ihre Unterstützung brauchte; aber auch nachdem sie ihre Großhandelsunternehmen aufgrund der Einführung des Euros geschlossen hatten, arbeitet sie Vollzeit als Altenpflegerin. Sie hat nun feste Arbeitszeiten, muss aber auch immer wieder Überstunden machen, denn „*wenn Arbeit da ist, dann ist es da [...], muss gemacht werden.*" Deswegen kann sie über ihren neuen Arbeitgeber nichts Negatives, aber „*auch nichts unbedingt Positives*" sagen. Erst nach sechs Jahren reduzierte sie ihre Arbeitszeit auf 30 Prozent, sodass sie sehr viel Zeit für sich und die Kinder hatte. Sie reduzierte ihre Arbeitszeit jedoch erst, als sie angesichts eines Beinahe-Zusammenbruchs merkte, dass sie „*psychisch und körperlich*" ihre Belastungsgrenzen überschritten hatte und nicht mehr so weiter machen durfte.

Merve: „*Für mich ist das Aller-allerwichtigste gute Kinder zu erziehen und hab gesagt ok, finanziell alles schön und gut. Jetzt zieh ich mich zurück, weil ich konnte auch psychisch und körperlich das nicht mehr tragen. Ich hab's gemerkt in einem – durch die Müdigkeit bin ich nachts wach geworden. Meine Beine haben mir so wehgetan. Morgens um fünf Uhr, abends bis 23 Uhr war ich JEDEN Tag –. Und wir haben zwölf Tagesrhythmus. Du schaffst zwölf Tage, hast zwei Tage frei. Dann schaffst du nochmal zwölf Tage. Und in den zwei Tagen wo du frei hast, entweder kriegst du Besuch oder du bist kaum fertig mit waschen, putzen, dann ist nächster Tag. Also Erholung ist nicht mit dabei in dem Sinne.*"

I: „*Oh Gott.*"

Merve: „*Ist so. Und irgendwann hab ich – hab immer für meine Kinder abends gekocht, wenn die mittags vor mir nach Hause kommen, dass sie was Warmes haben. Immer abends, nachts 23 Uhr, kein Problem. Ich hab immer für nächsten Tag 3-Gang-Menü gekocht. Dass die immer was Warmes haben. Und ein Tag, das war – ich vergess das nicht mehr, mir ist so schwindlig geworden. Mir ist der Kopf gedreht, bevor ich mich umfall, hab ich mich hingesetzt [...] Beine hochgelegt, Körper runter [Lachen]. Sonst wäre ich umgekippt, wirklich. Dann hab ich gesagt, ne. Ich kann so nicht weitermachen. Ich muss reduzieren. Dann bin ich auf 30 Prozent. Ja, seit zwei Jahren. Seitdem hab ich viel mehr Zeit für zu Hause. Für mich, für die Kinder. Und die Kinder sind auch sehr froh, wenn die nach Hause kommen, die Mama ist da. Und dann hab ich auch Zeit mit denen besser zu lernen, Zeit zu ver-*

bringen. Und ja, macht schon viel aus halt. Lebensqualität ist es dann mehr drin. Für die Familie, auch für mich und so."

Grenzen der Vereinbarkeit betont auch Nurgül, die seit acht Jahren getrennt von ihrem Mann und noch immer zusammen mit ihren beiden bereits erwachsenen Söhnen lebt. Nurgül wurde zur Schneiderin ausgebildet, arbeitete jedoch als Kassiererin im Supermarkt, als Gehilfin beim Bäcker und zum Zeitpunkt des Interviews als Reinigungskraft. Einerseits möchte sie arbeiten, da sie *„auf eigenen Füßen stehen und nicht auf die Hilfe anderer angewiesen"* sein möchte; sie *„mag es auch nicht, nur zu Hause zu sein, was soll ich da machen?"*[15] Andererseits würde sie nicht arbeiten gehen, wenn dies nicht aus finanziellen Gründen notwendig wäre, *„weil ich bisher nie mit den Kindern zu Hause geblieben bin – ab einem gewissen Alter will man zu Hause bleiben."* Diese Aussage verwundert, da die Söhne zum Zeitpunkt des Interviews bereits erwachsen, d.h. 20 bzw. 24 Jahre alt sind, und der ältere bereits als Friseur arbeitet – und Nurgül sich nun wünscht beide Söhne gut zu verheiraten. Sie würde in der Gegenwart wohl gerne das nachholen, was sie in früheren Jahren nicht konnte: Denn da der Kindergarten oder der Schulhort zu waren und die Nachbarin nicht zur Verfügung stand, musste sie ihre Söhne oft allein zu Hause lassen, wenn sie zur Arbeit ging oder noch am Arbeiten war: *„sonra bi ara biraktim, biraktim, gittim tabi, onlari yazma da"* [hab sie dann irgendwann so zu Hause gelassen, und bin gegangen, schreib das aber nicht [Lacht]:

„Es ist sehr schwierig für Mütter, die arbeiten. Für Mütter, deren Kinder klein sind, empfehle ich das nicht zu arbeiten. Ich hab das erlebt. Ich hatte keinen, der aufpassen konnte. Hab die zu Hause alleine gelassen. Vor dem TV setzte ich sie ab. Als ich nach Hause kam, sah ich, das eine ist aufgestanden, sie haben Hunger, haben geschlafen, weinen." (Nurgül)

Während der Arbeit war Nurgül *„immer mit den Gedanken bei den Kindern, hat ständig telefoniert"*. Nurgül schmerzt es sehr, dass sie sich nicht mehr um ihre beiden Söhne kümmern konnte, denn *„die Kinder der arbeitenden Mütter sind häufig auf der Straße, sprechen nicht gut."* Daher ist es *„sehr wichtig, sich um deren Erziehung und Schulbildung, Probleme und Benehmen zu kümmern."* Nurgül bringt im Interview den Schmerz darüber zum Ausdruck, dass sie dies wegen der Arbeit nicht hinreichend tun konnte. Sie bedauert auch, dass sie keine Möglichkeit hatte, sich weiterzubilden, da ihr von der Agentur für Arbeit keine

15 Die Zitate von Nurgül sind Übersetzungen aus dem Türkischen, da das Interview auf Türkisch gehalten wurde.

Qualifizierung zur Verkäuferin angeboten wurde. Obwohl sie von ihrem Arbeitgeber respektvoll behandelt wird, es sich um *„die beste Arbeit momentan"* handelt und sie *„dort auch beten"* kann, würde sie lieber zu Hause bleiben und sich um ihre erwachsenen Söhne kümmern.

Özlem argumentiert, dass sie nur (Vollzeit) arbeiten könne, wenn sie dann auch noch für ihre Kinder da sein kann, wenn diese zu Hause sind: *„Vollzeit. Wenn meine Kinder in die Ganztagesschule gehen. Sobald, wenn meine Kinder nicht davon betroffen sind. Wichtig ist für meine Kinder, dass ich bei denen bin. Wichtig ist, dass sie mich zu Hause sehen. Die WOLLEN mich zu Hause HABEN."* Wie auch andere Mütter, so möchte Yüksel nicht, dass ihre Kinder Schlüsselkinder sind, d.h. dass die Kinder allein zu Hause sind, wenn die Eltern noch arbeiten: *„Die Kinder waren öfters mal alleine zu Hause. Die haben immer Schlüssel auf dem [Lachen] Hals gehabt. Das hat immer mir auch Leid gekommen, dass es nicht so gut ist."* Seher, die ihre Erziehungszeit als eine beschreibt, in der sie viel Zeit für ihre Kinder, aber auch für sich selbst und Freundinnen hatte, da sie keinen strengen Regeln folgen musste, sagt: *„Man hat das Kind zur Welt gebracht, da muss man auch Zeit für das Kind haben."* Und Ebru antwortet auf die Frage, ob sie mehr als 50 Prozent arbeiten könne:

> *„Ich gl-, also es würde schon gehen, ja? Ich könnte den Kleinen natürlich weiter bei meiner Mutter lassen, bei meiner Schwester, aber ich würde es nicht wollen. Weil ich der Meinung bin, dass wenn man ein Kind hat, sollte man auch schon –. Erstens, sollte das Kind was von der Mutter haben und die Mutter soll was vom Kind auch haben. Für was hab ich ein Kind auf die Welt gesetzt? Bestimmt nicht den ganzen Tag bei meiner Mutter oder meiner Schwester zu lassen. Oder im Kindergarten bis 16 Uhr oder so. Das ist – für mich kommt das gar nicht in Frage. Vor allem, erkenne ich, wenn ich von der Arbeit wieder nach Hause komme und den Kleinen wieder hab, da merk ich sofort die Erziehung, also die zwei Jahre da Erziehung, war fast umsonst gewesen nur durch ein paar Tage bei anderen Leuten, ne? Da merkst du so richtig, die verändern sich halt, wenn die Mutter oder der Vater nicht da ist."* (Ebru)

Nurcan möchte nicht Vollzeit arbeiten, da sie sich sonst nicht mehr hinreichend um den Haushalt und um die Kinder kümmern könnte. Außerdem würde die externe Kinderbetreuung zusätzliches Geld kosten, das sie dann erst einmal verdienen müsste. Da möchte sie schon lieber selbst für die Kinder da sein. Und Özlem meint, dass sie später Vollzeit arbeiten möchte, wenn ihre Kinder groß sind und in eine Ganztagsschule gehen können. Auch Rabia macht mit der Aussage: *„Da straft man sich selber"*, klar, dass die Überschreitung der Grenzen der Belastbarkeit immer zu einer Überlastung der berufstätigen Mutter führt.

„Ja, jetzt will ich zwei Mal in der Woche arbeiten. Wenn es klappt. Weil mit zwei Kindern ist es noch schwieriger. Später kann ich ja dann, wenn ich denk ich schaffe es, wenn die größer sind, älter sind, dann kann ich ja nochmal auf drei Tage. Aber Vollzeit will ich nicht mehr arbeiten. Das ist zu viel. Also als Mama, Mutter und dann noch den Haushalt. Das ist sehr viel. Da straft man sich selber. Das ist so, weißt du. Man sagt immer, man ist dann-, man verdient zwar Geld, aber du bist dann ständig unter Druck, musst aufräumen, putzen. Das muss ja auch gemacht werden.“ (Rabia)

Rabia versucht ihren Beruf und ihre Familie so gut es geht zu verbinden. Sie macht aber gleichzeitig deutlich, dass ihre häuslichen Pflichten oberste Priorität haben. Die Erziehung der Kinder ist allen Frauen dieses Samples enorm wichtig. So verzichten sie eher auf eine Kinderbetreuung um zu Hause bei ihren Kindern zu sein.

Fassen wir zusammen: Schon nach zwei oder drei Jahren Familienpause wird die Berufsrückkehr als eine Rückkehr in eine Welt erlebt, die sich sehr stark verändert hat. Und je länger die Familienphase dauert, desto mehr mangelt es zu Beginn an Selbstvertrauen, sodass sich die Frauen immer wieder die Frage stellen: *„Schaffst du das?“* Angesichts der Ängste vor dem Wiedereinstieg erfolgt die Integration in die Erwerbsarbeit meistens jedoch sehr viel einfacher und reibungsloser als befürchtet. So gewinnen die meisten Frauen sehr schnell wieder Vertrauen in ihre Kompetenzen, da sie die von ihnen erwarteten Leistungen erbringen können. Während die Trennung vom Berufsleben in der Elternzeit als zunehmend belastend empfunden wird, erleben die Frauen die Trennung von ihren Kindern beim Wiedereinstieg als schmerzlich. Diese wird jedoch insbesondere dann als problematisch erlebt, wenn die Kinder in den Kindergarten gehen, damit ihre Mutter eine Arbeit suchen kann, jene jedoch noch keine Arbeit gefunden hat. Dann entsteht wie bei Sultan ein Gefühl der Leere, da das eine nicht mehr und das andere noch nicht der Fall ist. Andererseits nehmen Mütter sehr viel Stress auf sich, um für ihre Kinder auch eine entlegene Kinderbetreuung zu finden, wenn sie plötzlich ein Arbeitsangebot erhalten: Durch die vielen Fahrzeiten gestaltet sich der Wiedereinstieg für Emine als *„wirklich sehr, sehr stressig“*, aber sie nimmt alle Belastungen und Kosten auf sich: *„Hauptsache Arbeit, hab ich gedacht.“*

Da die Vereinbarkeit von Familie und Beruf im Wesentlichen bei den Frauen liegt, ist es ihnen nicht möglich, nach dem Wiedereinstieg wieder Vollzeit zu arbeiten. Tun sie dies trotzdem und erfolgt der Wiedereinstieg fast unmittelbar nach der Geburt der Kinder (wie dies bei Merve der Fall war, da sie im Familienunternehmen als unabkömmlich galt), so wird dies im Rückblick auf das eigene Leben bedauert. Eine Vollzeitstelle gilt bei den Frauen ganz allgemein als nicht mit ihren Aufgaben in der Familie vereinbar. Es gilt das Verdikt von Rabia: *„Da straft man sich selber"*, wenn *frau* eine Vollzeitstelle mit der Erziehung der Kinder und Familienarbeit zu vereinbaren versuche.

Daher wünschen sich alle Frauen unseres Samples Beruf und Familie durch eine Teilzeitarbeit zu vereinbaren, wobei diese Teilzeit in der Regel mit dem Älterwerden der Kinder immer weiter ausgedehnt werden soll. Lediglich bei Merve, die immer (eher mehr als) Vollzeit gearbeitet hatte, verhält es sich umgekehrt: Sie ist froh, nun im Alter finanziell in der Lage zu sein, auf eine Teilzeitstelle reduzieren zu können, sodass sie mehr Zeit für sich und ihre Kinder hat. Sowohl das Erleben der Berufsrückkehr als auch der Wunsch nach dem Wiedereinstieg eher Teilzeit als Vollzeit zu arbeiten entspricht dem allgemeinen Arbeitszeitwünschen von Berufsrückkehrerinnen. Die Aussagen der kopftuchtragenden Frauen unseres Samples unterscheiden sich einmal mehr nicht wesentlich von denen der deutschen Frauen und Frauen mit Migrationshintergrund, die kein Kopftuch tragen. Im Hinblick auf ihren Wunsch, wieder in den Beruf zurückkehren und durch eine Teilzeitarbeit Familie und Beruf vereinbaren zu können, unterscheiden sich kopftuchtragende und andere Frauen über diese beiden Gruppen hinweg individuell zwar deutlich voneinander, jedoch nicht als zwei soziale Gruppen.

Rolle des Ehemannes

Sibel: *„Auf der einen Seite hat er sich gefreut, auf der anderen Seite hat er sich gedacht, sein Pascha-Leben ist vorbei, weil wenn man nur Hausfrau ist, dann ist man halt wirklich 24 Stunden für Kind und Ehemann halt da."*

Die (Un-)Vereinbarkeit von Familie und Beruf ist im Wesentlichen ein Problem und eine Aufgabe der Frauen. Dies ist bei den Muslima mit Kopftuch nicht anders als bei den Frauen, die wir in der Berufsrückkehrerinnen-Studie untersucht haben (Kreutzer 2014b).[16] Die Grundstrukturen der Arbeitsteilung zwischen den

16 Auch Becker und El-Menouar stellen in ihrer repräsentativen Studie fest, dass Aufgaben im Haushalt wie Wäsche waschen, Putzen und Kochen nach wie vor größtenteils von Frauen allein erledigt werden – und dies unabhängig von der Religion (Becker/El-Menouar 2014: 180) Ebenso werden in christlichen und muslimischen Haushalten gleichermaßen der Großteil der Kindererziehung und –betreuung sowie organisatorische Aufgaben wie bspw. die Urlaubsplanung von beiden Partnern gemeinsam erledigt (ebd. 181). Ungeachtet dessen wünschen muslimische Frauen „vor allem eine stärkere Beteiligung der Männer an der Erziehung der Kinder" (Becker/El-Menouar 2014: 181).

Partnern sind im Wesentlichen die Gleichen. Ob nun die Partner (und signifikante Andere: Mütter, Schwestern, Freundinnen etc.) kopftuchtragender Frauen mehr oder weniger helfen als Partner deutscher Frauen und Frauen mit Migrationshintergrund, die kein Kopftuch tragen, können wir angesichts der qualitativen Daten nicht sagen.[17] Die grundsätzlichen Aussagen zur Rolle des Ehepartners und signifikanter Anderer entsprechen jedoch dem allgemein bekannten Muster: Die Kindererziehung und Familienarbeit ist im Wesentlichen eine Arbeit der Frauen, die von ihren Ehepartnern, Müttern und Schwestern darin mehr oder weniger stark unterstützt werden. Weder findet sich ein Rollenwechsel oder eine wirkliche Gleichverteilung der Rollen in unserem Sample, noch werden diese gewünscht. Was sich die Frauen jedoch wünschen würden, wäre eine deutlich stärkere Beteiligung und Unterstützung der Ehepartner in der Kindererziehung und Familienarbeit.

Als das zweite Kind von Derya ein Jahr alt war, begann sie die schulische Ausbildung als Erzieherin. Dies war nur möglich, da ihr Mann*„eh noch arbeitslos"* war und sich zudem ihre Schwiegermutter ein Jahr lang um die Kinder kümmerte. Bei ihr war das jüngere Kind oft morgens, während das ältere bereits in den Kindergarten ging, Derya benötigte diese Unterstützung, um im ersten Jahr wieder einen Zugang zum Schulalltag, den Lehrern und zum Lernen zu finden. Im zweiten Jahr gingen dann beide Kinder in den Kindergarten und wurden von einer Tagesmutter betreut. Der einjährige *„Erziehungsurlaub"* ihres Mannes – so nennt Derya das – war für Derya jedoch *„sehr anstrengend"*, da sie, wenn sie nach Hause kam, einen Haushalt aufräumen musste, der aussah, als *sei „ne Bombe eingeschlagen"*.

„Da war mein Mann eh noch arbeitslos. Und dann hab ich gesagt: Du, kannst noch ein Jahr zu Hause bleiben, dass ich wenigstens dieses eine Jahr, das ich jetzt in die Schule –

17 Es bestätigt sich jedoch ein Eindruck, der auch schon in anderen Studien beobachtet wurde (Meuser 2010: 260-275): Dass die Zugehörigkeit zur Arbeiterschaft und die damit verbundene finanzielle Notwendigkeit der Erwerbsarbeit der Frauen die Arbeitsteilung stärker beeinflusst als die Rhetorik der Gleichstellung der Geschlechter (Wetterer 2003). Während bei akademisch gebildeten Paaren die Praxis der gleichen Arbeitsteilung in der Regel sehr deutlich hinter einem aufgeklärten Gleichheitsdiskurs hinterherhinkt, da die Logik akademischer Qualifikationsprozesse und professioneller Karrieren eher unvereinbar mit einer familialen Arbeitsteilung ist, entfällt in der (Fach-)Arbeiterschaft der Widerspruch zwischen tatsächlicher Arbeitsteilung der Geschlechter und Gleichstellungsrhetorik weitgehend. An die Stelle der Gleichstellungsrhetorik tritt die Notwendigkeit der Bewältigung des Alltags angesichts der Erwerbstätigkeit beider Partner.

also zwei Jahre hatte ich Schule, aber ein Jahr für ne Anfangsbasis bräuchte, um die Erfahrung zu sammeln und die Lehrer kennenzulernen, damit ich überhaupt so, ähm, wie soll ich denn sagen – den Zugang zu dem Ganzen finde. Weil danach, ab und zu mal nicht in die Schule zu gehen, hab ich eher locker angesehen. Das war mein Ziel. Und der ist halt zu Hause geblieben. Ok. Das war sehr anstrengend für mich. Ich kam nach Hause, es sah aus [Lachen]: Wie ne Bombe eingeschlagen. Wie passt denn Papa auf? Äh, des Kind darf die ganzen Bücher runterräumen. Und wenn die Mama kommt [Imitation Kinderstimme]: ‚Die Mama kommt! Schnell! Schnell, räum's wieder auf.' Die böse Mama. So ist es eher abgelaufen. Aber ich mein, solange es den Kindern nicht geschadet hat, hat's mich auch nicht so arg gestört. Dann hab ich eben mehr aufgeräumt. Mehr hinterhergeräumt oder so. Es war eher wenig – war nicht so ein großes Problem. Find ich. Sag ich mal." (Derya)

Deryas Erwartungen an den einjährigen *„Erziehungsurlaub"* ihres Mannes sind deutlich andere als an die ihrer eigenen Elternzeit. Der *„Erziehungsurlaub"* ihres Mannes wird möglich, da er *„eh noch arbeitslos"* war. Es handelt sich um einen *„Urlaub"*, der für Derya *„sehr anstrengend"* war, weil sie das Durcheinander, das ihr Mann mit den Kindern anrichtete, aufräumen musste. Auch übernahm ihr Ehemann nicht allein die Betreuung beider Kinder, denn das dreijährige Kind ging bereits in den Kindergarten und das einjährige Kleinkind wurde morgens von ihrer Schwiegermutter betreut. Derya hätte einerseits schon mehr von ihrem Ehemann erwartet: *„Wie passt denn Papa auf?"*, und war andererseits froh, dass sie überhaupt jemanden hatte, der auf die Kinder aufpasst: *„Aber ich mein, solange es den Kindern nicht geschadet hat, hat's mich auch nicht so arg gestört."* Dass die Unterstützung ihres Ehemannes *„eher wenig"* hilfreich war, sei für sie *„nicht so ein großes Problem"* gewesen: Die Coda *„Finde ich. Sag ich mal"* verweist jedoch darauf, dass es schon ein Problem war, dass sie jedoch weder damals noch heute ein *„großes Problem"* daraus machen möchte. Das Beispiel zeigt deutlich, wie stark die Erziehung der Kinder sowie die Haus- und Familienarbeit eine Arbeit bleibt, für welche die Frauen – hier die Ehefrau und deren Schwiegermutter – zuständig sind, selbst wenn der Ehemann ein Jahr *„Erziehungsurlaub"* nimmt. Die Erwartungen an die Unterstützung des Ehemannes passen sich offensichtlich eher an dessen Verhalten an, als dessen Engagement an die Erwartungen seiner Partnerin.

Von der Norm einer gleichen Verteilung von Familien- und Erwerbsarbeit ausgehend, würde der Erziehungsurlaub von Deryas Ehemann diese nicht erfüllen. Auch Derya geht von der Norm, dass die Männer bei der Kindererziehung und Hausarbeit mithelfen, als dem *„normalen Fall"* aus, der gegeben sein müsste und dementsprechend erwartet werden könnte. In ihrem Umkreis ist der normale Fall jedoch keineswegs selbstverständlich, da viele Männer sich nicht an der Kinderbetreuung und Hausarbeit beteiligen: Haushaltsführung und Kinderbetreuung werden aufgrund der angenommenen Verschiedenheit der Geschlechter als Aufgabe der Frauen angesehen. Im Unterschied dazu sticht ihr eigener Ehemann positiv hervor, der *„kocht“* und am Wochenende *„alles“* macht, während sie *„gar nichts“* machen muss. Für Derya ist die Beteiligung ihres Ehemannes an der Kinderbetreuung und Hausarbeit die Voraussetzung dafür, dass sie arbeiten gehen kann: Denn wenn zu Hause alles nur an ihr *„hängen würde“*, hätte sie *„keine Lust zu arbeiten“* und würde vielleicht nicht arbeiten gehen. Wenn die Beteiligung des Ehemannes an der Familienarbeit auch ungleich sein mag, so gilt sie doch als die Voraussetzung dafür, dass die Arbeitsteilung in der Familie – angesichts der (oft reduzierten) Erwerbstätigkeit der Frau – als gerecht angesehen wird.

„Normalen Fall müsste ich ja auch, müssten ja auch die Männer mithelfen. Wa? Männer mitmachen. Die Umkreise, die ich kenne, viele machen das nicht. Aber die Leute, die ich jetzt persönlich jetzt, im Kopf aufgezählt hab, deren Männer bügeln, deren Männer waschen Wäsche, die passen auf die Kinder auf. Mein Mann der kocht. Also wir kriegen die Unterstützung, deswegen genieß ich das auch. Also ich genieß es, wenn ich weiß am Wochenende, ich mach gar nichts. Alles darf mein Mann machen. Denn ist es ok. Und er macht's auch gern. Und deswegen kann ich es mir leisten zu sagen, du ich geh jetzt arbeiten. Wenn er das jetzt auch nicht machen würde, alles an mir hängen würde, hätte ich keine Lust zu arbeiten. Würd vielleicht auch nicht arbeiten, dann würde ich auf die paar Euros verzichten und würd einfach sagen, gut ich will auch jetzt, wie alle normalen Hausfrauen, zu Hause sitzen, Däumchen drehen und nur kochen und äh, bügeln. Jetzt, ich übertreib's, ok die haben bestimmt auch Aufgaben, die sie machen, aber – ja.“ (Derya)

Laut der Aussagen der interviewten Frauen helfen ihnen viele der Ehemänner im Haushalt und bei der Erziehung der Kinder. Der Ehemann von Seher, der mit ihr zusammen in der eigenen Reinigungsfirma arbeitet, hilft ihr auch im Haushalt. Yildiz sagt, dass ihr Mann auch alles mache, was eine Mutter macht, wenn er zu Hause sei. Auch Sultan berichtet, dass ihr Mann ihr viel geholfen habe: Er habe die Kinder vom Kindergarten abgeholt, für sie gekocht und sie ins Bett gebracht, wenn sie Spätdienst hatte. Er habe sich auch an einem ehrenamtlichen Schulprojekt beteiligt, sodass *„ab und zu“* sie, *„ab und zu“* aber auch er an Projekttreffen teilgenommen habe. Yüksel meint, ihr Ehemann helfe sehr gut, wenn er zu Hause ist:

„Wenn er zu Hause wäre, der hat mir sehr viel geholfen. Der kann sehr gut auf die Kinder aufpassen, auch kochen. Nur das Haus sauber machen, dass kann er nicht. Aber wie gesagt, sonst alle anderen Sachen, der kann sehr gut helfen.“ (Yüksel)

Büsra sieht einen deutlichen Unterschied zwischen der Generation ihrer Eltern und dem Engagement ihres eigenen Ehemannes: Während sie von ihrem Vater gar nicht kennt, dass er sich auch um die Kinder kümmert, unternimmt ihr Ehemann öfter ganz allein etwas mit dem anderthalbjährigen Sohn, geht mit ihm spazieren oder bringt ihn ins Bett, wenn sie abends mit Freunden unterwegs ist. Und obwohl er wenig vom Haushalt versteht, ist er doch in der Lage, die Wäsche zu waschen, Windeln zu wechseln und auch mal staubzusaugen.

I: *„Und Ihr Ehemann wie behilflich ist der? Oder wie beteiligt er sich so?"*

Büsra: *„Also ich muss sagen, ich hab einen sehr guten Mann. Ok, er versteht sehr wenig vom Haushalt, aber zumindest wenn ich zum Beispiel zu viel zu tun hab, wie Wäsche waschen oder so haushaltmäßig und wenn er dann zu Hause ist, dann sagt er, dass er mit dem Kleinen raus geht, spazieren, auf den Spielplatz. Dann sind die wirklich auch mal ein bis zwei Stunden weg. In der Hinsicht nimmt er mir sehr viel ab. Windeln wechseln kann er. Staubsaugen auch. Also wenn er sieht, dass ich wirklich im Stress bin, dann sagt er mal ok, dann lass mal. Muss ja jetzt nicht unbedingt sein. Oder er nimmt den Kleinen einfach mit und geht raus. Unternimmt auch viel alleine mit ihm. Wobei, ich das halt von meinem Vater nicht kenne. Meine Mutter hat ja alles gemacht. Ok, sie hat zwar auch nicht gearbeitet, aber sie hat auch vier Kinder großgezogen. Und ich hab noch nie meinen Vater gesagt oder gesehen, dass er sagt, ah ja, komm ich nehm die Kinder mal und geh raus und du kannst den Haushalt machen oder abschalten. Ich kann auch abends weggehen. Oft-, öfters legt mein Mann ihn dann schlafen, dann bin ich öfters mit Freunden unterwegs dann abends."*

Ebru unterscheidet ihren Ehemann von anderen Ehemännern, die *„viel Dreck"* machen, aber nichts aufräumen: Und sei es, dass sie ihren Teller auf dem Tisch stehen lassen und nicht mithelfen, das Geschirr abzuräumen. Dabei geht es offensichtlich nicht um eine gerechte Arbeitsteilung im Haushalt, jedoch um den Respekt gegenüber der Partnerin. Dieser kommt darin zum Ausdruck, dass sich der Mann nicht wie im Restaurant bedienen lässt, sondern zumindest bei den einfachen Dingen ganz selbstverständlich mithilft. Das betrifft z.B. den Garten, das Einkaufen, das Schleppen der Einkäufe und das Aufhängen der Wäsche, wenn er darum gebeten wird. Und dazu gehört auch, dass sich der Ehemann um den dreijährigen Sohn kümmert und mit diesem etwas unternimmt, wenn sie sich mit Freundinnen trifft oder etwas anderes vorhat.

Ebru: *„Also ich muss sagen, er hilft sehr viel mit zu Hause, auch mit Wäsche aufhängen und – einfach das Haus sauber zu halten. Es gibt Männer, die, die – die sind DA. Die machen NICHTS was aufräumen betrifft, aber machen halt sehr viel Dreck, ja?*

Die lassen viel liegen. Und wenn, wenn die was gegessen haben, wird der Teller stehen gelassen. Und was weiß ich. Der Tisch wird – aber bei meinem Mann ist es halt nicht so. Er weiß halt, dass ich hier auch arbeite und dass ich halt viel mit [dem Sohn] mach und deswegen ist es halt – deswegen hält er halt auch viel sauber. Also, wenn ich sag, Wäsche aufhängen, kannst du das machen? Dann macht er das auch. Einkäufe oder den Garten und Schleppen, das Ganze macht er halt.“

I: *„Und Kinderbetreuung macht...“*

Ebru: *„Macht er auch. Ja, genau. Also wenn ich sage, ich geh jetzt für zwei Stunden mit ner Freundin was trinken, dann passt er auf. Oder wie jetzt halt, ne? Wenn ich sag, ich treff mich da mit jemandem für ne Stunde, dann nimmt er den Kleinen, ne? Jetzt ist er grad mit dem in der Stadt Eis essen.“*

Der Ehemann von Emine nimmt sich *„jeden Dienstag frei, weil ich da mein Team hab, abends.“* Wenn Emine ihn fragt, übernimmt er auch kleinere Aufgaben im Haushalt, saugt Staub, macht Salat oder duscht die Tochter: *„Was er wirklich kann. Also, wenn er etwas nicht kann, dann macht er es nicht.“* Wenn er frei hat, kümmert er sich auch um das Kind, sollte es krank sein. Das Problem von Emine – wie auch von anderen Frauen – besteht darin, dass sie ihren Männern nicht wirklich viel zutrauen bzw. wenig von ihnen erwarten: *„Ich mach´s lieber gerne selber. Weil ich weiß, dass er das nicht so schafft, wie ich das schaffe [Lachen].“*

Yüksel und ihr Ehemann kümmerten sich um die Kinder im Schichtwechsel. Wenn sie morgens von ihrem Job als Reinigungskraft von ihrer fünf bis sieben Uhr Schicht kam, ging er arbeiten. Und wenn er um 17 Uhr nachmittags wieder von der Arbeit nach Hause kam, ging sie als Briefverteilerin von 17 bis 22 Uhr bei der Post arbeiten:

„Ich hab immer morgens früh gearbeitet, ich hab nie aufgehört. Also von fünf bis um sieben, ich hab immer gearbeitet und ich kam zu Hause; mein Mann geht zur Arbeit. Und noch abends in der Post, wenn mein Mann zu Hause kam; ich bin gegangen, bis um zehn Uhr – von fünf bis um zehn, als Briefteiler.“ (Neslihan)

Der Ehemann von Büsra passt am Wochenende, wenn sie im Krankenhaus arbeitet, auf den Kleinen auf. Der Ehemann von Nurcan hilft ihr, *„wo er kann“*: *„Er nimmt auch die Kinder manchmal zum Spielen oder zum Fußball. Ja, bin zufrieden im Großen und Ganzen.“*

Rabia bedauert, dass ihr Ehemann nur dann etwas macht, wenn sie ihn dazu auffordert. Darüber hinaus stellt sie fest, dass er weniger im Haushalt hilft, seitdem sie nicht mehr Vollzeit arbeitet, da es für ihn selbstverständlich zu sein scheint, dass bereits alles getan ist, wenn er nach Hause kommt.

Rabia: *„Also der ist so, wenn ich ihm was sage, dann macht er es. Aber wie jeder. Ich denk, die Männer sind halt so. Ja, aber so. Der arbeitet halt, der hat ja auch Gleitzeit. Der geht halt morgens so gegen sieben und kommt dann bis um fünf. Ja und dann –. Also meistens mach ich mit den Kindern was. Er liest mal was vor. Aber meistens – oder wenn ich ihm das sag. Ich muss ihm das halt immer sagen. Leider."*

I: *Und im Haushalt?*

Rabia: *„Ja, wenig. Ich mein, das lässt viel nach. Am Anfang hat er schon viel gemacht, wo ich dann Vollzeit gearbeitet hab. Aber wenn ich dann zu Hause bin, ist es ihm dann so selbstverständlich, dass ich dann alles mach halt. Meistens ist es ja schon fertig, bis er dann zu Hause ist."*

Nachdem Aysenur wieder berufstätig wurde, stieg sie schnell zur Leiterin des Integrationszentrums auf. Damit dehnte sich ihre Arbeitszeit von einer Teilzeit zu einer vollzeitnahen Stelle aus. Ihr Ehemann musste ihr auf *„allen Gebieten"* nunmehr deutlich mehr in der Familie helfen als früher:

„Ja, also er muss da jetzt natürlich mehr – also [Zögern]. Also, er hat auch schon früher mehr getan. Aber jetzt muss er halt noch n bisschen. Also wir teilen uns für-, wirklich, also, alle Gebiete schon. Sowohl die Arbeit, also im Beruf, als auch die Arbeit zu Hause, weil anders würd's nicht machbar sein. Geht nicht. Also er verbringt jetzt mehr Zeit mit den Kindern, sagen wir mal so." (Aysenur)

Aus dem auf *„allen Gebieten"* die Arbeit wie im Beruf so auch zu Hause *„teilen"*, wird dann allerdings ein: *„Also er verbringt jetzt mehr Zeit mit den Kindern, sagen wir mal so."* Letzteres ist eine deutliche Relativierung der zuvor proklamierten allumfassenden Arbeitsteilung und ein Zeichen, dass wir bei den interviewten Frauen auch deutliche Zeichen einer rhetorischen Modernisierung hinsichtlich der Darstellung der geschlechtlichen Arbeitsteilung finden können. Diese ist insgesamt nicht so ausgeprägt wie bei einer deutschen, insbesondere einer höherqualifizierten Vergleichsgruppe – aber doch unübersehbar vorhanden.

Ipek kehrte nach nach dem Jahr der zweiten Elternzeit wieder halbtags in den Beruf zurück, da ihr Gehalt das stabile Haupteinkommen der Familie ist. Zunächst übernahm für vier Monate eine die Betreuung des Kindes. Als ihr Mann jedoch arbeitslos wurde, übernahm dieser die Aufgabe, bis das Kind mit zwei Jahren in die Krippe gehen konnte. Ipek verlegte ihre Arbeitszeit vom Nachmittag auf den Vormittag, damit ihr Mann entlastet wurde –denn ihre Tochter war eine Langschläferin, die bis um halb zehn schlief: *„Dann war es für meinen Mann nicht ganz so schlimm.“* Wie bei Derya so sind auch bei Ipek die Erwartungen an die Erziehungs- und Betreuungsleistungen ihres Ehemannes eher zurückhaltend. So traut auch Ipek ihrem Ehemann nicht sehr viel zu und erlaubt wenig Spielraum, wenn es um nicht verhandelbare Qualitätsansprüche geht: *„Und die Kleider [für die Tochter] bereite ich schon mal vor, dass mein Mann sie anziehen kann. Morgens. Ansonsten wird sie ja unmöglich da rumlaufen.“* Ipeks Ehemann übernimmt in der Woche *„schon so Kleinigkeiten: Spülmaschine aufräumen, Waschmaschine, Wäsche aufhängen, so Kleinigkeiten übernimmt er auch.“* Mit anderen Worten: Die wesentliche Familienarbeit und vor allem das Familienmanagement bleibt eine Aufgabe von Ipek, obwohl sie das stabile und wahrscheinlich auch größere Einkommen verdient. In der Zeit, in der ihr Mann mit ihrer Tochter zu Hause war, habe sich dieser sehr schnell an das Zu Hausesein gewöhnt und sei entgegen den Erwartungen immer nachlässiger und langsamer geworden.

> *„Es waren ja Zeiten, wo er arbeitslos war. Obwohl, da hat er auch sonntags in der Gastronomie gearbeitet. Aber Männer gewöhnen sich, also jetzt speziell mein Mann. Ich kann ja jetzt nicht allgemein sagen. Aber er gewöhnt sich sehr schnell daran zu Hause zu sein. Und wird dann eher so, nachlässig, sag ich mal [Lachen]. Also das Tempo fehlt mir dann. Der tägliche Ablauf.“* (Ipek)

Ipeks Ehemann scheint durch das Zu Hausesein die Kompetenzen, , einen Haushalt zu führen und (Klein-)Kinder zu erziehen, eher zu verlieren als zu erwerben – wobei Ipek offen lässt, ob sie glaubt, dass das bei Männern allgemein oder nur speziell bei ihrem Mann der Fall ist. Sie antwortet damit indirekt auch auf die Frage, ob sie sich vorstellen könnte, dass ein Mann die Rolle des Hausmannes vergleichbar einer Hausfrau übernehmen könne. Ipek möchte diese Frage offensichtlich nicht grundsätzlich verneinen, speziell bei ihrem Ehemann zeigt sie sich jedoch dahingehend wenig optimistisch. Angesichts dessen wäre es wohl auch übertrieben, bei der Familienphase von Ipeks Ehemann von einem wirklichen Rollentausch zu sprechen. Wie bei Derya so war auch bei Ipek die Familienzeit ihres Ehemannes eher dadurch möglich, dass dieser arbeitslos wurde und dadurch mehr Aufgaben in der Familienarbeit und Kindererziehung übernehmen konnte.

Als Sibel zu Hause war, hatte ihr Ehemann mit dem *„ganzen Kram drum herum nichts zu tun.“* Nachdem sie nun wieder arbeiten geht, muss er wieder mehr im Haushalt helfen – was er auch macht. Wie andere Frauen so beobachtet jedoch auch Sibel, dass ihr Partner sich sehr schnell wieder von der Hausarbeit zurückzieht, wenn er sieht, dass diese auch ohne ihn erledigt wird.

Sibel: *„Er hat mit dem ganzen Kram drum herum nichts zu tun. Ich bin diejenige, die die Kinder abholt und ich bin diejenige, die die Kinder dahinfährt und dann dorthin fährt. Und er kommt abends nachhause und hat gearbeitet. Das war's [Lachen]. Natürlich essen wir alle zusammen und dann räumt er auch mal was weg. Er guckt ob – dass er mal die Kinder ab und zu ins Bett bringt. [...]"*

I: *„Wie hat Ihr Ehemann reagiert – oder wie sah er das, dass Sie wieder zur Arbeit gehen nach diesen drei Jahren?"*

Sibel: *„Er hat sich gefreut [Lachen]. Auf der einen Seite hat er sich gefreut, auf der anderen Seite hat er sich gedacht, sein Pascha-Leben ist vorbei, weil wenn man nur HAUSfrau ist, dann ist man wirklich – dann ist man halt wirklich 24 Stunden für Kind und Ehemann da. Und wenn ich dann wieder – und das war ihm auch klar, und wenn ich dann wieder arbeiten gehen musste, dann hat er halt viel mithelfen müssen, im Haushalt. Er hilft viel mit, also er hat oft den Staubsauger in der Hand und auch die Küche oder so was, manchmal auch kochen und so, aber das verflüssigt sich auch mit der Zeit, es wird immer weniger. Wenn er merkt, dass es klappt, dann zieht er sich halt zurück. [...] Man braucht das GELD. Das ist es halt. Wobei WENN ich halt mich viel aufrege und sag da hier; dann sagt er, dann geh doch nicht arbeiten. Das sagt er dann auch. Das reicht doch, aber das reicht nicht, weil wir haben dann – nachdem – kurz vor dem ersten haben wir uns ne Eigentumswohnung gekauft, die ja auch irgendwie abgezahlt werden musste und die Kosten, die Lebenskosten, sind ja auch nicht weniger geworden. Also der freut sich jeden Monat auf's Gehalt wenn's kommt, aber flucht jeden Monat wenn ich arbeiten geh, so ungefähr ist es."*

Sibel muss arbeiten gehen, weil sie das Geld brauchen, um die Eigentumswohnung abzubezahlen. Dies führt jedoch nur vorübergehend zu einer stärkeren Beteiligung ihres Ehemannes an der Hausarbeit, da sich dessen Mitarbeit *„verflüssigt"*, wenn sie nicht immer wieder eingefordert wird. Fordert sie dessen Mitarbeit jedoch zu stark ein, so tut jener so als kämen sie auch ohne ihr Einkommen aus. Dies ist jedoch nicht der Fall. In Sibels Fall führt die finanzielle Notwendigkeit zwar dazu, dass ihr Ehemann akzeptiert, dass sie arbeiten geht – jedoch nicht dazu, die Doppelbelastung derart anzuerkennen, dass er ihr von sich aus nachhaltig bei der Familienarbeit helfen würde.

Nurgül ist die Einzige, die die geringe Beteiligung der Ehemänner an der Kindererziehung und Familienarbeit als eines der größten Probleme unter den Türken bezeichnet: *„Du kennst ja unsere türkischen Männer, nur von der Arbeit kommen und sich hinlegen"*. Allerdings bezieht sie ihre Aussage eher auf die Generation ihrer Eltern und das Verhalten ihres Ehemannes. Die Jungen, so meint sie, wären da anders: *„schlau und brav"*. Weder die stereotypische Vorstellung über die *„türkischen Männer"* noch die über die schlaue und brave

Jugend scheint jedoch weit zu reichen. Wenn die Aussagen der Frauen über die Rolle ihrer Ehemänner in Bezug auf die Familienarbeit etwas zu belegen scheinen, dann einmal mehr, dass eine grundsätzliche Abgrenzung zwischen türkischen und deutschen Männern aufgrund dieser Aussagen nicht möglich ist. So finden sich gleiche Muster der ungleichen Arbeitsteilung ebenfalls in den Aussagen deutscher Berufsrückkehrerinnen (Kreutzer 2014b).

Erziehung und Ausbildung der Kinder

Büsra: *„Und mein Wunsch ist es einfach, ein Kind groß zu ziehen, ohne Migrationsproblem. Also wir wollen sehr, dass er studiert."*

So wie eine Frau in der Berufsrückkehrerinnen-Studie (Kreutzer 2014b) sagt: *„Klar, die Kinder stehen an erster Stelle!"*, und damit den Tenor der meisten Frauen wiedergibt, erklärt auch Merve: *„Für mich ist das Aller-Allerwichtigste gute Kinder zu erziehen"*. Daran wird die gleichartige prioritäre Wertung der Kinder gegenüber dem Beruf der kopftuchtragenden Frauen deutlich. Wie sich diese Wertung in der konkreten Erziehung und Ausbildung der Kinder niederschlägt, soll im Folgenden anhand der Aussagen der interviewten Frauen dargestellt werden.

Auf die Frage, was die Frauen mit ihren Kindern in der Freizeit machen, wurden viele verschiedene Aktivitäten genannt: z.B. gemeinsame (Tisch-)Spiele, Gartenbeschäftigung, Sport, Lesen, Musikinstrumente spielen, Ausflüge zum Spielplatz, zum Picknick oder zum Grillen in den Park, Bücherei- und Museumsbesuche, Besuche im Zoo oder einer Pferdekoppel. Nurcans Tochter war während des anderthalb stündigen Interviews im selben Zimmer anwesend und beschäftigte sich selbständig nacheinander mit Puzzle, Memory und Bilderbüchern.

„Was ich mache? Ich lese viel. Ich gehe mit den Kindern in die Bücherei, montags, alle zwei Wochen. Wir lesen. Was machen wir? Mein, meine Jungs gehen zum Sport, zum Fußball. Am Samstag, Sonntag haben wir Turnier öfters Mal im Sommer. Ja, Picknick, grillen, im Park." (Nurcan)

Die gemeinsamen Mahlzeiten zu Hause, gemeinsame Teeabende, Familientreffen, und Treffen mit Freunden wurden öfter, ein wöchentliches Frauentreffen mit (deutschen) Kindern wurde dagegen nur einmal von Ipek erwähnt. Die Tages- und Wochenabläufe ähneln sehr denen einer jeden anderen Familie mit mehreren Kindern: Die Kinder besuchen in der Woche Schwimm- oder Gitarrenkurse und am Wochenende begleiten ihre Eltern sie zum Fußballspiel oder anderen Veranstaltungen. Dabei wird der Familienrhythmus ebenso wie die familiäre Arbeitsteilung oft vom Rhythmus der Schichtarbeit bestimmt, wie die nachfolgende Darstellung von Merve zeigt.

I: *„Und wie ist der konkrete Wochenablauf jetzt? Auch mit Ihrem Ehemann einbezogen? Und wie ist er so beteiligt im Familiengeschehen und im Haushalt?"*

Merve: *„Im Haushalt ist es auch schwer, weil er arbeitet ja nur nachts. Fünf Tage in der Woche. Nur nachts. Das heißt er muss Sonntag spätestens 17 Uhr, 18 Uhr ins Bett, weil in der Nacht geht er ja arbeiten und kommt nach Hause morgens um zehn Uhr vielleicht. Zehn Stunden schon auf dem Rücken, dann kann er nicht mehr viel also. Dann gibt's Frühstück, ich bin ja dann zu Hause. Tun wir zusammen frühstücken und dann geht er ins Bett bis Nachmittags. Abends, mit den Kindern tun wir zusammen Abendessen. Wenn die dann von der Schule, weil die sind ja alle in Ganztagsschulen, tun wir zusammen Abendessen. Ist halt wichtig, dass wir zusammen mal, mindestens eine Mahlzeit zusammen nehmen unter der Woche. Und das ist meistens abends. Und dann tun wir zusammen sitzen, Teetrinken, unterhalten. Was wir nicht machen, wir gucken fast kein Fernsehen. Ganz ganz selten. Ich persönlich guck überhaupt kein Fernsehen. Bei mir läuft nicht und –. Und die Kinder stehen morgens auf, ich steh auf jeden Fall für die Kinder morgens auf, wenn ich zu Hause bin. Tu ich leicht Frühstück vorbereiten, ihr Frühstücksbrot vorbereiten, dass die mindestens ein Glas, was Warmes trinken, aus dem Haus – bevor die aus dem Haus gehen. Ich nehm die, umarm, ich küss die, ich drück die und dann wünsch ich guten, schönen Tag. Und dann warte ich auf meinen Mann. Das ist so ein Küchenablauf mehr. Frühstück, Mittagessen, Putzen, Bügeln. Dann hab ich mir meinen Garten geschafft. Das ist mein Ruheraum. Da bin ich alleine, da bin ich für mich. Aber alle kommen dann nach und nach hierher. Ja."*

Dabei arbeiten die Paare oft gegenläufige Wechselschichten, sodass immer eine(r) von beiden am Tag zu Hause ist, wenn die Kinder zu Hause sind. Oder sie verteilen die Arbeitszeiten so über die Wochentage und -enden, dass jeweils eine(r) von beiden in der Woche und der andere am Wochenende zu Hause ist.

Die Frauen, deren Deutschkenntnisse weniger gut sind, weil sie später (durch Heirat) nach Deutschland gekommen sind, besuchen häufig Vereine, die Integrationsprojekte anbieten. Viele Mütter haben an Projekten teilgenommen, in denen es um die Vermittlung und Verbesserung der (deutschen) Sprache geht. Um Sprachvermittlung bemühen sich einige Mütter ganz besonders, wobei sie darauf achten, dass ihre Kinder bilingual und bikulturell aufwachsen. So haben zwei Mütter ihre Kinder mit zwei Jahren zu privat gegründeten Kleinkindgruppen gebracht.

„Der ist jetzt drei Jahre alt. Der ist noch mit zwei Jahren, war er noch in einem Miniclub. In so einer kleinen Kindergruppe ein Jahr lang. Aber das ist so ne Elterninitiative gewesen, wo ich ihn reingetan hab. Das war für mich halt sehr wichtig, dass er von klein auf, muss ich sagen, mit deutschen Kindern aufwächst, ja? Es waren nur zehn Kinder. Das war privat. Mit zehn Kinder. Und der [Name] war das einzige türkische Kind. Der Rest war alles nur deutsch. Aber es war halt super für den [Name]. Er hat halt – er ist halt so ins Deutsche so reingewachsen, dass er diese zwei Welten im Prinzip zusammentut, ja? Für ihn gibt es mal diese türkische Welt und auch diese deutsche Welt. Aber er lebt halt wirklich so beides in Einem. Also für ihn gibt es da gar net so. Er denkt Deutsche sind Türken und Türken sind Deutsche. Also für ihn ist es – ich sprech ja mit ihm nur Deutsch. Und mein Mann nur Türkisch. Der ist jetzt auch – der spricht sehr gut Deutsch und er kann auch sehr gut Türkisch sprechen mit drei Jahren. Also das türkische Alphabet und das deutsche Alphabet. Die deutschen Zahlen. Bis zehn zählen und dann noch die türkischen Zahlen, bis zehn zählen. Das sind halt so diese krummen Dinger." (Ebru)

Angesichts dieser Darstellung kann von einer Parallelgesellschaft keine Rede sein: Ebru geht es um eine bilinguale und bikulturelle Erziehung ihres Kindes, sodass sich beide Kulturen in einer hybriden, fluiden Identität miteinander verbinden. Das Bemühen um eine bilinguale und bikulturelle Erziehung der Kinder, damit sie sich in beiden Kulturen zu Hause fühlen, findet sich auch in anderen Interviews.

Die Kinder nehmen oft an öffentlich organisierten Hausaufgabenhilfen und anderen Integrationsprojekten teil, in der besonders viel Wert auf die Vermittlung der deutschen Sprachkompetenz gelegt wird. Diese sind wichtig, weil die meisten Eltern ihren Kindern weder selbst bei den Hausaufgaben helfen noch eine private Nachhilfe finanzieren können.[18] Die Kinder lernen und sprechen ihre türkische Muttersprache in der Familie. So sagt Nurcan: *„Ich bin stolz auf die türkische Sprache und meinen Kinder bringe ich das auch bei."* Die deutsche

18 So sucht Sultan, deren Sohn droht, sitzen zu bleiben, nach einer externen Unterstützung und meldet ihn in einer Initiative an: *„Ich hab mit meiner Tochter kein Problem gehabt. Aber mit meinem Sohn hab ich Problem gehabt. Ich hab gedacht er wird auch wie meine Tochter. Fleißig. Lernt alleine. Aber das hat nicht geklappt. Mein Sohn hat nicht gelernt. Er hat immer noch Probleme. Jetzt hat er – vorhin hat er geweint. Wenn er so weiter macht, bleibt er sitzen. Dann hab ich gesagt, das kommt. Er schreibt auch nicht so gern, ich weiß nicht warum. Sagt er, das geht sowieso in den Mülleimer, wenn ich schreibe. Was in seinem Kopf [vor sich] geht, weiß ich nicht. Er sagt, wird sowieso ein Jahr später in den Mülleimer gehen. Deshalb braucht er nicht so schön schreiben."*

Sprache müssen sie daher durch den Kontakt zu deutschen Kindern, in der Krabbelgruppe, im Kindergarten und in der Schule lernen.[19] Insgesamt zeichnet sich die befragte Frauengruppe durch ihre eigenen Bildungsaspirationen, noch mehr jedoch durch die starken Bildungsaspirationen hinsichtlich ihrer eigenen Kinder aus: Das schulische Weiterkommen und die Integration durch erfolgreiche Bildungsabschlüsse kommt in allen Interviews als ein zentrales Anliegen zum Ausdruck. Den Kindern soll es besser gehen als den Eltern. Sie sollen sich jedoch nicht durch einseitige Assimilation, d.h. durch den Verlust ihrer eigenen Kultur und Sprache, sondern durch Bildungserfolge in die deutsche Gesellschaft integrierten.

„Im Allgemeinen, wir wollen halt, dass es unserem Kind sehr gut geht. Also besser geht als uns. Also mein Mann, er kam mit zehn Jahren nach Deutschland. Kam direkt in die Grundschule. Und hat zum Glück Abschluss gemacht. Ausbildung gemacht. Und hat alles. Aber er hat auch mit sehr vielen Problemen das alles rumgekriegt, sag ich mal. Und mein Wunsch ist es einfach, ein Kind groß zu ziehen, ohne Migrationsproblem. Also wir wollen sehr, dass er studiert. Also das steht schon mal fest. Aber was genau, kann er halt entscheiden, aber das wollen wir ihm halt weitergeben." (Büsra)

Für Hülya war die schlechte Qualität der türkischen Schule der entscheidende Punkt für den Entschluss, aus der Türkei nach Deutschland zurückzukehren: *„Auch die Schulen halt. Das war GANZ anders. Da waren 70 Kinder in einer Klasse oder 40 - 50 Kinder in einer Klasse. Da hab ich – ja, das war – das war dann für mich noktayı koydum yani o zaman [den Punkt hab ich da gesetzt – Lachen]."* Merves Kinder gehen auf eine muslimische Privatschule: Sie beschreibt dies als eine Investition, bei der es ihr um die Vermittlung sozialer Werte und um den Bildungserfolg geht.

Merve: *„Kindererziehung ist eines der wichtigsten Themen, deswegen hab ich auch im Leben viel von mir in der Familie auch für die Familie investiert, sag ich mal. Weil das braucht ja auch finanzielle Unterstützung […], was wir bis jetzt geschafft haben, unterstützt auch unser jetziges Können, dass ich jetzt weniger arbeiten kann und mein Sohn – ; die älteste Tochter wollten wir auch in die Privatschule, aber damals ist sie nicht übernommen worden, weil ihre Noten waren*

19 Esra vermittelt ihrem Sohn zuerst die türkische Sprache und danach die deutsche: *„JA und das kommt halt dadurch, dass wir strikt danach, dass wir auch LESEN oder ihm viel vorgelesen haben, weil wir haben ihm am Anfang nur die türkische Sprache beigebracht und DANN angefangen die deutsche Sprache beizubringen, indem wir halt deutsche Bücher gelesen haben."*

nicht ausreichend. Aber die hat sich sehr gut gemacht. Sie hat ihre mittlere Reife mit 1,7 oder so geschafft. Hat sie ihre Ausbildung. Sie ist glücklich mit ihrer Situation. Und mit meinem Sohn, er ist in einer Privatschule in X-Stadt und es ist eine sehr gute Schule. Nicht nur Schule, sondern auch Erziehung und Soziales, vieles mit dabei. […] Dort ist er ganztags. Die fangen um acht Uhr bis 16.30 Uhr, 17 Uhr, je nachdem. Die kriegen ein sehr gutes Mittagsessen und die haben sehr schöne AGs und die haben sehr gute Lehrer. Und die kriegen wirklich sehr gute Bildung. Von aller Art und Weisen. Und meine Tochter, die jüngste, die wollte ich auch dort anmelden, aber mit den Noten hat es nicht hingehauen. Aber dieses Jahr darf sie dort anfangen, dafür hab ich sie in einer anderen Privatschule angemeldet. Und darf sie dieses Jahr auch dahin. Ich glaub, man sollte in die Kinder investieren, dass die dann auch ihren Weg als gebildete Menschen von sich was machen können. Und, weil ich weiß, in einer normalen staatlichen Schulen, dass es, ähm, Bildungsniveau nicht ausreichend ist und dass sie die Kinder nicht genug unterstützen. In einer Klasse 33 Kinder, wie soll dann der Lehrer oder Schüler damit zurechtkommen können? Und mein größter Wunsch ist, dass die Kinder halt eine gute Schulabschluss haben, dass sie mit ihrem Leben was machen. Dass sie gebildete Kinder sind. Ja."

I: *„Ist es Ihnen dabei wichtig, dass es eine muslimische oder eine türkische Schule ist oder sind es Hauptsache die Standards?"*

Merve: *„Also es geht mir darum, dass die Kinder auch in ihrem sozialen Wesen gut in ihren Lebenskriterien halt Niveau hat. Mir geht es nicht nur um Deutsch, Mathe, Englisch, sondern, dass sie auch gut erzogen werden. In dem Sinne, dass sie dann diese Kriterien haben, dass sie dann auch Vorbilder haben und so weiter."*

Esra stellt eine unmittelbare Verbindung zwischen ihrer eigenen ethnischen Stigmatisierung und Diskriminierung in der Schule und der ihres Sohnes her: So wie sie als Türkin angesehen wurde, so wird auch ihr Sohn als Türke wahrgenommen, obwohl er wie sie die deutsche Staatsbürgerschaft hat und mütterlicherseits deutscher Abstammung ist. Die Stigmatisierung als Türke – so befürchtet Esra – wird bei ihm in der Schule zu Diskriminierungen führen, wie früher bei ihr.; Dieses Risiko ist umso größer, je geringer der berufliche und qualifikatorische Status der Eltern ist. Der soziale Status der Eltern wird laut Esra quasi vererbt, wenn der Sohn als türkisches Kind ungebildeter Eltern be- und entwertet wird. Dieser Vererbung möchte sie entgegenwirken, indem sie sowohl gegenüber den Lehrern als auch in den Augen ihres Sohnes durch ihre eigene Ausbildung zum Vorbild und Gegenbild wird. Aus diesem Grund vermitteln sie und ihr Ehemann durch die eigene Lektüre von Büchern eine Kultur des Lesens, die sich in seiner eigenen Büchersammlung objektiviert.

„Aber das war auch nicht ausreichend für mich, weil ich dachte, was willst du deinem Kind später geben? Er ist auch TÜRKE, ich mein er wird als Türke angesehen, egal ob er ne deutsche Staatsbürgerschaft hat und wir leben nun mal hier und das kann eigentlich jeder, der bisschen Gewissen hat, sag ich mal, kann eigentlich da mitreden und sagen: Okay – in der Schule gucken die Lehrer auch wirklich drauf – was für ne Ausbildung hat die Mama, was hat der Papa gemacht? Und dementsprechend sagt er: ‚Ja das sind die gleichen GENE, ne Ähnlichkeit wird es ja wohl geben' Und ich dachte: ‚Okay, was machst du? Du studierst erstens für dich und an zweiter Stelle studierst du auch für dein KIND'. Auch wenn ich zu Hause lerne, wenn ich zum Lernen KOMME – also wir versuchen mit meinem Mann wirklich zu lesen, damit mein Kind sieht: „Okay, meine Eltern, die machen was." Und er liebt zum Beispiel Bücher. Mein Sohn. Er hat ne Büchersammlung." (Esra)

Was der genetischen Vererbung zugerechnet wurde, stellt sich dann als ein kulturelles Vorurteil heraus. Oder: So wie die Calvinisten durch ihre Lebensführung bewiesen, zu was sie in dieser und in der jenseitigen Welt prädestiniert waren, so zeigt Esra durch ihr Bildungsstreben sich, den Lehrern und der Welt, wie viel ihre Gene wert sind und wozu ihr Sohn in der Lage ist.

Die Aussagen der Frauen zur Erziehung und Ausbildung ihrer Kinder zeigen sehr deutlich, dass das Kopftuch nicht als ein Symbol irgendeiner Parallelgesellschaft taugt. Denn den Frauen geht es um die Integration in die Gesellschaft, nicht um Segregation, Separierung und Ausschluss: Es geht ihnen um ihre eigene Integration. Daher möchten sie berufstätig sein. Und es geht ihnen um die Integration ihrer Kinder, um deren Bildung und Ausbildung sie sich kümmern. Die Integration soll nicht durch einseitige Assimilation, durch die Aufgabe der eigenen Sprache und Kultur erfolgen; sie soll bilingual und bikulturell sein: Die Kinder sollen sowohl die türkische Sprache und Kultur als auch die deutsche kennen. Sie sollen sich in beiden Sprachen und Kulturen zu Hause fühlen: Sie sollen *„wirklich so beides in Einem"* leben und denken *„Deutsche sind Türken und Türken sind Deutsche."* Dies ist bekanntlich der sehr viel schwerere als eine nur einseitige Assimilation an die Sprache und Kultur der Mehrheitsgesellschaft (Esser 2006). Ihre Kinder, das ist den Frauen durchaus bewusst, werden es immer schwerer haben als deutsche Kinder, die nur eine Sprache erlernen und nur mit einer Kultur zurechtkommen müssen. Die eigene Sprache und Kultur ist jedoch für sie ebenso wenig etwas, das zur Disposition steht, wie der Schleier, den sie tragen. Umso größer müssen ihre Anstrengungen sein, den Kindern die Integration in die deutsche Gesellschaft dennoch zu ermöglichen.

3.3 Erfahrungen der Diskriminierung

Die Frauen berichten in den Interviews von diskriminierenden Erfahrungen, die sie bei der Suche einer Ausbildungsstelle oder Arbeit sowie im Berufsleben aufgrund des Kopftuchs gemacht haben. Für diese Frauen sind nicht die Ungleichheit der Geschlechter bzw. die mangelnde Unterstützung ihrer Partner, das zentrale Thema der Un-Vereinbarkeit von Familie und Beruf, sondern die Diskriminierungen, die ihnen als verschleierte Muslima eine Integration in die Berufs- und Arbeitswelt erschweren oder gar ganz unmöglich machen. Die zentrale Erfahrung dieser Diskriminierungen besteht darin, dass sie von ihren (potentiellen) Ausbilderinnen, Arbeitgebern, Kolleginnen, Kunden, Patientinnen und Klienten nicht als eigenständige Persönlichkeiten und kompetente Berufstätige, sondern stereotyp aufgrund des Kopftuchs wahrgenommen, entwertet und abgelehnt werden. Ihre beruflichen Kompetenzen und ihr persönlicher Charakter treten hinter der stereotyp abwertenden und stigmatisierenden Wahrnehmung des Schleiers als ein Symbol einer fremden, abzulehnenden Fremd- und Andersheit zurück. In diesem Abschnitt werden die Erfahrungen diskriminierender Wahrnehmungen und Praktiken dargestellt, denen die interviewten Frauen in der Berufs- und Arbeitswelt begegnet sind.

Das Tragen des Schleiers

Aysenur: *„Das Leben besteht nicht nur aus, was weiß ich, Fortgehen, Halli Galli machen."*

Einige der Frauen tragen das Kopftuch seit der Schulzeit (Derya, Emine, Esra, Sultan, Büsra, Merve, Nurcan Meltem), andere seit der Heirat, seit der Geburt ihrer Kinder oder einem tragischen Ereignis (Hülya, Aysenur). Bei jenen Frauen, die das Kopftuch seit der Schulzeit tragen, ist dies sehr stark durch die Erziehung der Eltern bedingt: So *„sollte"* Büsra es schon sehr früh tragen. Dies war ein verbindlicher Wunsch der Eltern, jedoch kein Muss, kein Zwang. Insofern durfte Büsra selbst entscheiden, ob sie ein Kopftuch trägt oder nicht.

„Meine Eltern die sind sehr streng gläubig. Was halt auch – ich durfte halt entscheiden, entweder Kopftuch oder nicht. Die haben gesagt, ab einem gewissen Alter, wenn ich ein gewisses Alter erreich, dass ich Kopftuch tragen sollte und die haben mir das auch so beigebracht. Und ich kenne es auch nicht anders da. Und ab der fünften oder sechsten Klasse, hab ich dann angefangen ein Kopftuch zu tragen. Also während der Grundschule – ja. Ab und zu mal Kopftuch getragen. Ein Tag ja, zwei Tage nicht und – das war halt so

ein Ablauf. Aber das war jetzt auch nicht so von meinen Eltern, dass sie mich gezwungen haben oder so. Was halt auch viele nicht verstehen. Also wenn ich gefragt werde, ob ich, ab wann ich Kopftuch getragen hab oder wenn ich das denen erkläre, dann sagen sie, ah ja deine Eltern haben dich gezwungen oder so. Oder viele Mädchen jetzt in der Zeit werden gezwungen, denken die immer noch. Aber so war es eigentlich nicht." (Büsra)

Was von außen als ein Zwang wahrgenommen wird, ist für Büsra kein solcher: Sie wird zum Tragen des Kopftuchs erzogen, nicht gezwungen. Andere Frauen trugen das Kopftuch erst nach der Heirat und der Geburt ihrer Kinder (z.B. Hülya, Aysenur). So trug Aysenur es „*erst spät*", nachdem ihre Tochter auf die Welt gekommen war. Sie bezeichnet „*dieses große Erdbeben in der Türkei*", bei dem viele Leute starben, als die entscheidende Erschütterung, durch die sie über ihr Leben nachgedacht, sich der Religion zugewandt und in der Konsequenz das Kopftuch getragen habe. Aysenurs Erzählung enthält damit die üblichen Elemente einer Konversionserzählung.

Aysenur: „*Erst später. Wo mein, meine Tochter dann auf die Welt kam und so. Da war dieses große Erdbeben in der Türkei. Und da hab – da hab ich mir halt Gedanken über den Tod, über das Leben und so gemacht. Und hab gesehen es sterben so viele Leute, sind gestorben. Es muss auch was dahinter sein. Das Leben besteht nicht nur aus, was weiß ich, fortgehen, Halli Galli machen –*"

I: *[Lachen]*

Aysenur: „*Und highlife machen. Sondern es muss auch was Anderes da sein.*"

I: *[Zustimmung]*

Aysenur: „*Hab ich dann angefangen, natürlich in meiner Religion erst Mal, nachzuforschen. Wie ist das? Was muss ich da können, also Muslima? Und – was gibt es da für Sachen? Ich hab immer von der logischen Seite her, bisschen, so, bin ich herangetreten. Ja. Weil ich ja n sehr logisch denkender Mensch bin. Und allein der Glaube hat mich einfach nicht befriedigt. Ich hab immer – hinterfragt. Fragen gestellt und ich hab für JEDE meiner Fragen, hab ich halt Antworten bekommen. Und das war für mich halt ausschlaggebend, dass ich das auch praktizieren wollte. Und dazu hat halt Kopftuch auch dazugehört. UND – ja. Danach war´s dann halt schwierig, mit dem Kopftuch. Äh. Dort wo ich gewohnt hab, früher. Also hier in [Name der Großstadt] ist es ja, glaub ich, weniger ein Problem. Ich weiß es net. Hat mich dann danach nicht mehr interessiert. Ähm, aber in der Zeit, dort wo ich herkomme, war es schwierig.*"

I: „*Ähm. Was ist da als – ähm – was für Ereignisse waren das zum Beispiel?*"

Aysenur: „*Ja. [Überlegen]. Die Leute haben es nie direkt gesagt. Also die haben gesagt. JA, ähm – äh-, ich hab dann meine Erfahrungen denen mitgeteilt, dass ich Reisebüro geleitet hab, dass ich gut bin in dem Job und so weiter. Die haben dann*

– äh, meine Bewerbung verlangt. Und ich hab gesagt, ich schick Ihnen gerne die Bewerbung, aber ist es ein Hindernis für Sie – hab dann direkt von Vornerein gesagt ,– ich bin – PRAKTIZIERENDE Muslima. Und hab'n Kopftuch. Also [Zögern] ist mein Äußeres für Sie ein Hindernis oder nicht?' AU, dann war's dann auf einmal-, hat man dann bemerkt: ,Ja – hm, ähm, schicken Sie mal Ihre Bewerbung. Wir werden sehen.' Und so. Also – dann. Dann war da halt, natürlich Absage."

Das Kopftuch steht bei den Frauen, die es erst in einer späteren Lebensphase tragen, als Symbol für eine veränderte Lebensführung: Während Aysenur die Lebensphase vorher als *„Halli Galli machen"* bzw. *„highlife machen"* bezeichnet, stehen nun die Familie und Religion im Vordergrund. An die Stelle der erfolgreichen Reiseverkehrskauffrau, die *„sechs, sieben Mal"* im Jahr auf Inforeisen durch die Welt reist, tritt die dreifach erfolgreiche Frau: *„erfolgreiche Mutter, erfolgreiche Ehefrau, erfolgreiche Geschäftsfrau."* Auch die ehemalige Leistungssportlerin Ebru charakterisiert das Leben vor dem Tragen des Kopftuchs mit *„viel auf Partys und viel weggehen und feiern und das ganze Pipapo"*; im Gegensatz dazu lebt sie danach *„dementsprechend jetzt mein Berufsleben mit meiner Religion und meiner Familie aus."*

Die meisten Frauen tragen das Kopftuch auch während der Arbeit, aber nicht alle: So hatten wir in Abschnitt 2.2 gezeigt, dass einige der Frauen das Kopftuch während der Arbeit nicht tragen, da sie fürchten aufgrund der dadurch entstehenden Konflikte ihre Arbeit zu verlieren. Einige Eltern sagten ihren Töchtern auch, dass ein guter Schulabschluss und das Erlangen einer Ausbildung wichtiger seien als das Tragen des Kopftuchs. Der Abschluss der Ausbildung sollte nicht nur vor der Heirat erfolgen; er wird auch oft als so wichtig angesehen, dass das Kopftuch die Aufnahme und Beendigung einer Ausbildung nicht verhindern sollte. Die meisten der interviewten Frauen haben jedoch (oft vergeblich) mit dem Kopftuch nach einer Ausbildungsstelle oder Arbeit gesucht und dabei – wie auch im Berufsleben selbst – die im Folgenden geschilderten Diskriminierungen erlebt. Mehrere Frauen, die das Kopftuch früher während der Arbeit abgenommen hatten, wollen dies angesichts ihrer Berufsrückkehr nach einer Familienphase nicht mehr tun (Hülya, Rabia, Sultan, Nurcan). Nicht nur das Tragen des Kopftuchs, sondern auch das Praktizieren des Islam ist während der Arbeit oft nicht oder nur eingeschränkt möglich: So sagt Seher dass sie nach einer Pilgerfahrt nicht mehr arbeiten möchte, da sie auf der Arbeit ihre religiösen Praktiken *„nicht zur richtigen Zeit ausüben"* kann. Im Unterschied dazu findet Ipek in der Regel Gelegenheiten, sich am Arbeitsplatz zu Gebeten zurückzuziehen. Sie trägt das Kopftuch erst seit Kurzem während der Arbeit, nachdem sie mit ihrem

Arbeitgeber darüber gesprochen hat und dieser dazu meinte: *„Der Mensch ist wichtig, nicht die Kleidung."*

Stigmatisierende Entwertungen

Esra: *„Charakter zählt – Intelligenz zählt und nicht mein Äußeres."*

Die interviewten Frauen erwarten, dass sie im Beruf aufgrund ihrer beruflichen Aufgaben, Kompetenzen und Leistungen, nicht jedoch aufgrund des Kopftuchs beurteilt werden. Stattdessen erfahren sie oft eine diskriminierende Entwertung ihrer Persönlichkeit und beruflichen Kompetenzen aufgrund der stigmatisierenden Wahrnehmung des Kopftuchs durch Arbeitgeberinnen, Kollegen, Kundinnen und Patienten.

Als die Leiterin der Kinderkrippe mit Emine sprechen möchte, um zu erfahren *„wie´s so läuft"*, dachte jene, es ginge *„wirklich nur um meine Arbeit, wie ich mich fühle"*. Tatsächlich ging es der Leiterin jedoch darum, dass Eltern ihr mitgeteilt hatten, dass sie ihre *„Kinder nicht mehr gerne her bringen, weil ich mit dem Kopftuch arbeite"*. Es ging nicht um ihre Arbeit, für die sie von der Leiterin sehr gelobt wurde, sondern um das Kopftuch, das die Eltern störte. Emine empfand dies als *„irgendwie komisch"*, da es sich um eine Verkehrung der Werte handelte: Nicht ihre gute Arbeit zählte, sondern nur ihr Kopftuch, ohne dass die Eltern sie selbst darauf angesprochen hätten. Die Leiterin bat Emine das Kopftuch abzunehmen, was sie jedoch nicht wollte, da sie das Vorpraktikum mit Kopftuch begonnen hatte und auch so beenden wollte. Die Krippenleiterin schloss für sich daraus, dass sie *„nie wieder eine mit Kopftuch einstellen"* würde – obwohl Emine gute Arbeit leistete. Die Diskriminierungen gegenüber den kopftuchtragenden Frauen werden nicht durch deren unzureichenden persönlichen, schulischen und beruflichen Leistungen begründet. Sie werden aufgrund des Schleiers, den sie als Muslima tragen, als Personen abgelehnt und ungeachtet ihrer Kompetenzen diskriminiert.

Esra formuliert die Anerkennung der persönlichen und beruflichen Kompetenz und Leistung als einen normativen Wert: *„Charakter zählt – Intelligenz zählt und nicht mein Äußeres"*, der jedoch regelmäßig aufgrund des Schleiers verletzt wird. Dabei geht die Verkehrung des normativen Wertes, dass der Charakter und die Intelligenz zählen sollte und nicht das Äußere, in ihren Erfahrungen so weit, dass die Funktionalität des Kopftuches selbst dort bezweifelt wird, wo sie seitens der beruflichen Kleiderordnung und Praxis durchaus gegeben ist. So wird ihr in einem Vorstellungsgespräch von der Frau eines Zahnarztes erklärt, dass das Tragen eines Kopftuchs in einer Zahnarztpraxis *„unhygienisch"* sei, obwohl es sich gerade umgekehrt verhält: Eine Kopfbedeckung wird im medizinischen Bereich aus hygienischen Gründen sogar oft explizit gefordert.[20] Das Vorurteil gegen den Schleier als ein Zeichen des Islam verkehrt hier nicht nur das Verhältnis von beruflicher Kompetenz und äußerlicher Erscheinung, es kehrt auch die Funktionalität (d.h. Hygiene) der Kopfbedeckung im medizinischen Berufsfeld in ihr Gegenteil um (denn es wurde nicht darüber gesprochen wie sie das Kopftuch trägt und dass es regelmäßig gewechselt werden müsse, sondern dies *„mal gar nicht“* gehe). Es geht nicht um das Kopftuch als Kleidungsstück, sondern um den Schleier als Symbol des islamischen Glaubens und einer anderen Kultur.

Esra beschreibt den Widerspruch zwischen ihren guten Schulnoten und der Ablehnung ihrer Person aufgrund des Kopftuchs als einen Widerspruch zwischen Innerem und Äußerlichem, zwischen Qualität und Quantität, zwischen Charakter und Verpackung. Geurteilt wird nach dem *„Drum-rum“*, nach dem Äußeren, nach der Verpackung, nach dem Kopftuch also – nicht nach ihren Qualitäten, ihren guten Noten und ihrem Charakter. Der Arzt, der sie dennoch einstellt, weil auch er findet, dass *„die Qualität zählt und nicht die Quantität“*, verliert in der Zeit, in der sie die Ausbildung macht, *„natürlich viele Patienten“* – und zwar nicht irgendwelche: Insbesondere zahlungskräftige Privatpatienten kehren aufgrund der verschleierten Arzthelferin der Praxis den Rücken zu.

„Genau es hat solche Schwierigkeiten gegeben. Das war halt damals so als ich die Ausbildung schon habe, war es echt traurig zu sehen, dass ich durch meine Noten erst Mal ́ne Zusage bekommen habe für ein Vorstellungsgespräch oder Einstellungstest – und dann hat man mir aber immer wieder gesagt, ich müsste mein Kopftuch absetzen – und ich musste es auch noch UNTERSCHREIBEN, dass ich es absetze während der Arbeitszeit. Ehm. Ja, das hab ich natürlich nicht gemacht, weil ich wollte, dass man mich so akzeptiert wie ich bin, also ich hab gemeint die Qualität zählt und nicht die Quantität, egal ob ich was auf dem Kopf trage oder nicht, mein Gehirn funktioniert auch so [lacht]. Ehm, ja und dann hab ich zum Glück halt meinen damaligen Chef getroffen und – der war eigentlich auch dafür, dass die Qualität zählt und nicht das, was drumrum ist, nicht die Verpackung, ehm, ja und während der Arbeitszeit hat er natürlich viele Patienten durch mich verloren.“ (Esra)

20 Esra: *„Okay, Sie haben sich jetzt bei mir beworben, aber das mit dem Kopftuch, das geht mal gar nicht.' Da saß ich erst Mal da. Ich so: ‚Warum nicht?', weil Zahnarzthelferinnen müssen ja auch Kopf bedecken bei OPs und so – und dann meinte die, das wär unhygienisch. Und dann hat sie halt angefangen über den Islam zu diskutieren und so.“*

Ebru macht nach ihrer Ausbildung eine ähnliche Erfahrung wie Esra: Ihr Wunsch als Operations-Schwester zu arbeiten wird mit offenen Vorurteilen gegen das Kopftuch abgelehnt: Sie wird gefragt, warum sie ein Kopftuch trage und ob das sein müsse; und ihr wird gesagt, sie solle sich in Deutschland anpassen. Auch Ebru betont, dass dies *„nichts mit der Klinik zu tun"*, d.h. mit ihren beruflichen Leistungen zu tun habe und zudem eine Kopfbedeckung im Operationssaal funktional ist und regelrecht gefordert wird. Anstatt in den gewünschten Bereich wird sie in eine andere Abteilung versetzt, in die sie nicht wollte. Einen unbefristeten Vertrag erhält sie dann erst nach drei schweren Jahren aufgrund der guten Beurteilungen der Stationsleitung, die sich gegen den Widerstand der Personalabteilung durchsetzt. Ihre Aussage: *„Ich hätte auch Toiletten geputzt"*, zeigt zum einen, dass das Abnehmen des Schleiers für sie nicht verhandelbar ist, zum anderen aber auch, dass es sich bei den Vorurteilen gegen das Kopftuch in der Arbeitswelt immer auch um rassistische Diskriminierungen handelt. Die rassistische Dimension dieser Diskriminierung bringt Ebru mit ihrer Aussage zum Ausdruck, dass es niemanden in Deutschland störe, dass Frauen, die unsere Toiletten putzen, Kopftücher tragen. Andererseits können wir es nur schwer ertragen, dass eine OP-Schwester auch während der Arbeit eine Kopfbedeckung trägt. In der rassistischen Diskriminierung vereint sich die Ablehnung der Andersartigkeit mit der sozialen Benachteiligung der Andersartigen – was bis hin zu ihrem Ausschluss aus der (Erwerbs-)Gesellschaft führen kann.

„Nach der Ausbildung hab ich 'n Vorstellungsgespräch gehabt. Ich wollte OP-Schwester-, Also ich wollte dann in den OP, weil ich wollte mehr sehen. Und-, aber mein Vorstellungsgespräch lief genauso wie mein Gespräch in [Y-Stadt] ab. Da hieß es auch, warum ich ein Kopftuch trage? Und ob das sein muss. Und dass ich mich anpassen soll in Deutschland. Also hatte auch nichts mit der Klinik zu tun, aber das war mir dann auch Wurst und hab dann gesagt, die sollen meine Bewerbung einfach weiterschicken. Ich muss nicht im OP arbeiten. Ich hätte sogar Toiletten geputzt. Wär mir egal gewesen. Na ja. Auf jeden Fall haben sie dann meine Bewerbung weitergeschickt und dann hab ich ne-, ja ne Stelle auf der HNO bekommen, wo ich nie hin wollte. Also da hab ich noch nie Interesse gehabt, Hals-, Nasen-, Ohrenklinik zu arbeiten. Und dann, ähm... ja dann hab ich nach drei Jahren, nach schweren drei Jahren arbeiten, hab ich dann erst meinen Festvertrag bekommen. Das war schwierig meinen Vertrag zu bekommen, aber ich hab's gekriegt." (Ebru)

Während das Tragen einer Kopfbedeckung im medizinischen Bereich durchaus funktional ist, verhält sich dies bei der Friseurin Hülya anders: Bei ihr steht der Schleier im Widerspruch zu ihrem Berufsbild. Hülya kann als Friseurin mit Kopftuch weder bei deutschen noch türkischen Friseuren arbeiten, da die Kundinnen erwarten, dass eine Friseurin als Vorbild ihre Haare offen trägt. Sie muss daher auf die Klientel der bedeckten Frauen ausweichen und kann nur für *„geschlossene Friseure“* arbeiten, *„wo die Frauen von außen nicht gesehen werden von Männern“* und wo die Haare *„in einem geschlossen Raum gemacht werden können“*. Sie verbleibt damit nicht nur in ihrer ethnischen Gruppe und der *Ethnic Economy*, sondern wird innerhalb derselben wiederum auf die kopftuchtragenden Frauen als Kundinnen verwiesen. Die Ausgrenzung aus der allgemeinen Ökonomie wiederholt sich damit innerhalb der *Ethnic Economy*, in der sie nur in einer Nische Beschäftigung finden kann.

Illegitime Legalität

Derya: *„Ja, wie bedenken sie zu arbeiten?“*

Viele der interviewten Frauen haben erlebt, dass sie aufgrund des Schleiers zumindest von Teilen des Ausbildungs- und Arbeitsmarkt ausgeschlossen wurden. Dies zeigt sich besonders deutlich in der Darstellung von Vorstellungsgesprächen, in denen das Ablegen des Kopftuches mehr oder weniger explizit zur Voraussetzung für die Übernahme in ein Ausbildungs- bzw. Arbeitsverhältnis gemacht wurde. So wurde Derya zu Vorstellungsgesprächen eingeladen und die Einladenden hätte sie auch gerne als Erzieherin für die städtischen Kindergärten eingestellt. Dies war jedoch aufgrund der baden-württembergischen Schulgesetzgebung gegen ostentative religiöse Symbole nicht möglich. Das Gesetz, das sich im Wesentlichen gegen das Kopftuch im öffentlichen Bildungs- und Erziehungswesen richtet, bezieht sich auch auf öffentliche Kindergärten (Henkes/Kneip 2009). Die baden-württembergische Gesetzgebung erzeugt eine illegitime Legalität, indem sie in Baden-Württemberg eine offensichtliche Diskriminierung zwischen christlichen und islamischen Symbolen legalisiert: Während Nonnen im Schuldienst ihr Habit weiterhin tragen dürfen, werden Muslima gezwungen, ihr Kopftuch abzulegen. Aufgrund der Vorbildfunktion des öffentlichen Arbeitgebers sowie dessen Erziehungs- und Bildungswesens hat eine derart institutionalisierte Diskriminierung auch negative Auswirkungen auf den nicht-öffentlichen und nicht-schulischen Bereich: Denn was in einem Bereich, der beansprucht in jeder Hinsicht vorbildlich zu handeln, als legitim gilt, kann in anderen Bereichen nicht falsch sein.

Derya erlebt ihre Vorstellungsgespräche als entwürdigend, da sie nicht aufgrund ihrer Eignung und Kompetenzen, sondern aufgrund des Schleiers abgelehnt wird. Und dies, obwohl sie ihrerseits von Anfang an keinen Zweifel daran ließ, dass sie so arbeiten möchte, wie sie sich auf ihrem Passbild vorgestellt hatte: ein Kopftuch tragend. Aus ihrer Sicht hätte daher am Anfang der Vorstellungsgespräche geklärt werden müssen, ob sie mit Kopftuch arbeiten will/kann oder nicht – und nicht erst am Ende, nachdem geklärt wurde, dass sie eine fachlich geeignete und persönlich kompetente Bewerberin sei. Die Vertreter des öffentlichen Arbeitsgebers behandeln das Tragen des Kopftuchs als kontingent – als eine Entscheidung, die Derya auch anders treffen könnte, wenn sie nur wollte. Derya hat jedoch aus ihrer Sicht durch das Tragen des Schleiers auf dem Bewerbungsfoto und durch ihr Auftreten im Vorstellungsgespräch hinreichend deutlich gemacht, dass sie den Schleier als einen Teil ihrer persönlichen Identität nicht ablegen möchte.

Derya: *„Die Stadt [Name der Großstadt] hat sogar zu einem Vorstellungsgespräch gerufen. Und hat so geredet, als ob's eher positiv wär. War's auch, laut letztem Gespräch mit denen. Und dann haben sie mich nochmal eingeladen und haben mich gefragt, wie ich bedenke zu arbeiten. Hab ich gesagt, ‚wie denn? So wie ich mich beworben hab. Ja, mit Kopftuch?' Hab ich gesagt, ja. ‚So hab ich ihnen auch dieses Passbild mitgeschickt, das wissen sie ja. Sonst hätte ich ihnen eines ohne Kopftuch geschickt.' Und ham mir dann-, hamse dann ganz vorsichtig gesagt, dass sie ein Problem damit hätten. Und ich hab dann gesagt, ‚gut, wenn sie ein Problem damit haben. Ich hab kein Problem. Tut mir Leid [Räuspern].' Die haben versucht sacht zu sagen, dass ich mein Kopftuch absetzen soll, aber ich hab's natürlich nicht gemacht. […] Erst fragen sie das, dann fragen sie das. Und wenn's positiv ist, dann kommt diese Frage. Und dieses Gefühl hatte ich. Ich hab gedacht, ‚ah, super. Die sind zufrieden mit mir.' Darum bin ich jetzt in die dritte, vierte Phase gekommen. Und zum E-, zum Schluss denkste oh jetzt kommt ein Vorstellungsgespräch, welche Zeiten würden sie arbeiten? Dann fragt sie oder er, die waren zu dritt, oder zu viert, ich kann mich gar nicht mehr dran erinnern, ‚wie bedenken sie zu arbeiten?' Ich hab mich wirklich drauf konzentriert, dass sie jetzt die Uhrzeiten nennen, sodass ich die FRAGE erst nicht verstanden hab. Dann hab ich gesagt, ‚wie meinen sie das? Äh, welche Zeiten? Ja, ich bin ganz flexibel und so.' Und dann guckt sie mich an und denkt wahrscheinlich, ist die bescheuert oder was? [Lachen].“*

I: *[Lachen] „Oh Gott.“*

Derya: *„Das war aber so. Und dann hat sie nochmal gesagt, ‚ja wie bedenken sie zu arbeiten.' ‚Ja wie sie es gern hätten.' Und dann hat sie klipp und klar gesagt, ‚ja, wir würden gerne, dass sie-, äh, ob sie-, äh, mit der Kleidung kommen?' Dann hab ich mich erst mal so angeguckt, hab gedacht, was ist denn daran?“*

I: *[Lachen]*

Derya: *„Verstehst Du was ich meine? Ich-, wenn ich zu 'nem Vorstellungsgespräch gehen will, ich irgendwohin geh, ich vergess mein Kopftuch. Wenn ich nicht SO aufgeregt bin.“*

I: *„Das ist ja normal.“*

Derya: *„Und wenn die mir so direkt-, nicht direkt offen sagen, willst du bedeckt kommen oder nicht? Ich mein, wenn sie mich fragen, wie bedenken sie zu arbeiten? Was soll ich mich-, mir darauf denken? Muss ich gleich ans Kopftuch denken?“*

I: *„Hm.“*

Derya: *„Und dann hab ich´s wirklich-, so drauf-, und dann als ich´s gepeilt hab, hab ich´s extra provokant nicht verstanden. Also ich hab so, als ob ich´s nicht verstanden-, aber am Anfang hab ich's wirklich nicht verstanden.“*

I: *„Ja.“*

Derya: *„Und dann hat sie zum Schluss gesagt‚ ja wollen sie bedeckt kommen.‘ Dann hab ich gesagt‚ ja so hab ich mich ja BEWORBEN bei ihnen.‘, Ja, wir wollten trotzdem mal, zur Sicherheit fragen, weil das und das und das,‘ Gesetz tralalalala, Gesetzparagraph und öffentliche Arbeit und des und jenes. Und dann hab ich gesagt‚ ja dann hätten sie mich gar nicht zum Vorstellungsgespräch rufen brauchen.‘ Ja, aber es gibt ja immer wieder –; hab ich gesagt, genau wegen diesem Immer-wieder muss ich immer wieder rausgehen [Lachen]. Nein, das hab ich nicht gesagt. Das hätt ich gern gesagt. Ich war, genau, das hab ich gedacht. Und innerlich hab ich das gesagt.“*

I: *„Hm. Und wie viele Stellen waren das so?“*

Derya: *„Also ich weiß, irgendwann hab ich aufgehört zu zählen. Das waren dreißig Absagen, weil ich die Absagen ja- “*

I: *„So viele?“*

Derya: *„Ja, ja. Ich hab die Absagen-, Absagen aufheben müssen, wegen Arbeitsamt. Um den Nachweis zu zeigen, ob ich mich wirklich beworben hab. Aber nach zwanzig haben sie auch aufgehört zu zählen [Lachen].“*

Für Derya und die Interviewerin, die auch einen Schleier trägt, ist das Tragen eines Kopftuchs so selbstverständlich, dass sie voreinander nicht begründen müssen, weshalb sie sich verschleiern. Das Tragen des Kopftuchs gilt ihnen sowohl aufgrund der alltäglichen Praxis des Sich-Verschleierns als auch aufgrund ihrer normativen Identifikation mit dieser Praxis als normal. Dass das Tragen des Kopftuchs für eine Erzieherin im öffentlichen Dienst aufgrund der Gesetzeslage keineswegs selbstverständlich, normal und unproblematisch ist, wissen sie durchaus. Da Derya mehrfach zu Vorstellungsgesprächen eingeladen wird, obwohl die Einladenden wissen, dass sie ein Kopftuch trägt, geht sie normativ davon aus, dass jene akzeptieren und annehmen, dass sie auch während der Arbeit ein Kopftuch tragen wird. Deryas Erzählung des Vorstellungsgesprächs zeigt, wie diese Annahme der Anerkennung des Kopftuchs durch die Anderen zusammenbricht: Während sie die Selbstverständlichkeit des Schleiers als einen Teil ihrer persönlichen Identität begreift und inszeniert, wird von denen, die ihr im Vorstellungsgespräch in der Mehrzahl gegenüber sitzen, das Tragen des Kopftuchs als eine kontingente Entscheidung behandelt, d.h. als eine Entscheidung, die Derya (vielleicht) auch anders treffen könnte.

Deryas persönliche Eignung und Kompetenz wird im Vorstellungsgespräch zwar anerkannt, diese Anerkennung schlägt jedoch in eine Diskriminierung um, als sie es ablehnt, während der Arbeit das Kopftuch abzulegen. Derya inszeniert in ihrer Erzählung eine Situation, in der das Kopftuch von einer selbstverständlichen Normalität zu einem *No-Go*, zu einer unüberwindbaren Hürde und einem absoluten Kriterium des Ausschlusses wird. Denn der Ausschluss wird hier mit der Gesetzeslage, dem baden-württembergischen Schulgesetz begründet, das politische und religiöse Bekundungen, die mit dem Neutralitätsgebot des Staates unvereinbar sind, im öffentlichen (Schul- und Erziehungs-)Dienst untersagt. Indem Derya das Anliegen ihrer Gesprächspartner zunächst nicht versteht und sich dann weigert, darauf verständig einzugehen, provoziert sie eine Situation, in der eine verschämte soziale Diskriminierung als eine offene (il)legale Diskriminierung zutage tritt. Denn obwohl die Stadt Derya aufgrund ihrer persönlichen und beruflichen Eignung gerne als Erzieherin beschäftigen würde, wird ihr dies mit dem Verweis auf das baden-württembergische Schulgesetz verwehrt.[21] Für Derya wird das Gesetz, aufgrund dessen Lehrerinnen und Kindergärtnerinnen in Baden-Württemberg in der Praxis untersagt wird, ein Kopftuch zu tragen, zum Berufsverbot. Sie bereut daher im Nachhinein ihre Berufswahl, die sie traf, bevor dieses Gesetz in Kraft trat. Als Ausweg aus der schwierigen Arbeitssuche macht sie sich zum einen als Erzieherin mit einer eigenen Kita selbstständig und beginnt zum anderen ein Studium der Sozialpädagogik an einer Fachhochschule.

Das Kopftuch wird allerdings nicht immer so offen als Ablehnungsgrund mitgeteilt. So erlebte es auch Esra, als sie *„UNTERSCHREIBEN"* sollte, dass sie *„während der Arbeitszeit"* kein Kopftuch tragen würde. Aysenur, die sich zunächst nach einer Familienphase als erfahrene Reiseverkehrskauffrau in ihrem Beruf bewarb, stieß dagegen auf eine verschwiegene Ablehnung des Kopftuchs: *„Die Leute haben es nie direkt gesagt"*, dass sie ihre Bewerbung aufgrund des Kopftuches nicht berücksichtigen würden. Das Kopftuch wurde von den Arbeitgebern gegenüber einer berufserfahrenen Frau offensichtlich als ein nicht legitimer, nämlich diskriminierender Ablehnungsgrund empfunden – und dies zu Recht. Es wird nicht nur als illegitim empfunden, sondern ist angesichts der Zulassung des Nonnenhabits im Schul- und Erziehungswesen in Baden-

21 Die Stadt muss keineswegs zwingend so handeln, da der betreffende Paragraph des Schulgesetzes sowohl im politischen Diskurs als auch im Rechtsdiskurs und den gerichtlichen Urteilen mehr als umstritten ist (vgl. Joppke 2009: 53-80; Berghahn/Rostock 2009).

Württemberg eine illegitime Legalisierung einer offensichtlichen Diskriminierung. Diese durch den Gesetzgeber institutionalisierte Diskriminierung vermittelt die Wahrnehmung des Schleiers als eines fremden, abzulehnenden Symbols und unterstützt damit rassistische Deutungsfolien und Alltagspraktiken gegenüber Musliminnen. Denn die verschleierten Muslima werden als ein *pars pro toto* für die Muslime in Deutschland und den Islam gesehen und behandelt.

Ausgrenzende Praktiken

Derya: *„Zweite Wahl in Person"*

Die meisten Frauen hatten aufgrund des Kopftuchs große Schwierigkeiten eine Ausbildungsstelle oder Anstellung zu finden. Erfahrungen der Diskriminierung führten dazu, dass sie sich erst gar nicht bewarben bzw. einen Wunschberuf als eine berufliche Möglichkeit ausschlossen. Yildiz wurde auf der Straße wegen ihres Kopftuchs beschimpft, was sie so verletzte, dass sie dies nicht wieder erleben möchte. Sie hat daher Angst, sich bei deutschen Arbeitgebern zu bewerben. Obwohl sie über einen türkischen Hochschulabschluss verfügt, fand sie nach einem Integrationskurs lediglich ein Praktikum in einer türkischen Bäckerei. Merve wollte eigentlich Polizistin werden, gab diesen Beruf jedoch *„wegen Uniform und Kopftuch und so weiter" auf.* Sie ging davon aus, dass der Beruf der Polizistin nicht mit dem Tragen des Kopftuchs vereinbar sei. Für Derya und Emine besteht quasi ein Berufsverbot in öffentlichen Kindergärten, da diese aufgrund der Landesgesetze gegen das Tragen (nicht christlicher) religiöser Symbole im öffentlichen Erziehungs- und Bildungswesen keine kopftuchtragenden Erzieherinnen beschäftigen dürfen. Für Derya ist dies insbesondere hart, weil sie ihre Ausbildung zur Erzieherin begann, bevor dieses Gesetz erlassen wurde. Angesichts der neuen Rechtslage würde sie die selbe Ausbildung heute nicht mehr machen.

Büsra suchte trotz guter Noten zwei Jahre lang ohne Erfolg nach einer Ausbildungsstelle und hat *„in den zwei Jahren über hundert Bewerbungen umsonst abgeschickt"*. Die Erfolglosigkeit des Sich-Bewerbens erlebte Büsra wie alle anderen interviewten Frauen als *„sehr schlimm"*:

„Die Bewerbungsphase war sehr schlimm. Also ich bin jeden Morgen an den Briefkasten ran. Wir haben im fünften Stock gewohnt, ohne Aufzug. Und jeden Morgen, wenn ich den Postboten gesehen hab, aus dem Fenster, bin ich gleich runter gerannt. Oftmals waren das halt-, also es waren alles Absagen. Also ich-, also ich-, empfinde das auch so. Das halt wirklich in der Zeit das Problem war – Mädchen wie ich, halt dort, damals ne Stelle zu finden. Das war halt damals ein Problem. Mit Kopftuch. Mittlerweile hat sich das

minimiert. Muss ich sagen. Es gibt jetzt mittlerweile fast überall türkische Frauen mit Kopftuch, sag ich mal.“ (Büsra)[22]

Büsra erhielt schließlich eine einjährige Ausbildung zur Krankenpflegerin, die sie als Klassenbeste abschloss. Sie wurde in ein dreijähriges Ausbildungsverhältnis übernommen, das sie ebenfalls erfolgreich abschloss. Für den Beruf der Krankenpflegerin, in dem qualifizierte Fachkräfte fehlen, mag Büsras Aussage zutreffen, dass der Zugang für kopftuchtragende Frauen heute leichter ist als früher. Dies könnte dann sowohl an der Attraktivität dieses Berufsfeldes für kopftuchtragende Frauen als auch am hohen Bedarf an qualifizierten Fachkräften in diesem Berufsfeld liegen. Auch Merve betont, dass es *„vor 22 Jahren“* als sie ihre Ausbildung zur Krankenpflegerin im Klinikum machte, dort keine einzige muslimische Frau gab, die ein Kopftuch trug. Zum Zeitpunkt des Interviews gab es hingegen sogar Ärztinnen, die ein Kopftuch tragen: *„Vor 22 Jahren. NACH MIR, das ist gekommen wie Aprilregen. Dann hat jeder angefangen.“* Merve hat daher ihre Ausbildung zur Krankenpflegerin ohne Kopftuch gemacht. Dabei spielten für sie rückblickend mehrere Faktoren eine Rolle: Ihr schien es aussichtslos sich als eine der Ersten in ihrem Berufsfeld gegen die Erwartungen des *„Ausziehens“* durchzusetzen und sie wollte ihre Ausbildung nicht gefährden. Auch für ihre Eltern war die Ausbildung wichtiger als das Tragen des Schleiers. Merve fehlte damals jedoch auch das Bewusstsein, dass dies *„nicht so richtig“* sei – ebenso wie das Rechtsbewusstsein, dass sie auf das Tragen des Kopftuchs bestehen könnte.

„Und ehrlich gesagt, ich hab auch nicht dafür gekämpft oder so. Ich will´s und so. So bewusst war ich ja gar nicht. Diese Stärke hatte ich ja auch nicht in dem Sinne. Dann heißt es, von meiner Familie aus damals, ja, wenn es so ist, dann ziehste eben aus. Und fertig. Punkt. So war das. Genau und das war ja gar nicht so richtig, vom Kern her, wenn du das nicht weißt, welche Rechte du hast, dann lässt du das halt alles mit dir machen.

---

22 An einer anderen Stelle sagt Büsra: „Während der Zeit wo ich Ausbildungsplatz gesucht hab, hab ich sehr viel zugenommen gehabt. Also des war echt – unübertrieben um die 20 Kilo. Ja, durch Frust und so. Ja und in der Zeit hab ich selber gemerkt, wie verschlossen, wie ich mich halt in diesen zwei Jahren verschlossen hab und nichts Gutes eigentlich für mich getan hab.“ Auch Derya sagt: „Das war deprimierend hoch Eins […] Sehr deprimierend. Du hast jetzt zwar ne Ausbildung in der Hand und findest nichts mit – äh, sag ich mal, Kopftuchtragen.“ Und Esra sagt dazu: „Also, das war sehr deprimierend, sag ich mal, es war wirklich SEHR sehr deprimierend [lacht]. Ich hätte es nicht gedacht, dass es SO schwierig ist.“

Und ich war ja auch – ausziehen, ausziehen, fertig. Nicht so richtig – jetzt wär's ganz anders bestimmt." (Merve)

Dass es nach wie vor nicht einfach ist, als kopftuchtragende Muslima anerkannt zu werden, zeigen die Aussagen vieler jüngerer Frauen. Sie müssen bessere Noten haben, um das Gleiche zu erreichen, wie Frauen ohne Kopftuch. Laut Derya werden sie aufgrund des Kopftuchs als *„zweite Wahl in Person"* behandelt: *„Wenn sie eine Deutsche hätten, die meine, gleiche Noten wie ich hätte, würden sie eher sie aussuchen."*[23] Aber selbst bessere Noten, Eignung und Kompetenzen helfen nicht unbedingt. So erhielt Derya keinen dreijährigen Vertrag nach ihrem Anerkennungsjahr als Erzieherin, da viele Eltern nicht wollten, dass ihre Kinder von einer Muslima mit Kopftuch erzogen würden. Dass dem nicht so sein muss, zeigten wir im Kapitel 2.1 am Beispiel von Emine, die beide Reaktionen erlebte: Wurde sie während ihrer Ausbildung in einer Kinderkrippe von den Eltern wegen des Kopftuchs abgelehnt, so fühlt sie sich zum Zeitpunkt des Interviews in einem christlichen Kindergarten als verschleierte Muslima anerkannt und so gut integriert, dass sie in keiner anderen Einrichtung arbeiten wollte.

Viele Arbeitgeber lehnen die Ausbildung bzw. Beschäftigung von kopftuchtragenden Frauen ab, da sie befürchten, durch jene Kunden zu verlieren: Insbesondere *„ältere Leute"* würden *„sich nicht damit abfinden"*, dass sie von einer kopftuchtragenden Frau bedient werden, sei es in einer Apotheke oder einem anderen Dienstleistungsbereich (Büsra).[24] Die Arztpraxis, in der Esra ihre Ausbildung machte verlor *„natürlich viele Patienten"* durch sie, was angesichts der gutlaufenden Praxis nicht weiter schlimm gewesen wäre, wenn es sich bei den Patienten, die der Praxis wegen der kopftuchtragenden Arzthelferin fern blieben,

23 Derya: *„Bin raus. Die Kollegen haben das Gleiche gesagt, die wissen gar nicht, was sie da angestellt haben. So einen wie dich kriegen wir gar nicht. Also so arrogant wie es klingt. Aber-, ähm, ich mach's einfach so. Ich hab n Kopftuch, ich weiß. Und ich weiß, die äh sehen mich eher, wie soll ich sagen? Nicht zweite Person son-, doch, n bisschen schon, zweite Wahl in Person. Wenn sie eine Deutsche hätten, die meine, gleiche Noten wie ich hätte, würden sie eher sie aussuchen. Aber das haben sie eben nicht."*

24 Büsra: *„Genau. Ich hab ich in [Kleinstadt], bei einer Apotheke beworben. Als PKA. Er wollte mich ja auch sofort einstellen, weil wir kannten ihn sehr lange. [Kleinstadt] ist sehr klein, da kennen sich auch viele. Er hat dann halt aber gesagt, dass ich, wenn ich anfange zu arbeiten das Kopftuch abziehen muss. Weil und dann hat ich halt die Begründung gefragt und dann hat er einfach gesagt, dass in [Kleinstadt] halt sehr ältere Leute leben und die würden sich nicht damit abfinden. Und dann hab es auch abgelehnt. Also kam nicht in Frage."*

nicht häufig um gutsituierte Privatpatienten gehandelt hätte. Einige behandelten Esra herablassend, oder konnten nicht akzeptieren, *„dass eine hier mit Kopftuch arbeitet"*. Andere Patientinnen hatten sie wiederum sehr gern, weil sie ihnen *„immer zugehört"* hat und sie sich mit Esra *„über ihre Krankheit oder über ihre Sorgen unterhalten"* konnten. Auch Yüksel, die in der Nachbarschaftshilfe arbeitet, erzählt von einer schwierigen Kundin, die meinte, Yüksel wegen ihres Glaubens herablassend behandeln zu können. Dabei handelte es sich jedoch um einen Einzelfall. Ebru und Büsra betonen, dass sie als Krankenpflegerinnen gar keine Schwierigkeiten mit den Patienten und Patientinnen hätten: *„Ob ich akzeptiert werde? Ob ich etwas Negatives gehört hab? Aber ich muss sagen, bis jetzt, bis heute - toi toi toi - nichts Negatives"*, sagt Büsra. Und Ebru, die erst während der Ausbildung anfing, ein Kopftuch zu tragen, erzählt: *„Und dann hab ich mein Kopftuch angefangen zu tragen. Hatte aber GAR keine Probleme, weder mit Lehrern, noch auf Station. Also hatte da, Gott sei Dank [Türkisch], gar keine Probleme gehabt."* Bei Hülya, die eine Arbeit als Friseurin sucht, könnte die Ablehnung noch am ehesten etwas unmittelbar mit dem Kopftuch als Kleidungsstück, das die Haare bedeckt, zu tun haben.[25] Im Gegensatz zum medizinischen Bereich, in dem eine Kopfbedeckung geradezu funktional ist und mitunter sogar gefordert wird, lehnen potentielle Arbeitgeber das Kopftuch bei der Friseurin aufgrund seiner schlechten Vereinbarkeit mit deren beruflichem Erscheinungsbild ab. In der Regel sprechen jedoch nicht funktionale Gründe gegen das Kopftuch als eine für den jeweiligen Beruf aus praktischen Gründen nicht akzeptable Kleidung: Denn die Diskriminierungen richten sich nicht gegen das Kopftuch als Kleidungsstück, sondern gegen den Schleier als Symbol des muslimischen Glaubens.

Doing race* und *racial othering

Ipek: „*Der Mensch ist wichtig, nicht die Kleidung.*"

Bevor ihr Arbeitgeber Ipek einstellte und als Mensch wie als Beschäftigte kennen und schätzen lernte, hatte er Vorurteile gegenüber Fremden, Ausländern, Türken und kopftuchtragenden Muslima. Er stellte sie damals ein, da sie ihn persönlich von sich überzeugen konnte, was wohl auch nur gelang, da sie damals kein Kopftuch trug. Heute ist er laut Ipek der Meinung, dass der Mensch wichtig

25 Hülya: *„Wenn da Kundschaft kommt, da muss man auch ein bisschen Vorbild auch für die Kundschaft sein, meinte sie [die Arbeitgeberin] nur. Dass man die Haare vernünftig hat, dass die Leute das sehen, ach das ist eine schöne Haarfarbe oder eine schöne Friseur, das möcht ich auch haben."*

ist, nicht die Kleidung: *„Von ihm, hat er gemeint, das macht ihm nichts aus, wie man sich kleidet. Also Hauptsache als Mensch stimmt alles."*

Damit sind wir bei der Frage angekommen, inwiefern es sich bei den Erfahrungen der Diskriminierung, von denen die Frauen erzählen, um rassistische Diskriminierungen, um Praktiken des *doing race* und *racial othering* handelt? Unsere Antwort lautet, dass es sich um Erfahrungen rassistischer Diskriminierungen handelt, da die Frauen aufgrund des Schleiers Prozesse stereotyper Entwertung, Entfremdung und Ausgrenzung erfahren (vgl. Hund 2007: 82ff.).

Die Prozesse der Stigmatisierung, Entfremdung, Entwertung und Ausgrenzung sind die zentralen Praktiken der rassistischen Dehumanisierung. Durch die rassistische Entfremdung wird die kopftuchtragende Frau zu einer stereotypen Anderen: Sie wird auf das Kopftuch als ein distinktes Zeichen der Differenz und Fremdheit reduziert. Diese entfremdende Differenz wird einseitig durch stereotype Zuschreibung bezeichnet und festgeschrieben, indem der Schleier zum Zeichen des islamischen Fundamentalismus und der unterdrückten Frau erklärt wird. Die derart stereotypisierende Entfremdung wirkt entmenschlichend, da den Frauen ihre eigenständige Persönlichkeit abgesprochen wird: So behauptet das stereotype Vorurteil, dass die Frauen gezwungen werden, sich zu verschleiern. Sollten jene jedoch behaupten, dass das Tragen des Schleiers ihre eigene Wahl sei, so wird ihnen die Fähigkeit abgesprochen, eine eigene Entscheidung und Wahl treffen zu können. Diese Dehumanisierung geht mit einer Desozialisation einher, da sie zu einer Ausgrenzung der Frauen aus der (Erwerbs-)Gesellschaft führt. Die Frauen, die raus aus dem Haus und unter Menschen kommen, d.h. *„sozial werden"* wollen, indem sie mit anderen durch die Arbeit in Kontakt kommen, werden vom Arbeitsleben und damit dem zentralen Bereich, durch den sie sich in die deutsche Gesellschaft integrieren können, ausgeschlossen. In Anlehnung an Wirz Aussage über Sklavinnen können wir sagen, dass sie im hegemonialen Diskurs und in den rassistischen Praktiken der deutschen Mehrheitsgesellschaft als „Niemand", als „Menschen ohne soziale Persönlichkeit" behandelt werden und somit als „sozial tote Menschen" gelten (Wirz 1984: 61, zitiert nach Hund 2007: 88).

Diese Prozesse und Praktiken der stereotypisierenden Dehumanisierung und Desozialisation der kopftuchtragenden Muslima als eine durch den islamischen Fundamentalismus unterdrückte Frau bewirken eine Inferiorisierung, eine kulturelle Entwertung und soziale Herabminderung der kopftuchtragenden Muslima. Diese Inferiorisierung legitimiert wiederum die Praktiken der rassistischen Diskriminierung und Ausgrenzung: die Nicht-Anerkennung von Leistung, Eignung und Kompetenz zum einen und die Verweigerung des Zugangs zu beruflichen Positionen ebenso wie des beruflichen Aufstiegs zum anderen. Die durch diese Praktiken erzeugte stereotype Andersheit der kopftuchtragenden Muslima wird so zu einem *doing race* und *racial othering* im Kontext von asymmetrischen Interaktionen, die im Rahmen einer hierarchisch strukturierten sozialen Ordnung erfolgen. Der Konflikt um den Schleier der muslimischen Frau findet nicht auf Augenhöhe statt. Es handelt sich um keinen offenen Diskurs, in dem alle gleichermaßen zu Wort kommen und gehört werden. Die stereotype Entfremdung und Inferiorisierung der kopftuchtragenden Muslima erfolgt in einer nationalen Herrschaftsordnung, in der die Mehrheitsgesellschaft von der subalternen muslimischen Minderheit erwartet, sich durch Assimilation, d.h. durch Auslöschung oder doch zumindest Unsichtbarmachung der eigenen Kultur und Identität in die christlich geprägte, jedoch weitgehend säkularisierte Gesellschaft der Bundesrepublik Deutschland zu integrieren.

Das Kopftuch wird in diesem Diskurs zum Stigma, zum abwertenden Zeichen einer stereotypisierten und inferiorisierten Andersheit. Es tritt an die Stelle der durch den Rassismus konstruierten sogenannten „natürlichen", phänotypischen Merkmale. Denn es mangelt dem rassistischen Diskurs gegen den Islam an sichtbaren, körperlichen, phänotypischen Merkmalen, auf die er sich beziehen könnte. Das „Grünwerden" der Muslime im Diskurs wird daher mitunter am Kopftuch sichtbar gemacht.[26] Denn kaum ein anderes Zeichen ist so sichtbar wie der Schleier und thematisiert zugleich als solches das dialektische Verhältnis des Sichtbarmachens der Verschleierung. Mangels anderer deutlich sichtbarer und unterscheidbarer Merkmale verkörpert daher der Schleier den Islam. Die Fokussierung des Diskurses und der diskriminierenden Praktiken auf das Kopftuch und dessen Trägerinnen, ebenso wie die Missachtung der Persönlichkeit und Aussa-

---

26 David Llewelyn Tyrer stellt in seinem Aufsatz: „Racial grammar and the green menace", die Fragen: „Are Muslims white?", "Are Muslims ´The new Jews`?", und "Are Muslims Muslim?". Er sieht in "the greening of Muslims" einen Versuch, Muslime in die Ordnung des Rassismus der Hautfarben einzufügen und sie derart für rassistische Politiken, Regulierungen und Praktiken sichtbar und zugänglich zu machen. „Green menace" wird dann in Anlehnung an „black menace" und „yellow peril" zu einer Metapher der Islamophobie im Besonderen und des rassistischen Diskurses im Allgemeinen: „The greening of Muslims resonates with a wider way of managing racially and ethnically marked populations by visualising and organising their assumed difference under the term of colour grammar. Green menace is therefore a provisional naming which points to racial and post/colonial dis/continuities. The greening of Muslims also points to a particular mode of visualising Muslim difference that is common to Islamophobia" (Tyrer 2013: 54). Dieses „Grünwerden" der Muslime wird an Objekten wie dem Kopftuch, Bärten oder Minaretten sichtbar. Objekte also, die keineswegs grün sind, was einmal mehr die ideologische Konstruktion rassistischer Phänomene unterstreicht.

gen der kopftuchtragenden Muslima werden so verständlich – wenn auch keineswegs akzeptabel: Es geht nicht um die kopftuchtragenden Muslima als Menschen, sondern um deren stereotype Stigmatisierung als zentralem *pars pro toto* in einem Kampf gegen eine als fremd wahrgenommene Religion und Kultur. Es geht dabei letztendlich um den Kampf für oder gegen eine multikulturelle, offene Gesellschaft.

Den kopftuchtragenden Frauen bleibt im Rahmen dieser diskursiven Ordnung oft nur die Wahl zwischen Assimilation oder Ausgrenzung: Entweder sie legen das Kopftuch ab oder sie werden von den beruflichen Möglichkeiten der Mehrheitsgesellschaft ausgeschlossen. Die rassistische Haltung wird daher insbesondere durch die Erzählungen der Frauen deutlich, in denen die Aufforderung, das Kopftuch abzulegen und sich an die deutsche Kultur anzupassen, immer präsent ist – meist eher implizit als explizit. Integration wird durch Assimilation möglich und als Assimilierung verstanden. Das Kopftuch als kulturelles Merkmal der Andersartigkeit im Rahmen einer bi-kulturellen, hybriden Identität und multikulturellen Gesellschaft soll unsichtbar gemacht werden. Es soll nicht sichtbar werden, dass auch noch eine andere Identität als die hegemonial propagierte Kultur möglich und existent ist. Die Verweigerung der Assimilation führt zur Prekarisierung und Marginalisierung. Sie führt zum Ausschluss aus beruflichen Positionen und der Verweigerung beruflicher Aufstiegschancen. Es handelt sich daher nicht einfach nur um alltägliche rassistische Diskriminierungen, sondern um solche, die nachhaltige Auswirkungen auf die Lebenschancen der kopftuchtragenden Muslima haben.

4. Zur rassistischen Produktion von Andersheit

Derya: „*EY, was für ne Stadt ham wa hier?*"

Diese Studie untersucht eine spezifische Gruppe von Frauen hinsichtlich zweier sich überschneidender Problem- und Fragestellungen. Die Spezifik der Gruppe konstituiert sich aufgrund der folgenden Kriterien: Alle Frauen leben in den Großstädten einer deutschen Metropolregion, sie sind türkischer Herkunft und tragen einen Schleier, sie haben Kinder und möchten erwerbs- bzw. berufstätig sein. Die erste Problemstellung, die sich aus dieser Gruppenkonstellation ergibt, ist die Problematik der (Un-)Vereinbarkeit von Familie und Beruf. Die zweite bezieht sich auf den Migrationskontext, der durch den Schleier akzentuiert wird. Die empirische Grundlage auf der diese Problem- und Fragestellungen untersucht wurden, bilden biografische Interviews, die Sümeyye Demir im Jahr 2013 mit 20 Frauen der oben gekennzeichneten Gruppe durchgeführt hat.

Ausführliche Darstellungen der Ergebnisse zu diesen Problem- und Fragestellungen finden sich in den beiden zentralen Kapiteln dieser Studie: Im zweiten Kapitel in der Form von dreizehn Fallstudien und im dritten Kapitel als eine systematische Inhaltsanalyse der Interviews. Da wir die empirischen Ergebnisse bereits jeweils in den beiden Kapiteln ausführlich dargestellt und resümiert haben, sollen in diesem abschließenden Kapitel insbesondere die theoretischen Fragegestellungen, die wir bereits im ersten Kapitel gestellt haben, wieder aufgegriffen werden. Aufgrund der empirischen Untersuchungen stellen sich folgende Fragen: Wie können wir Rassismus als eine soziale Praxis beobachten, analysieren und reflektieren? Inwiefern handelt es sich bei der Stigmatisierung des Kopftuchs um eine rassistische Diskriminierung? Wie können wir vom *doing race* und *racial othering* zum *undoing race* und zur Anerkennung von uns fremder Andersheit gelangen?

Die theoretische Perspektive, aus welcher in den folgenden Abschnitten die rassistische Produktion von Andersheit am Beispiel des muslimischen Kopftuchs reflektiert wird, möchte ich als eine dialektische Phänomenologie bezeichnen. Die phänomenologische Methode geht von der Problematik des Sachverhaltes aus, indem sie danach fragt, wie dieser Sachverhalt konstituiert wird (vgl. Waldenfels 1992: 19 u. 30).[1] Als dialektische Methode beobachtet sie den Sachverhalt durch ein Beziehungsgefüge sich wechselseitig bedingender begrifflicher Definitionen (Waldenfels 2006: 17). Der Sachverhalt bleibt dabei immer der Ausgangs- und Fluchtpunkt, die offene Problematik und die in Bezug auf ihre begriffliche Definition offene Leerstelle. Die Definition des Sachverhaltes erfolgt durch dessen Dimensionierung, die wir wiederum im Rahmen von Differenzschemata verbildlichen (Abb. 1-4). Als solcher wird der Sachverhalt durch Unterscheidungen definiert, ein- und abgegrenzt. Die dialektische Phänomenologie reflektiert das „*Wie*“ der Konstitution des Sachverhaltes immer auch als eine dem Sachverhalt selbst inhärente Offenheit, Widersprüchlichkeit und Andersheit. Der Kontingenz des „*Wie*“ entspricht eine grundsätzliche Offenheit des Sachverhalts, um den es geht. Aus dieser Perspektive ist die Produktion von Andersheit kontingent: Sie ist auch immer anders möglich.[2]

In diesem Kapitel werden wir den Rassismus aus der Perspektive einer dialektischen Phänomenologie als eine negative Kehrseite der modernen Gesellschaft konzeptualisieren. Hierbei wird die Stigmatisierung des Kopftuchs die zentrale empirische Referenz unserer Argumentation darstellen. In Abschnitt 4.1 werden rassistische Diskurse und Praktiken der Produktion von Andersheit mittels vier allgemeiner Dimensionen gekennzeichnet:

- durch die Essentialisierung bzw. Naturalisierung von Identitäten und Differenzen
- durch die Herabminderung der Anderen zu Minderwertigen

1 Sie entspricht darin der Grounded Theory von Barney G. Glaser und Anselm L. Strauss (1967/1998), die ebenfalls von empirischen Sachverhalten ausgeht, aber auf theoretische Erkenntnisse zielt.

2 So definiert Stefan Hirschauer das *un/doing difference* „als sinnhafte Selektion aus einem Set konkurrierender Kategorisierungen, die einen Unterschied schafft, der einen Unterschied macht“ (ders. 2014: 183).

- durch die Herstellung kollektiver Zugehörigkeiten als totalisierende Exklusion ganzer Personen
- durch die Legitimierung und Stabilisierung von Dominanz- und Herrschaftsverhältnissen.

Im Anschluss daran wird die Stigmatisierung des Kopftuchs als eine rassistische Praxis interpretiert, die mit der Stigmatisierung durch eine dunkle bzw. farbige Hautfarbe vergleichbar ist. Im Gegensatz dazu zeigen die in dieser Studie dargestellten Lebensgeschichten, subjektiven Deutungen und Verhaltensweisen der verschleierten Frauen ein Durchkreuzen, Überwinden und Ungeschehen-Machen der Stigmatisierung des Schleiers.

In Abschnitt 4.2 werden wir die Praxis rassistischer Diskriminierung anhand von vier Praktiken erörtern: der Stigmatisierung als einer Form der Signifikation, der Entwertung, der Entfremdung und der Ausgrenzung. Der negative Endpunkt dieser Praktiken ist der soziale Tod der Anderen, deren Dehumanisierung und Desozialisation (Hund 2006: 122). Im Anschluss daran werden wir in Abschnitt 4.3 den Rassismus als eine strukturelle Dynamik der negativen Vergesellschaftung in der modernen Gesellschaft reflektieren. Hierzu werden wir zwischen Dynamiken der Herstellung sozialer Ungleichheit und Prozessen der Essentialisierung von Ungleichwertigkeit unterscheiden. Die Stigmatisierung des Schleiers ist ein prototypisches Beispiel für die Wechselwirkung dieser Dynamiken, aber auch für einen sich selbst verleugnenden Rassismus: Denn an den Kämpfen um die Verschleierung wird eine Umkehrung menschenrechtlicher Argumente zu einem Mittel der Produktion rassistischer Andersheit sichtbar.

4.1 Das Kopftuch als Stigma eines antiislamischen Rassismus

Bist etwa Anfang der 1990er Jahre war Rassismus als Begriff und Realität in Deutschland im öffentlichen Diskurs, aber auch in den Sozialwissenschaften „geradezu tabuisiert". Dementsprechend stellen Claus Melter und Paul Mecheril fest: „Die Tendenz der Verharmlosung und Leugnung rassistischer Realität ist in Deutschland nach wie vor relevant – dies macht das Sprechen über Rassismus gerade im deutschsprachigen Raum so schwierig" (dies. 2011a: 13f.). Spätestens die Reaktionen auf die PEGIDA-Demonstrationen zum Jahreswechsel 2014/15 zeigen jedoch einen Wandel, der sich im sozialwissenschaftlichen Diskurs längst vollzogen hat. In den Medien wird immer häufiger der Begriff Rassismus verwendet; allerdings handelt es sich dabei immer um den Rassismus der anderen.

Im sozialwissenschaftlichen Diskurs stellt sich demgegenüber die Frage, inwiefern es sich beim Rassismus um eine negative Kehrseite der modernen Gesellschaft und damit um eine strukturelle Dimension und Dynamik unserer Gesellschaft handelt (vgl. z.B. Baumann 2005): „Der moderne Schrecken über den Rassismus ist ein Schrecken über sich selbst“ (Mecheril/Scherchel 2011: 43).

Die Sozialwissenschaften bezeichnen ideologische Diskurse und soziale Praktiken als rassistisch, wenn sie kollektive Zugehörigkeiten auf eine essentialistische (bzw. naturalisierende) und verabsolutierende Art und Weise kategorial voneinander unterscheiden und ihnen eine grundsätzlich ungleiche Wertigkeit zuschreiben (vgl. Hund 2007). Rassistische Diskurse und Praktiken erzeugen kollektive Zugehörigkeiten, die „von Natur aus“ bzw. „weil ihre Kultur so ist“ mit der eigenen Natur bzw. Kultur unvereinbar sind, wobei sie die derart entfremdete Gruppe gegenüber der eigenen Gruppenzugehörigkeit abwerten. Denn die Erzeugung essentialisierender, kollektiver Zugehörigkeiten dient der Legitimation von Herrschaft der einen Gruppe über die Anderen, sie dient der Erzeugung und Stabilisierung einer Dominanzkultur (vgl. Rommelspacher 1998).

Die phänomenologische Reduktion der Komplexität dieses Sachverhaltes wird im Folgenden in der Form von Differenzschemata präsentiert (Abb. 1 bis 4). Diese Differenzschemata dimensionieren den Sachverhalt, der als eine offene Problematik im Zentrum des Schemas steht, durch vier begriffliche Unterscheidungen. Die Begriffe bezeichnen vier zentrale Dimensionen der jeweiligen Problematik, bei deren Auswahl es sich zwar immer um eine kontingente, jedoch keineswegs vollkommen beliebige Reduktion von Komplexität handelt. Die Kontingenz der jeweiligen Dimensionierung wird dabei ebenso thematisiert wie die Notwendigkeit und Möglichkeit einer weiteren Differenzierung. Das dialektische Wechselverhältnis zwischen den vier Dimensionen, die eine Problematik des jeweiligen Sachverhalts begrifflich ein- und abgrenzen, wird durch das Möbiusband gekennzeichnet (vgl. Kreutzer 2013: 39 – 42; ders. 2014a). Das Loch des Möbiusbandes markiert jene Leerstelle, welche die Problematik des Gegenstandes, dessen Kontingenz, Widersprüchlichkeit und Offenheit bezeichnet. Die nahtlos ineinander übergehenden Seiten des Möbiusbandes symbolisieren in dieser konzeptionellen Metapher die dialektischen Wechselbeziehungen zwischen den verschiedenen, den Sachverhalt konstituierenden Dimensionen.[3]

Die diagonal gegenüberliegenden Dimensionen bilden dabei zwei zentrale Achsen der Differenzierung, die wiederum in einem dialektischen Verhältnis,

3 Fährt *man/frau* mit dem Finger an den Seiten des Bandes entlang, das aus einem Papierstreifen besteht, dessen Enden um 180 Grad verdreht miteinander verklebt wurden, so wechselt *frau/man* fließend einander die Seiten.

d.h. in einem sich sowohl bedingenden als auch widersprechenden Wechselverhältnis zueinander stehen können. Der Fokus liegt immer auf dem Loch des Möbiusbandes, welches als Leerstelle die Problematik des zu untersuchenden Gegenstandes kennzeichnet: Es handelt sich hierbei um das reflexive Guckloch, durch welches die dialektische Phänomenologie die Welt beobachtet.

Abb. 1: Dimensionen des Rassismus

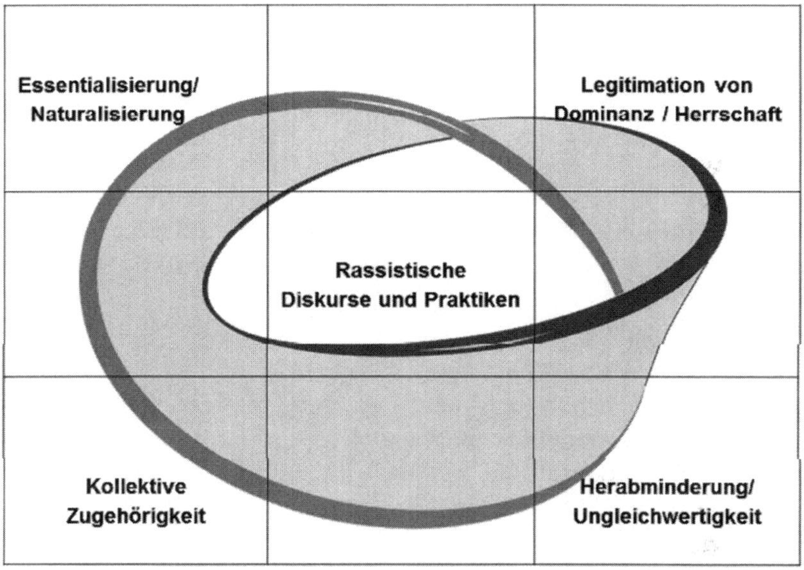

Das Differenzschema der vier Dimensionen des Rassismus (Abb. 1) besteht aus einer kulturellen Achse und einer sozialen Achse. Die kulturelle Achse wird durch die Dimensionen der Essentialisierung bzw. Naturalisierung sozialer Unterscheidungen und die Herabminderung der Anderen zu ungleichwertigen Menschen charakterisiert; die soziale Achse unterscheidet zwischen der essentialisierenden Produktion kollektiver Zugehörigkeiten und deren Funktion zur Legitimierung und Stabilisierung sozialer Dominanz- und Herrschaftsverhältnisse. Die dialektische Wechselwirkung dieser zwei Achsen und der vier Dimensionen kennzeichnet rassistische Diskurse und Praktiken, welche wiederum den Rassismus als eine soziale Wirklichkeit hervorbringen. Die rassistischen Diskurse und Praktiken markieren daher das Loch des Möbiusbandes, da erst sie das hervorbringen und reproduzieren, was es ohne sie nicht gäbe.

Die kulturelle Achse wird durch die Prozesse der Essentialisierung bzw. Naturalisierung und der Herabminderung bzw. Erzeugung von Ungleichwertigkeit dimensioniert. Es handelt sich dabei um Prozesse der Signifikation, der polarisierenden Bedeutungskonstruktion und Bewertung des Anderen als Fremden im

Gegensatz zum Eigenen. Diese Prozesse werden durch die spezifische Art und Weise der Signifikation zu rassistischen Prozessen: Erstens indem an die Stelle der Kontingenz und Offenheit von Bedeutungen, eine stereotype Reduktion und Festschreibung von Bedeutungen tritt. Die Fremdheit der Anderen wird darüber hinaus essentialisiert bzw. naturalisiert, sie sind dann so „von Natur aus“, weil es „in ihrem Blut liegt“ bzw. „...weil ihre Kultur so ist“ (vgl. Shooman 2014). Biologische Naturalisierungen und kulturelle Essentialisierungen gehen dabei fließend ineinander über, sodass die Natur-Kultur-Differenz in einer zirkulären Wechselbewegung verwischt wird (Gilman 1992). Die Essentialisierung der Fremdheit der Anderen geht im Rassismus mit einer Aufwertung des Eigenen und einer Herabminderung der Anderen einher. Das Eigene wird durch polarisierende, dichotome Unterscheidungen im Gegensatz zum Anderen konstruiert: z.B. „Kultivierte und Barbaren“, „Reine und Unreine“, „Erwählte und Teufel“, „Zivilisierte und Wilde“, „Weiße und Farbige“, „Wertvolle und Minderwertige“ (vgl. Hund 2007: 34-81). Dabei wird das Eigene idealisiert und das Fremde im Gegensatz dazu abgewertet. Der Rassismus kann daher auch als eine Ideologie der Ungleichwertigkeit bezeichnet werden.

Die soziale Achse wird durch Prozesse der Erzeugung kollektiver Zugehörigkeiten sowie der Legitimation und Stabilisierung von hegemonialen Dominanz- und Herrschaftsverhältnissen dimensioniert. Dabei geht es nicht um die Erzeugung sich überschneidender sozialer Zugehörigkeiten im Sinne des Überschneidens sozialer Kreise wie es Georg Simmel als zentrales Merkmal der Individualisierung in der modernen Gesellschaft beschrieben hat (Simmel 1908/1992: 311f.). Im Gegensatz zu einem Exklusionsindividualismus, bei dem das Individuum Mitglied vieler sozialer Kreise und vieler Teilsysteme der Gesellschaft sein kann, ohne dadurch als ganze Person inkludiert zu werden, geht es im Rassismus um soziale Prozesse der Ein- und Ausgrenzung, die sich totalisierend auf die gesamte Person beziehen. Rassistische Praktiken definieren kollektive Zugehörigkeiten in einer verabsolutierenden Art und Weise, welche die gesamte Person als solche entweder aus- oder einschließt. Dabei wird zwischen der vertrauten Andersheit jener, die zur gleichen Gruppe gehören, und der Fremdheit derer unterschieden, die nicht dazugehören und potentielle Feinde sein könnten. Fremdes und Eigenes wird so als unvereinbar radikalisiert, die Andersheit des potentiell feindlichen Fremden wird als gegen das eigene Selbst gerichtet empfunden (vgl. Rommelspacher 2002: 11). Diese totalisierende Produktion von kollektiver Zugehörigkeit im Sinne einer verabsolutierten Fremdheit dient im Wesentlichen der Legitimation und Stabilisierung hegemonialer Dominanz- und Herrschaftsordnungen. Denn die rassistische Produktion kollektiver Zugehörigkeiten hat die Funktion bestehende Dominanz- und Herrschaftsverhältnisse zu legitimieren und zu stabilisieren.

Die Produktion von (biologisch begründeten) Rassen war und ist eine der prototypischen Formen rassistischer Diskurse und Praktiken. Es gibt jedoch keine wissenschaftlich valide biologische Grundlage für rassistische Konzeptionen, welche eine kategoriale Einteilung der Menschen auf der Basis biologischer Merkmale erlauben würde. Keine einzige aus der großen Anzahl rassistischer Systematiken, die von den Lebenswissenschaften bisher hervorgebracht wurden, erwies sich als allgemein und nachhaltig valide (Plümecke 2013: 20f.). Ungeachtet dessen ist seit den 1990er Jahren und vor allem seit der Jahrtausendwende ein Wiederaufleben, eine Zunahme und Ausweitung rassistischer Konzepte in den Lebenswissenschaften zu verzeichnen. Rasse, so stellt Tino Plümecke in seiner Studie über „Rasse in der Ära der Genetik" fest, ist daher „nicht ‚einfach nur' eine soziale Teilungspraxis, sondern wird immer wieder biowissenschaftlich begründet" (ebd. 23).[4] Mit dem wissenschaftlichen Fortschritt veränderte sich die wissenschaftliche Methode der Rasseforschungen durch eine Genetifizierung der Rassekonzeptionen: Es kam zu einer *Verinnerlichung* der Differenzmarker durch deren Verortung innerhalb des Körpers und zu einer *Verkleinerung* der phänotypischen Merkmale wie Hautfarbe, Knochen und Haaren zu genetischen Markern. Das angenommene Wechselverhältnis von Genotypen und Phänotypen blieb dabei jedoch ebenso erhalten wie der Versuch, Menschen auf der Grundlage biologischer Merkmale in zu unterscheidende Gruppen einzuteilen – also eine biologisch begründete Ordnung des Menschen herzustellen.[5] Am Wandel rassis-

4 Weiterhin heißt es dort: "Das Scheitern der vielfältigen Bemühungen zur Bestimmung biologischer Differenz bewirkt somit kein Scheitern des Konzepts einer kategorialen Ordnung der Menschheit." Lebenswissenschaftliche Erkenntnisse, „wie die von der genetischen Ähnlichkeit aller Menschen oder der Bedeutung der Variabilität innerhalb aller Gruppen", könnten nicht verhindern, dass biowissenschaftliche Forschung nach wie vor mit rassistischen Konzepten arbeite und sich für rassistische Argumente und Ideologien instrumentalisieren lasse oder instrumentalisiert werde. Daher ließe sich bis in die unmittelbare Gegenwart „ein ständiges Scheitern biologischer Modelle zur Einteilung von Menschen als auch eine unablässige, bis in die heutige Zeit andauernde Erneuerung rassifizierender und rassifizierter Konzepte" beobachten (Plümecke 2013: 241-242).

5 Vgl. Plümecke 2013: 99-168: „Ersichtlich wurden in der Rekonstruktion der Genetifizierung der Rasse und der Rassifizierung der Genetik vor allem die umfangreichen Debatten um die biowissenschaftlichen Modelle zur Ordnung des Menschen. Die Marker der Differenz veränderten sich stetig und mit ihnen auch die Modelle, mit denen kategorial Differenz konzeptualisiert wurde. Gleich blieb jedoch der Glaube an natürliche rassische Unterschiede zwischen Menschengruppen, und gleich blieb auch die intensive Suche nach den Signaturen dieser Differenz. Während also die Objekte

tischer Konzepte in den Lebenswissenschaften ebenso wie an deren Weiterführung trotz beständigen Scheiterns zeigt sich, dass diese nur im gesamtgesellschaftlichen Kontext rassistischer Diskurse und Praktiken erklärt werden können. Denn der Versuch einer rassistischen Einteilung der Menschheit soll heute wie früher der Verbesserung der „Menschheit" dienen – wobei diese „Verbesserung" dann der jeweiligen Dominanzordnung entsprechend differenziert gedacht und gehandhabt wird.

Der Rassismus der Hautfarben, der zwischen Weißen und Farbigen unterscheidet, ist nur eine von verschiedenen Formen des Rassismus (vgl. Hund 2007: 36-82). Er gilt jedoch als der prototypische biologische Rassismus, da er die Ungleichwertigkeit der Rassen mittels eines körperlichen Merkmals und daher biologisch naturalisiert. Bei der kategorialen Einteilung der Menschen nach ihrer Hautfarbe handelt es sich somit um eine soziale Praxis, welche die „Weißen", „Schwarzen", „Gelben", „Roten" und „Grünen" als Gruppen sozialer Zugehörigkeit erst hervorbringt. Wie bereits in der Einleitung vermerkt, sieht David Llewelyn Tyrer im Grün-Machen der Muslime ("the greening of Muslims") einen Versuch, Muslime in die Ordnung des Rassismus der Hautfarben einzufügen (ders. 2013). So werden Rassen durch rassistische Praktiken erzeugt, die wiederum mittels rassistischer Diskurse begründet werden. Rassistische Diskurse und Praktiken erzeugen etwas, was es ohne sie nicht gäbe: ungleichwertige Hautfarben bzw. Rassen, Ethnien, Religionen und sonstige Gruppen, die sie durch eine naturalisierte bzw. essentialisierte Ungleichwertigkeit unterscheiden.

Diese sozial erzeugte Naturalisierung bzw. Essentialisierung von Ungleichheiten ist als Teil einer Dominanzkultur, z.B. in einer kolonialen und hegemonialen Herrschaftsordnung des „Weiß-seins" bzw. des „Zum-Westen-gehörens" äußerst wirkungsmächtig (vgl. Hall 1994a/b). Wissenschaftliche Diskurse waren und sind zwar jederzeit implizit oder explizit an der Erzeugung rassistischer Diskurse beteiligt; ob es eine sei es natur- oder sozialwissenschaftlich valide Grundlage für rassistische Konzeptionen gibt oder nicht, ist jedoch nicht entscheidend. Denn was als valide gilt und was nicht, wird durch die hegemoniale Diskursordnung geprägt. Und wenn jene behauptet, dass es „menschliche Rassen" gäbe, deren Wertigkeit sich „von Natur her" unterscheiden ließe, dann erzeugt dieser rassistische Diskurs die Rassen ebenso wie die entsprechenden Praktiken rassistischer Diskriminierung. Im Zweifelsfalle soll dies heißen: Für eine sozialwissenschaftliche Analyse des Rassismus ist es nicht entscheidend, ob es ungleichwertige natürliche Rassen oder essentiell verschiedene Kulturen gibt;

der Differenzsuche und die Konzepte beständiger Veränderung unterlagen, blieb die kulturelle Sphäre des Glaubens an rassistische Differenz und die Hoffnung ihrer wissenschaftlichen Ergründbarkeit weitgehend stabil" (ebd. 165).

entscheidend ist, dass es Diskurse gibt, die dies behaupten, um dadurch ungleiche Macht- und Herrschaftsverhältnisse zu legitimieren. Wenn Stuart Hall formuliert: „‚Rasse' existiert nicht, aber Rassismus kann in sozialen Praxen produziert werden" (ders. 2000: 7), so heißt dies bezogen auf einen kulturellen Rassismus: Die Wertigkeit von Kulturen ist wie die Bestimmung sozialer Zugehörigkeiten kontingent, rassistische Diskurse und Praktiken legitimieren bestehende Dominanz- und Herrschaftsverhältnisse aber, indem sie eine Ungleichwertigkeit verschiedener Kulturen, Ethnien und Religionen essentialisieren.

Während sich der biologische Rassismus im Kontext des Kolonialismus herausbildete, ist der kulturelle Rassismus im Kontext der Immigration zu verorten. Etienne Balibar charakterisiert diesen kulturellen „Rassismus ohne Rassen" durch eine Verschiebung vom biologischen Naturalismus zu kulturellen Essentialisierungen, d.h. zur Annahme irreduzibler, absoluter kultureller Differenzen:

> „Ideologisch gehört der gegenwärtige Rassismus, der sich bei uns um den Komplex der Immigration herum ausgebildet hat, in den Zusammenhang eines ‚Rassismus ohne Rassen' [...]: eines Rassismus, dessen vorherrschendes Thema nicht mehr die biologische Vererbung, sondern die Unaufhebbarkeit der kulturellen Differenzen ist; eines Rassismus, der – jedenfalls auf den ersten Blick – nicht mehr die Überlegenheit bestimmter Gruppen oder Völker über andere postuliert, sondern sich darauf ‚beschränkt', die Schädlichkeit jeder Grenzverwischung und die Unvereinbarkeit der Lebensweisen und Traditionen zu behaupten." (Balibar 1992: 28)

Der historische Prototyp eines solchen „kulturalistischen" Rassismus ist der Antisemitismus (ebd. 32). Der Antiislamismus bzw. die Islamfeindlichkeit ist dementsprechend die den gegenwärtigen Diskurs um die Integration von Migranten bestimmende Form und Praxis des kulturellen Rassismus (vgl. Çakir 2014). Waren es früher die Juden, so gelten heute die Muslime als die Fremden und potentiellen Feinde im Inneren der Gesellschaft (vgl. Hafez/Schmidt 2015: 33f.). Der antiislamische Rassismus dient in einem globalen „Kampf der Kulturen" der Legitimierung der bestehenden Herrschaftsordnung der Welt; in den lokalen „Kämpfen" gegenüber der subalternen Minderheit der Migranten dient er dagegen der Sicherung einer institutionellen und sozioökonomischen Ordnung, welche die Mitglieder der Mehrheitsgesellschaft privilegiert.

Dieser „Kampf der Kulturen" wird als ein Kampf universalistischer versus partikularistischer, individualistischer versus kollektiver, moderner versus traditioneller, fortschrittlicher versus rückwärtsgewandter, friedfertiger versus gewalttätiger Kulturen inszeniert (vgl. Huntington 1996). Der Europäer braucht den Islam, so kann Edward Saids These des Orientalismus aktualisiert werden, um Europa als den Ort von Freiheit und Aufklärung, Gleichheit und Gerechtigkeit zu definieren und die eigene Identität abzusichern (vgl. Rommelspacher 2002: 102). Die Stigmatisierung des Kopftuchs ist eine zentrale Praxis dieses antiislamischen Rassismus. Was die Hautfarbe als ein phänotypisches Merkmal im „biologischen“ Rassismus ist, das ist das Kopftuch als ein sichtbares Zeichen im „kulturellen“ Rassismus. Bei der Hautfarbe handelt es sich um ein biologisches Stigma, beim Kopftuch um ein kulturelles Stigma: Der wesentliche Unterschied, so wird argumentiert, bestehe darin, dass im Unterschied zur Hautfarbe *frau* den Schleier ablegen könne und es sich daher um ein freiwillig getragenes Stigma handeln würde (vgl. Meer 2008). Das Argument der Freiwilligkeit steht im Widerspruch zu jenem, das die unüberbrückbare Andersheit der Muslime betont, „...weil ihre Kultur so ist.“ Die Kultur der Anderen wird im rassistischen Diskurs je nach Bedarf als kontingent dargestellt oder essentialisiert: Als kontingent und offen für Veränderungen gilt sie, wenn es um deren Auslöschung durch Assimilation geht. Als essentiell unvereinbar mit der eigenen Kultur gilt sie, wenn es um deren Integration in eine sich als multikulturell verstehende Gesellschaft geht.

Erving Goffman kennzeichnet die Stigmatisierung als eine soziale Situation, in der die stigmatisierte Person von der vollen sozialen Anerkennung und Teilhabe ausgeschlossen wird (Goffman 1963). Neben den körperlichen Zeichen nennt Goffman sowohl individuelle Eigenschaften, „blemishes of individual character“, als auch Zeichen kollektiver Zugehörigkeit, „tribal stigma of race, nation, and religion“ als potentielle Stigmata (ebd. 4).[6] Goffman definiert das Stigma als “an attribute that is deeply discrediting”, als eine Kennzeichnung, die eine tiefgreifende soziale Diskreditierung einer Person gegenüber anderen Personen bedeutet. Die Produktion des Stigmas erfolgt daher immer in einem relationalen Verhältnis, wobei die zentralen Referenzen der „discreditable“ bzw. „discredited person“ die „normal person“ bzw. „normals“ sind. In einer Gesellschaft besteht daher ein enger Zusammenhang zwischen Prozessen der Stigmatisierung und Prozessen der Normalisierung (Link 2006). Dabei kann die Identität einer Person oder einer Gruppe jederzeit durch soziale Prozesse einer diskreditierenden Stigmatisierung bedroht werden.

Die Stigmatisierung des Kopftuchs im dominanten Diskurs der westlichen Gesellschaften erfolgt im Wesentlichen durch eine doppelte Polarisierung, Reduktion und Stereotypisierung seiner Bedeutung (Abb. 2). Die erste polarisieren-

6 Als Stigma galten bei den Griechen „bodily signs designed designated to expose something unusual and bad about the moral status of the signifier. The signs were cut or burnt into the body and advertised that the bearer was a slave, a criminal, or a traitor – a blemished person, ritually polluted, to be avoided, especially in public places” (ebd. 1).

de Reduktion und Festschreibung der Bedeutung des Schleiers erfolgt auf der Achse des Geschlechterverhältnisses: Das Kopftuch wird als ein Symbol der patriarchalischen Unterdrückung der Frauen im Islam der Gleichberechtigung und Gleichstellung der Frauen in der modernen Gesellschaft gegenüber gestellt. In dieser geschlechtsbezogenen Polarisierung ist bereits ein Verweis auf deren gesellschaftlichen Kontext gegeben, welcher die zweite Achse der polarisierenden Bedeutungsreduktion und Stereotypisierung darstellt. Auf dieser die geschlechtsspezifische Bedeutung des Kopftuchs kontextuierenden gesellschaftlichen Achse der Stigmatisierung wird der Schleier als ein Symbol des islamischen Fundamentalismus im Gegensatz zum Liberalismus der westlichen Gesellschaften konzipiert. Er symbolisiert in dieser Bedeutungszuweisung die Rückständigkeit, Orthodoxie und potentielle Gewaltbereitschaft der islamischen Kultur – ganz im Gegensatz zur Fortschrittlichkeit, Liberalität und kulturellen Offenheit der westlichen Moderne.

Abb. 2: Die Stigmatisierung des Kopftuchs

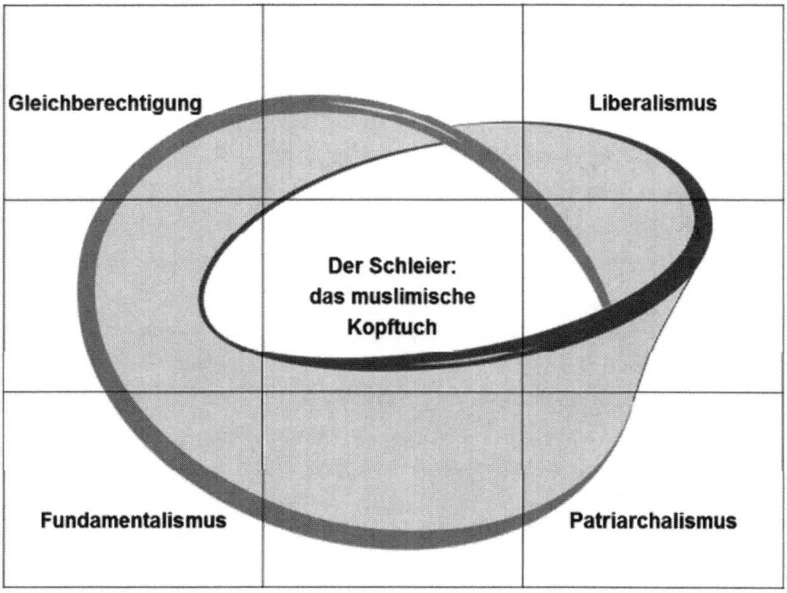

Die Stigmatisierung des Schleiers bewirkt also eine Herabminderung des Anderen und eine Idealisierung des Eigenen, indem an die Stelle einer vermittelnden Wechselbeziehung eine polarisierende Zuschreibung von gegensätzlichen Kategorisierungen tritt. Den verschleierten Muslima bleibt daher nur die Möglichkeit der Umkehr des Stigmas in ein Symbol ihrer Identität, das dann immer auch als ein Symbol ihres Widerstands gegenüber den aus ihrer Sicht illegitimen Erwartungen der autochthonen und hegemonialen Mehrheitsgesellschaft fungiert (vgl. Göle 2004: 28). So wird der Schleier zu einem Symbol der eigenen Identität und des Widerstandes gegen die Erwartung der Mehrheitsgesellschaft, den Schleier abzulegen. Er wird im Gegendiskurs der Muslima zu einem öffentlich sichtbaren Symbol ihres Glaubens im Gegensatz zur Unsichtbarkeit und Privatisierung der Religion in einer säkularisierten Gesellschaft (vgl. Haug et al. 2009: 205f.). Im Kontrast zum eher traditionellen Religionsverständnis ihrer Eltern, betonen einige der jungen Frauen ihr selbstbewusstes, auf erworbenem Wissen beruhendes Islamverständnis (vgl. Nökel 2002; Klinkhammer 2000; Amir-Moazami 2007). Sie erklären das Kopftuch als einen Schutz der eigenen Würde gegen den allgemeinen Voyeurismus einer Gesellschaft, in der Frauen allzu oft zu Sozialobjekten herabgewürdigt werden (vgl. Scott 2007: 151-174).

Mit diesem offensiven Gegendiskurs durchkreuzen einige der verschleierten Muslima die Stigmatisierungen des dominanten Diskurses, indem sie ihn umkehren: An die Stelle der patriarchalischen Unterdrückung setzen sie ihren identitätsorientierten Widerstand gegen die Unterwerfung unter die Erwartungen der Mehrheitsgesellschaft. An die Stelle eines aufgezwungenen, orthodoxen und potentiell gewaltbereiten Fundamentalismus setzen sie ein aufgeklärtes Religionsverständnis und die öffentliche Sichtbarmachung ihrer Religion. Sie behaupten den Schutz der eigenen Würde vor dem Voyeurismus der Anderen.[7] Der dominante Diskurs und der Gegendiskurs der Muslima verhalten sich wie These und Antithese spiegelbildlich zueinander: Der Polarisierung des islamfeindlichen Diskurses begegnen die Muslima mit einem diametralen Gegendiskurs. Indem das Stigma zu einem Symbol der Identität und des Widerstands wird, bleiben beide Diskurse in der stigmatisierenden Konstellation wechselseitig verhaftet, sodass eine Überwindung der Polarisierung innerhalb dieser Konstellation nur schwer möglich scheint.

Birgit Rommelspacher macht auf das Risiko und die Ambivalenz einer solchen kontradiktischen Selbstbestimmung aufmerksam: „Diese Selbstbestimmung der Frauen artikuliert sich aber in der Form einer Bewegung, die zugleich die Unterschiede zwischen Männern und Frauen verstärkt und hierarchisiert. [...] Insofern ist die In-Dienstnahme der Tradition für die Frauen ein höchst riskantes Unterfangen und diese Entwicklung durchaus ambivalent zu sehen" (dies. 2002: 120). Rommelspacher plädiert angesichts solcher Ambivalenzen dafür, am Einzelfall zu prüfen, welche Bedeutung das Kopftuch für die Frauen hat:

7 Siehe zum Gegendiskurs verschleierter Muslima die Studien von Karakaşoğlu-Aydin (1999); Nökel 2002; Amir-Moazami 2007.

„Das Kopftuch kann auf der einen Seite Ausdruck einer bewussten Selbstverortung sein und Widerstand gegen Assimilationismus ausdrücken, es kann auf der anderen Seite aber auch Ausdruck eines repressiven Kollektivismus sein. Deshalb muss jeweils im Einzelfall geprüft werden, welche Bedeutung das Kopftuch für die jeweilige Frau hat und ob damit eine eigenständige Position vertreten wird, oder ob etwa Zwang und Gewalt im Spiel sind. Ebenso wäre im Fall der Einstellung einer Lehrerin zu fragen, ob zu erwarten ist, dass sie den Kindern gegenüber repressive Werte vertritt und sogar selbst Zwang ausübt oder ob sie nicht im Gegenteil zur Auseinandersetzung mit unterschiedlichen Positionen anregt." (Rommelspacher 2002: 123f.)

Heiner Bielefeld nimmt die gleiche Position ein, wenn er argumentiert, dass ein Ausschluss verschleierter Muslima aus dem Schuldienst nicht allein aufgrund des Kopftuchs, sondern nur aufgrund des „tatsächlichen Verhaltens der Lehrerin" erfolgen sollte.[8] Und Heide Oestreich sieht in den Ländergesetzen, die verschleierten Frauen verbieten als Lehrerinnen im öffentlichen Schuldienst zu unterrichten, meines Erachtens zu Recht eine vertane Chance:

„Hier waren zum ersten Mal praktizierende Musliminnen betroffen, die sich offenbar so sehr mit den Werten dieser Gesellschaft identifizieren, dass sie sie in staatlichen Schulen weitergeben wollten. Die Gesellschaft verzichtet nun in großen Teilen freiwillig darauf, sie als Vermittlungsagentinnen in einer schwierigen, weil in der Tat multikulturellen Gesellschaft zu beschäftigen." (Oestreich 2004: 195)

Diese Aussagen werden durch die Ergebnisse unserer Studie unterstützt. Denn die interviewten Frauen betreiben in ihren Lebensgeschichten ein *undoing difference*, ein Ungeschehen-Machen der Differenzen zwischen ihnen und nichtverschleierten Frauen, seien jene nun deutscher oder anderer ethnischer Herkunft (vgl. Hirschauer 2014). An den qualitativen Daten dieser Studie wird deutlich, was auch die Ergebnisse quantitativer Erhebungen zeigen: Es sollte eher auf die sozioökonomischen Lebensverhältnisse und tatsächlichen Einstellungen und Verhaltensdispositionen der muslimischen Bevölkerung geachtet werden, als diese aufgrund ihrer religiösen und kulturellen Orientierungen zu stigmatisieren. So fordern Dirk Halm und Martina Sauer aufgrund ihrer Untersuchung der Le-

8 Vgl. Bielefeldt 2007: 153 und ders. 2003: 91: „Meines Erachtens wäre eine Beschränkung ihrer Freiheit, sich der eigenen religiösen Überzeugung gemäß im Dienst zu bekleiden, nur dann gerechtfertigt, wenn für eine Beeinträchtigung der negativen Religionsfreiheit der Schüler starke Anhaltspunkte im tatsächlichen Verhalten der Lehrerin gegeben sind."

bensverhältnisse deutscher Muslime, „den deutschen Integritätsdiskurs stärker von kulturellen und religiösen Fragen loszulösen“ (dies. 2015: 50). Dies haben wir in dieser Studie getan, indem wir nicht das Tragen des Kopftuchs, sondern die Vereinbarkeit von Familie und Beruf zum zentralen Thema der Interviews machten. Die von den verschleierten Frauen erfahrenen Diskriminierungen wurden daher insbesondere hinsichtlich ihrer Schwierigkeiten bei der Integration in Ausbildung und Beruf thematisiert. Die wesentlichen Ergebnisse der empirischen Studie werden im Folgenden kurz zusammengefasst.

Die interviewten Frauen mussten in ihrer schulischen und beruflichen Laufbahn besonders hohe Hürden überwinden, da sie in mehrfacher Weise sozial benachteiligt waren und sind: aufgrund ihrer sozialen Herkunft aus der un- und angelernten Arbeiterschicht, aufgrund der Migration und ihrer ethnischen Herkunft aus einer anderen Kultur, aufgrund der geschlechtsspezifischen Arbeitsteilung in der Familie und aufgrund ihrer Stigmatisierung durch den Schleier. In ihren Lebensgeschichten erzählen sie von allen vier Arten der Benachteiligung.

Die Frauen erzählen von den eingeschränkten sozioökonomischen Lebensverhältnissen, in denen sie aufgewachsen sind. Sie berichten von den oft sehr begrenzten Möglichkeiten und Kompetenzen ihrer Eltern, den Kinder bei Schwierigkeiten in der Schule zu helfen und sie beim Übergang zu einer weiterführenden Schulform zu unterstützen. Die Benachteiligungen aufgrund der sozialen Herkunft aus den unteren Schichten werden durch die Benachteiligungen aufgrund der Migration verstärkt. Das Aufwachsen in zwei Kulturen und insbesondere das Erlernen von zwei Sprachen stellen für die Frauen eine große Hürde für den schulischen Bildungserfolg, die erfolgreiche Aufnahme einer Ausbildung und die Integration ins Erwerbsleben dar. Die schulische Entwicklung einiger Frauen wurde zusätzlich dadurch erschwert, dass sie erst zum Schulbeginn oder nach Abschluss der achtjährigen türkischen Grundschule nach Deutschland kamen.

Es finden sich auch einige Belege für die geschlechtsspezifische Benachteiligung der Frauen in den Familien, sowohl der eigenen Herkunftsfamilien (wo die Mädchen im Gegensatz zu den Jungen Hausarbeit leisten und sich um die kleinen Geschwister kümmern mussten) als auch in der eigenen Paarbeziehung, in der sie sich sehr viel mehr Einsatz und Engagement ihrer Ehepartner bei der Hausarbeit und Kindererziehung wünschen. Es finden sich jedoch keinerlei Belege für eine Unterdrückung der Frauen durch ihre Ehepartner – insbesondere keine Belege dahingehend, dass sie von ihren Ehemännern gezwungen oder sich zwingen lassen würden, den Schleier zu tragen.[9] Im Vergleich zu den Benachtei-

9 Dies soll keineswegs heißen, dass es keinerlei Unterdrückung von Frauen in muslimischen Partnerschaften gibt. Es handelt sich hierbei jedoch eher um eine

ligungen durch die soziale Herkunft aus der un- und angelernten Arbeiterschicht als auch den Benachteiligungen durch die (oft erst spät erfolgte) Migration und die damit verbundene Fremd- und Zweisprachigkeit, werden die geschlechtsspezifischen Benachteiligungen und Belastungen eher beiläufig und auf Nachfrage erzählt. Andererseits überlagern die Diskriminierungen aufgrund des Schleiers in den späteren Lebensabschnitten alle anderen Formen der Benachteiligung. Erzählungen der Benachteiligung durch signifikante Andere außerhalb der Familie konzentrieren sich nach Abschluss der Schulzeit fast ausschließlich auf Diskriminierungen aufgrund des Schleiers.

Die Stigmatisierung des Schleiers durch die deutsche Mehrheitsgesellschaft wird von den Frauen in den Interviews jedoch performativ durchkreuzt, unterlaufen und überwunden. Sie durchkreuzen die Stigmatisierung durch ihre Selbstdarstellung als eigenständige Persönlichkeiten. Sie unterlaufen die Stigmatisierung durch ihre Lebensgeschichten und Verhaltensweisen, die von keiner kategorialen Andersheit zeugen, die sie von anderen Frauen unterscheiden würde. Im Gegenteil, die Ähnlichkeiten und Schnittmengen sind weit größer als die Unterschiede. Dies gilt sowohl für die Varianzen innerhalb und zwischen den Gruppen als auch für die hohe Übereinstimmung der grundlegenden Wahrnehmungs-, Erzähl-, Argumentations-, Deutungs- und Bewertungsmuster. Und die Frauen überwinden ihre Stigmatisierung, indem sie ihre Arbeitgeber, Kolleginnen und Kollegen, Kundinnen und Kunden davon überzeugen, dass ihre Persönlichkeit, ihre beruf-

---

Minderheit als um die Mehrheit der muslimischen Partnerschaften. Den Ergebnissen der repräsentativen Studie von Inna Becker und Yasemin El-Menouar zufolge unterscheiden sich die Ansichten zur Chancengleichheit zwischen christlichen und muslimischen Frauen nicht grundlegend: „Patriarchale Geschlechterhierarchien im Sinne der Nachrangigkeit von Frauen in Bereichen von Familie und Beruf werden von der großen Mehrheit der Christen und Muslime abgelehnt. Nur jeweils eine Minderheit – unter Christen rund 11 Prozent und unter Muslimen rund 17 Prozent - weist Ansichten auf, die zumindest teilweise als frauenbenachteiligend einzustufen sind. Somit haben Christen und Muslime relativ ähnliche Ansichten über die Chancengleichheit von Männern und Frauen“ (Becker/El-Menouar 2014: 178). Auf der Verhaltensebene ist die Anzahl eher noch geringer und sind die Verhältnisse uneindeutiger: So entscheiden in über 10 Prozent der muslimischen Haushalte Männer allein über die Erwerbstätigkeit der Frauen. Dieses patriarchalische Muster korrespondiert jedoch nicht unbedingt mit traditionellen Erwerbskonstellationen, denn „überdurchschnittlich häufig geben Personen mit der Erwerbskonstellation ‚beide Partner Vollzeit erwerbstätig‘ an, dass in ihrem Haushalt der Mann allein über den Umfang der Berufstätigkeit der Frau entscheidet“ (ebd. 182).

liche Kompetenz und Leistung wichtig ist und „*nicht die Kleidung*". Sie setzen dadurch dem *doing difference* der deutschen Mehrheitsgesellschaft ein *undoing difference* entgegen. Zudem gibt es auch berufliche Erfahrungen, bei denen der Schleier zu keinerlei diskriminierendem Verhalten geführt hat, sodass er in keiner Weise als ein stigmatisierendes Zeichen erfahren wurde. Die Stigmatisierung des Schleiers kann also auch einfach nicht geschehen, was insbesondere dann der Fall ist, wenn er wie bei Emine, der Kindergärtnerin in einem protestantischen Kindergarten, ausdrücklich als ein Zeichen des Glaubens anerkannt wird.

Es gibt keine kategorialen Unterschiede zwischen den verschleierten und nicht-verschleierten Frauen in Bezug auf die Vereinbarkeit von Familie und Beruf. Die von uns interviewten Muslima stellen die Vereinbarkeit von Familie und Beruf wie andere Frauen dar. Ihre Darstellungen unterscheiden sich nicht wesentlich von Frauen – sei es mit oder ohne Migrationshintergrund – die keinen Schleier tragen.[10] Es mag signifikante Unterschiede in der Ausprägung der Familien- und Berufsorientierung zwischen türkischstämmigen und anderen Frauen geben, insbesondere da türkischstämmige Frauen deutlich mehr Kinder haben als deutsche Frauen. Diese und vielleicht auch andere Differenzen können wir mittels unserer qualitativen Daten nicht in einer repräsentativen und validen Form messen – sie werden jedoch im Wesentlichen durch die im einleitenden Kapitel referierten quantitativen Erhebungen gestützt (vgl. z.B. Halm/Sauer 2015; Becker/El-Menour 2014; Stichs/Müssig 2013). Denn die Darstellungs- und Argumentationsmuster in Bezug auf die Vereinbarkeit von Familie und Beruf sind zwischen den verschleierten und nicht-verschleierten Frauen mit und ohne Migrationshintergrund im Wesentlichen die Gleichen: So möchten die meisten Frauen aus beiden Gruppen sowohl aus extrinsischen als auch intrinsischen Motiven Familie und Beruf verbinden (vgl. Gümen/Herwartz-Emden/Westphal 1994; Stichs/Müssig 2013; Becker/El-Menour 2014). Die Streuung der Vereinbarkeitsmodelle (schneller versus später Wiedereinstieg, Vollzeit- versus Teilzeit, Hauptverdiener-Zuverdienerinnen-Modell versus Rollenwechsel- oder Gleichstellungsmodell) innerhalb der Gruppen ist ebenfalls so groß, dass daraus keine grundsätzliche Differenz zwischen beiden abgeleitet werden kann.

---

10 Die Vergleichsgruppe stellt eine Gruppe von fast hundert Berufsrückkehrerinnen dar, mit denen ebenfalls biografische Interviews hinsichtlich der Thematik der Vereinbarkeit von Familie und Beruf durchgeführt wurden (Kreutzer 2014b). Siehe zum Vergleich verschiedener Gruppen auch die Studie von Sedef Gümen, Leonie Herwartz-Emden und Manuela Westphal, in der eingewanderte (aus der Türkei stammende und Aussiedlerinnen aus der ehemaligen Sowjetunion) und deutsche Frauen in Bezug auf die Vereinbarkeit von Familie und Beruf als weibliches Lebenskonzept miteinander verglichen werden (dies. 1994).

Die verschleierten Frauen leben dementsprechend in keiner Parallelgesellschaft und sie streben auch keine solche an. Es finden sich keine Belege dafür, dass die verschleierten Frauen fundamentalistisch seien und in Opposition zur freiheitlich-demokratischen Gesellschaftsordnung der BRD stünden (vgl. dazu Religionsmonitor 2015). Die verschleierten Frauen sind bemüht, sich und ihre Familien in die deutsche Gesellschaft zu integrieren. Dazu passen sie sich einerseits der deutschen Gesellschaft an, indem sie darauf achten, dass ihre Kinder Deutsch lernen und gute Bildungsabschlüsse erzielen; andererseits wollen sie die türkische Sprache und Kultur nicht aufgeben. Ihnen ist eine gute religiöse Erziehung ihrer Kinder sehr wichtig. Den Frauen ist durchaus bewusst, dass sie besondere Anstrengungen unternehmen müssen, damit diese beide Sprachen erlernen und in der Schule erfolgreich sind. Einige besuchen mit ihren Kindern Minigruppen, in denen sie früh mit deutschen Kindern zusammentreffen, oder sprechen selbst mit diesen Deutsch und lesen ihnen vor. Zudem kümmern sie sich um Nachhilfestunden und weitere Lernunterstützungen. Sie möchten, dass es ihren Kindern besser geht, dass sie schulisch und beruflich weiter kommen. Denn sie wissen, dass die soziale Anerkennung in der deutschen Gesellschaft ganz wesentlich über den schulischen und beruflichen Erfolg erworben wird. Daher möchten sie ihren Kindern als berufstätige Frauen ein Vorbild sein. Das Ideal der muslimischen Mutter als einer gebildeten Mutter, das Jeanette S. Jouili und Schirin Amir-Moazami in ihrer ländervergleichenden Studie herausarbeiten (2006), findet sich auch in den Aussagen einiger von uns interviewten Frauen wieder.

Eine Konzeption der Assimilation, die von ihnen verlangt, ihre eigene Kultur und Religion aufzugeben, zu Hause deutsch zu sprechen und im Beruf den Schleier abzulegen, lehnen die meisten Frauen ab. Es kann daher weder von einer einseitigen Assimilation an die nationale Mehrheitsgesellschaft noch von einer sich abgrenzenden muslimischen Parallelgesellschaft die Rede sein. Das erklärte Ziel ist eher eine bilinguale und bikulturelle Identität.

Je mehr sich die verschleierten Frauen jedoch aus den unteren Schichten, in denen sie aufgewachsen sind, in die Mitte der Gesellschaft begeben und je mehr sie durch berufliche Qualifikationen und Erfolge aufsteigen, desto stärker stoßen sie auf bzw. empfinden sie die Ablehnung durch die deutsche Mehrheitsgesellschaft. Jene Frauen, die beruflich aufgestiegen sind, passen sich am stärksten an die deutsche Gesellschaft an, sind soziokulturell am meisten um eine Integration in die deutsche Gesellschaft bemüht (für sich und ihre Kinder). Sie spüren dennoch den Widerstand der deutschen Mehrheitsgesellschaft gegen ihre Integration. Es geht daher um einen Widerstand, der die eigene etablierte Position in der sozialen Ordnung gegen eine Integration der stigmatisierten Anderen verteidigt.

Fassen wir zusammen: Die lebensgeschichtlichen Erzählungen der Frauen richten sich gegen die durch die Stigmatisierung des Kopftuches behauptete Differenz, d.h. sie betreiben ein *undoing difference*, indem sie die von der Mehrheitsgesellschaft dem Kopftuch zugeschriebenen Bedeutungen performativ durchkreuzen. Sie können die Stigmatisierung des Schleiers dadurch nicht ungeschehen machen, aber sie unterlaufen und durchkreuzen dadurch das *doing race* bzw. *racial othering*, das den Schleier zu einem Stigma der Unterdrückung der Frauen und der Rückständigkeit des Islam macht. Nach der Analyse der Interviews mag dies als ein geradezu triviales Ergebnis erscheinen. Angesichts der Stigmatisierung und Diskriminierung der verschleierten Frauen im öffentlichen Diskurs ebenso wie in der alltäglichen Praxis erwächst aus diesem Ergebnis jedoch eine der zentralen Thesen dieser Studie: Es ist keineswegs die absolute Verschiedenheit, Fremdheit und Andersheit der verschleierten Muslima, die zu deren Stigmatisierung und Diskriminierung durch die Mehrheitsgesellschaft führt, sondern deren soziokulturelle Nähe und Ähnlichkeit bei gleichzeitiger Fremd- und Andersheit (vgl. Nökel 2002; Çakir 2014). Georg Simmel hat in seinem Essay über den Fremden, diesen als jemanden definiert, „der heute kommt und morgen bleibt“. So bestimmt Nähe und Ferne gleichermaßen sein Verhältnis zu der Gruppe, deren Mitglied er geworden ist (ders. 1908/1992: 764-771). Dieses dialektische Verhältnis von Nähe und Ferne wird für die verschleierten Muslima umso virulenter, je mehr sie sich beruflich, sozial und kulturell in die Mitte der Gesellschaft begeben, denn durch ihren sozialen Aufstieg werden sie zu Konkurrentinnen der Etablierten und gefährden dadurch die bestehende soziale Ordnung.

4.2 Racial Othering: Praktiken rassistischer Diskriminierung

Die Stigmatisierung des Schleiers erfolgt durch Praktiken des *doing race*, die wiederum zu einem *racial othering*, einer rassistischen Produktion kategorialer Andersheit führen. *Doing race* bedeutet demnach, dass das *racial othering* durch soziale Praktiken erzeugt wird. Dabei handelt es sich um keine isolierten, vereinzelten Praktiken, sondern um solche Praktiken, die sich in sozialen Situationen und Prozessen wiederholen und dadurch regulative Muster und Strukturen bilden. Je stärker diese Praktiken in allen sozialen Bereichen und auf allen Ebenen zu finden sind und die gesamte Gesellschaft durchdringen, desto mehr werden sie habituell, werden sie zu einem impliziten, unhinterfragten, selbstverständlichen Teil unseres Handelns (vgl. Terkessidis 2004, Scherschel 2011, Markom 2014).

Durch unsere Sozialisation in sozialen Strukturen, in denen solche Praktiken mindestenz in den impliziten Verhaltenserwartungen institutionalisiert sind, werden rassistische Praktiken ein Teil unseres Habitus. So ist die Re-Produktion des Kopftuchs als ein diskriminierendes Stigma tief im alltäglichen Handeln und in unseren habituellen Dispositionen, aber auch in den sozialen Prozessen und regulativen Mustern der Gesellschaft verankert. Dementsprechend schwer fällt es, diese als rassistische Praktiken zu erkennen. Die Erkenntnis, dass es sich dabei um rassistische Praktiken handelt, kann nur ein erster Schritt auf dem insgesamt sehr langen und sehr viel mühsameren Weg der Überwindung dieser Praktiken sein. Die Auslöschung der Praktiken, ihr *Undoing* bzw. Ungeschehen-Machen, kann nur als ein aktives Umlernen erfolgen. Dies hat jedoch nur dann eine Chance, wenn sich zugleich die institutionellen Strukturen ändern, welche diese Praktiken gefördert oder doch zumindest ermöglicht haben.

Abb. 3: Praktiken rassistischer Diskriminierung

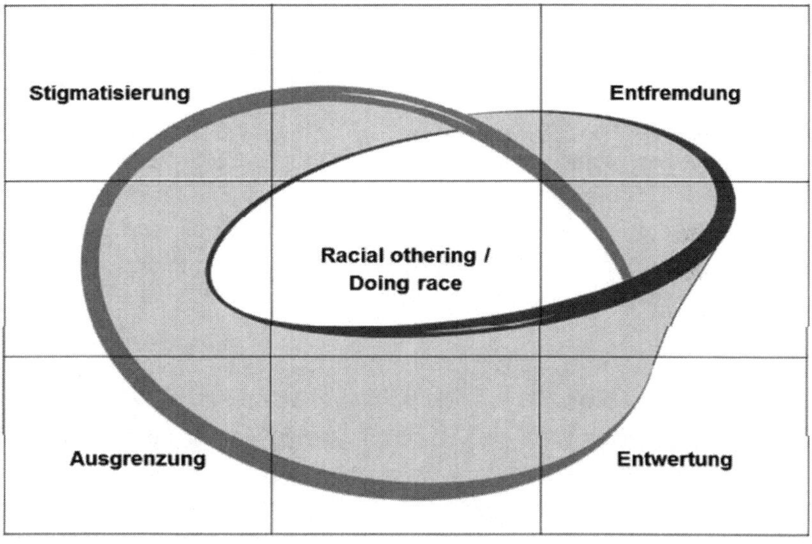

Das zugehörige Differenzschema (Abb. 3) unterscheidet vier Dimensionen der rassistischen Diskriminierung, die wiederum mittels vier zentraler Praktiken bezeichnet werden. Es handelt sich dabei um die Praktiken der Entwertung und Stigmatisierung, der Entfremdung und der Ausgrenzung.[11] Die Praktiken der

11 Diese vier Dimensionen des rassistischen Differenzschemas entsprechen weitestgehend den vier zentralen Praktiken der rassistischen Diskriminierung von Mark Terkessidis (ders. 2004: 172-202) und den Methoden des Rassismus von Wulf D. Hund (ders. 2007: 82-119). Dabei verwenden sie mitunter andere Begriffe, was mit

Stigmatisierung und Entwertung bezeichnen die diskursiven Prozesse der Signifikation, der Produktion rassistischer Bedeutungen, und der Bewertung (vgl. Miles 2000 und 1989: 93-130). Die Praktiken der Entfremdung und Ausgrenzung bezeichnen dagegen die sozialen Prozesse der Herstellung von Fremdheit und sozialen Ungleichheiten (vgl. ebd. 131-171).

Die Wechselbeziehung zwischen diesen beiden Achsen und den vier Dimensionen rassistischer Diskriminierung wird wiederum durch das Möbiusband symbolisiert. Das Loch des Möbiusbandes, die Leerstelle im Zentrum des Differenzschemas, markiert das *doing race* und *racial othering*, d.h. die Praxis rassistischer Diskriminierungen. Diese Praxis stellt zum einen diskursive Bedeutungskonstruktionen und soziale Ungleichheiten her und wird andererseits durch jene erst ermöglicht. Wir beobachten das *doing race* und *racial othering* durch das Loch des Möbiusbandes, das wir wiederum als ein Objektiv mittels der vier Dimensionen rassistischer Diskriminierung definieren.[12]

Jede der vier Dimensionen rassistischer Diskriminierung operiert mit anderen Unterscheidungen. Die der Stigmatisierung zugrundeliegende Unterscheidung ist diejenige der Stereotypisierung und Essentialisierung: Die Stigmatisierung als das Ergebnis eines Prozesses der Signifikation, der Bedeutungskonstruktion stereotypisiert *„etwas als etwas"* und essentialisiert das derart Festgeschriebene in der deutlichen Sichtbarkeit des Stigmas. Der Entwertung und Herabminderung der Anderen liegt die hierarchische Differenz von „oben" und „unten" zugrunde: Die eigene soziale Position wird durch die angebliche Höherwertigkeit des Eigenen legitimiert, während die minderwertigen Anderen in der sozialen Hierarchie auf die Positionen „ganz unten" verwiesen werden. Die Entfremdung unterscheidet zwischen der eigenen Identität und der Identität der Anderen, die sie zu Fremden oder gar zu Feinden macht. Prozesse der Stigmatisierung essentialisieren das Fremde, indem sie es in einem Objekt verkörpern und dadurch sichtbar machen. Der Ausgrenzung liegt wiederum die Unterscheidung von Inklusion und Exklusion bzw. „zugehörig" und „nicht zugehörig" zugrunde. Die Prozesse der Ausgrenzung reichen von der Ausschließung aus

der jeweils unterschiedlichen Perspektive zusammenhängt: Während Terkessidis eine subjektorientierte Begrifflichkeit einführt, verwendet Hund eine formale, differenztheoretische Begrifflichkeit.

12 Marc Terkessidis bezeichnet dieses Loch in Anlehnung an Luce Irigaray als „Specularisation" (ders. 2004: 198-202), ein Wort, das sich aus Spiegel und Spekulation zusammensetzt, womit zum Ausdruck gebracht werden soll, dass im Rassismus vielleicht noch mehr als in jedem anderen sozialen Verhältnis der Andere als Spiegel des eigenen Selbst, der eigenen Identität erscheint (vgl. dazu auch Rommelspacher 2002).

sozialen Kreisen und der Exklusion von der Teilhabe am sozialen Leben oder doch bedeutenden Teilen desselben bis hin zur Ausweisung aus der Gesellschaft. Die Anderen interessieren dann nur noch in Bezug auf ihre Verwertbarkeit, d.h. den Nutzen für die Befriedigung der eigenen Bedürfnisse interessieren. Der soziale Tod, die Desozialisation und Dehumanisierung der Anderen ist daher das zentrale Merkmal, der radikale Endpunkt, der versteckte Fluchtpunkt oder gar das unsichtbare Loch aller Praktiken rassistischer Diskriminierungen.[13]

Die Entfremdung macht die Anderen zu Fremden oder gar zum Feind. Sie konstituiert eine Wir-Sie-Dichotomie und damit eine Grenze zwischen der Eigengruppe und der Fremdgruppe, die schwer zu überbrücken oder zu überwinden ist. An die Stelle der Kontingenz sozialer Zugehörigkeiten setzt der Rassismus eine Festlegung sozialer Zugehörigkeit. Hierbei besteht das zentrale Kennzeichen rassistischer Entfremdung in der Verabsolutierung und Radikalisierung der Andersartigkeit des Anderen. Die Differenz zwischen der eigenen Identität und der Identität der Anderen wird verabsolutiert, sodass sie alle anderen sozialen Zugehörigkeiten, die beide Gruppen gemeinsam haben könnten, verdrängt. Und sie wird als eine unüberwindbare Andersheit und Fremdheit radikalisiert: So wie es früher „Einmal Jude immer Jude" hieß, so heißt es heute „Einmal Muslim immer Muslim" (Shooman 2014: 157). Selbst durch eine vollkommene Assimilation, d.h. durch die Auslöschung der Identität der eigenen Herkunft, würden die Fremden sich demnach nicht in die Mehrheitsgesellschaft integrieren können.[14] Die rassistische Entfremdung kommuniziert daher den Anderen, dass sie nicht dazu gehören und auch nie dazu gehören werden.

Die rassistische Entfremdung unterscheidet sich von Erfahrungen der Fremdheit, welche die Fremden in ihrer Andersheit anerkennt. Ein anerkennender Umgang mit den Fremden, versucht die Andersheit der Fremden nicht durch Assimilation auszulöschen, sondern bemüht sich, Grenzen zu überschreiten, ohne sie aufzuheben. Eine Phänomenologie des Fremden, welche das Fremde

---

13 Die Dialektik von Desozialisierung und Dehumanisierung zeigt sich darin, dass Sklavinnen und Sklaven, die als „Menschen ohne soziale Persönlichkeit" behandelt wurden, als „sozial tote Menschen" galten (Wirz 1984, zitiert nach Hund 2007). Zum sozialen Tod schreibt Hund: „Der soziale Tod ereilt einen nicht, sondern wird einem zugefügt. Er bedeutet nicht das Ende aller sozialen Beziehungen [...]. Vielmehr besteht er zunächst vor allem in der Zweiteilung sozialer Sphären" (ebd. 31).

14 Die paradoxe Praxis der rassistischen Entfremdung besteht darin, dass je mehr die Anderen sich assimilieren, desto mehr werden sie als Nicht-Integrierbare entfremdet: „Die Antisemiten unterschiedlichster Couleur reagierten gerade nicht auf die von ihnen den Juden unterstellte Fremdheit, sondern auf deren erfolgreiche Akkulturation und kreative Teilhabe am kulturellen Leben" (Hund 2007: 111).

der Anderen anerkennt, ohne es sogleich (universalistisch) vereinnahmen zu wollen, stellt sich die Frage: „Wie können wir auf Fremdes eingehen, ohne schon durch die Art des Umgangs seine Wirkungen, seine Herausforderungen und seine Ansprüche zu neutralisieren und zu verleugnen?“ (Waldenfels 2006: 9). Sie sieht den Menschen als ein Grenzwesen und das Fremde als ein Grenzphänomen, das jeden betrifft (ebd. 15). Sie lokalisiert das Fremde im Jenseits einer Grenze, aber nicht den Fremden als Menschen. Als „radikal“ bezeichnet Bernhard Waldenfels „eine Fremdheit, die weder auf Eigenes zurückgeführt, noch einem Ganzen eingeordnet werden kann, die also in diesem Sinne irreduzibel ist“ (ebd. 116). Problematisch wird eine solche Erfahrung „radikaler Fremdheit“ wenn sie verabsolutiert wird, denn dann verlieren wir die Möglichkeit, im Fremden ein anderes, uns verwandtes Selbst zu sehen (ebd. 20).

Die Entfremdung durch die Anderen führt zur Selbstentfremdung. W.E. Burghardt Du Bois hat dies anhand der *„two-ness“* des *„dark body“* und des Doppelbewusstseins der Subalternen in der hegemonialen Ordnung der Weißen beschrieben (ders. 1903: 3). Die verschleierten Frauen erzählen davon ebenfalls: Sie werden dadurch, dass ihre Arbeitgeber und Kolleginnen ihre Verschleierung in der Öffentlichkeit nicht anerkennen, gezwungen, ein *„Doppelleben“* bzw. ein *„Schattenleben“* zu führen. Deshalb fühlen sie sich, als hätten sie *„zwei Charaktere“*. Sie wehren sich gegen das durch die Diskriminierung des Kopftuchs von der Mehrheitsgesellschaft aufgezwungene Doppelleben: *„Ich will dieses Doppelleben nicht mehr“*; und begegnen dieser Zumutung mit der Behauptung ihrer eigene Identität: *„Ich bin ich so wie ich bin. Ich, mit Kopftuch.“*

Den verschleierten Muslima, die sich den Erwartungen der Assimilation nicht unterwerfen wollen, bleibt daher nur die Möglichkeit der Umkehr und Umdeutung – einer Re-Signifikation – ihres Stigmas in ein Symbol ihrer Identität. Dieses fungiert dann immer auch als ein Symbol ihres Widerstands gegenüber den aus ihrer Sicht illegitimen Erwartungen der autochthonen und hegemonialen Mehrheitsgesellschaft. So argumentiert Nilüfer Göle, dass es sich im Sinne von Erving Goffmans Stigma-Theorie „beim Islamismus um eine kollektive, politische Form der ‚Bewältigung einer beschädigten Identität‘ handelt.“:

> „Die islamische Bewegung bewältigt ihr Stigma, ihre ‚unerwünschte Andersheit‘ als Muslime, indem sie das stigmatisierende Merkmal freiwillig annimmt, es offen zeigt und in der Öffentlichkeit auch offensiv vertritt. Diese Muslime verfolgen als in modernen Gesellschaften ‚Unerwünschte‘ nicht eine Strategie der Assimilation, sondern sie verschärfen ihr beunruhigendes Anderssein sogar noch. Dabei wird die Religion zum sichtbaren Zeichen, zur verkörperten Praxis; körperliche Anzeichen wie die Verschleierung der Frauen oder der Vollbart der Männer, körperliche Praktiken wie das Beten oder Essgewohnheiten, aber auch Anredeformen und diskursive Praktiken werden auf der Suche

nach Zugang zur Öffentlichkeit bewusst gewählt und in den Vordergrund gestellt." (Göle 2004: 22)

Die Stigmatisierung der Anderen ist das Ergebnis des diskursiven Prozesses der Signifikation, der rassistischen Bedeutungskonstruktion. Bei den Stigmata handelt es sich um „künstlich erzeugte Zeichen, die Anderssein signalisieren sollen" (Hund 2007: 108). Das gilt für die Hautfarbe ebenso wie für das Kopftuch: Denn das Weißsein bzw. Schwarzsein werden gleichermaßen diskursiv erzeugt und institutionell reguliert wie die Bedeutung des Kopftuchs. Sie verkörpern wie das Kopftuch ein Stigma, dessen Bedeutung durch Prozesse der Bedeutungszuweisung und Stereotypisierung erfolgt. Die Verkörperung und Sichtbarkeit des Stigmas dient der Kenntlichmachung rassistisch diskriminierter Anderer. Entscheidend ist jedoch der diskursive Prozess der Signifikation, der aus einem kontingenten Zeichen ein Stigma macht, das ein Vorurteil mit einer kategorialen, stereotypen und abwertenden Bedeutung symbolisiert (vgl. Zick et al. 2014: 31ff.). Mit dem Begriff der Stigmatisierung bezeichnen wir daher den Prozess der rassistischen Signifikation, der diskursiven Herstellung rassistischer Bedeutungen.

Aus einer subjektorientierten und phänomenologischen Perspektive wird der Prozess der rassistischen Signifikation und Stigmatisierung als eine Praxis der „Entantwortung" bezeichnet: „Am konkreten Individuum wird konsequent vorbeigeblickt – es wird entantwortet" (Terkessidis 2004: 186-194, 191). Diese Praxis bezeichnet eine Entmündigung und damit eine Entpersonalisierung der stigmatisierten Personen. An die Stelle einer Responsivität, einer „Antwortlichkeit" und „Antwortlogik", die offene Fragen stellen und den Anderen zuhören kann, tritt eine kategoriale, stereotypisierende Abwertung der Anderen (vgl. Waldenfels 2006: 56-67). Sie werden weder persönlich angesprochen noch können sie erwarten, dass ihnen zugehört wird. Wenn sie sich entgegen der Erwartungen äußern, wird ihnen eine Verschleierung ihrer tatsächlichen Absichten, Lüge und ein Reden mit doppelter Zunge vorgeworfen.[15] So erhalten die verschleierten Frauen in der medialen Öffentlichkeit selten ein Rederecht im Diskurs über das Kopftuch oder eine Stimme hinsichtlich der Darstellung ihrer eigenen Identität, ihrer Einstellungen und Lebenspraxis. So wurde der „Kopftuch-Streit" um verschleierte Lehrerinnen häufig in einem Diskurs über das

15 Zum Täuschungsvorwurf als ein Kernbestand islamfeindlicher Argumentationen im Internet siehe Shooman 2014: 151ff.. Der Täuschungsvorwurf ist ebenso wie die Figur des Schläfers, dessen wirkliches Wesen schläft und erst dann aufwacht, wenn es zum Zuge kommt, ein Teil verschwörungstheoretischer Argumentationsstrategien (ebd. 140ff.).

Kopftuch, nicht jedoch in einem Dialog mit den verschleierten Muslima ausgetragen (vgl. Oestreich 2004). Gegendiskurse und Prozesse der Re-Signifikation des Kopftuchs als ein Symbol der religiösen und kulturellen Identität, können daher vom hegemonialen Diskurs der Mehrheitsgesellschaft weitgehend ignoriert werden (vgl. Göle 2004, Amir-Moazami 2007).[16] Die Entmündigung der verschleierten Muslima trägt so unmittelbar zu deren Entpersonalisierung bei.

Als eine Ideologie der Ungleichwertigkeit verbindet der Rassismus Prozesse der Segmentierung durch Kategorien sozialer Zugehörigkeit mit Prozessen der Herabminderung der anderen Gruppen. Bei der rassistischen Diskriminierung geht es um keine Differenzierung und Segmentierung auf Augenhöhe, sondern um eine Separierung der Minderwertigen durch deren Inferiorisierung: „Rassismus parallelisiert nicht, sondern hierarchisiert“ (Hund 2007: 97). Marc Terkessidis bezeichnet diese herabmindernde und absondernde Entwertung aus der subjekttheoretischen Perspektive als eine „Entgleichung“: „Die Entgleichung kommuniziert der Person, die sie erlebt, dass sie zur Konkurrenz überhaupt noch nicht zugelassen ist.“ Als eine Ideologie der Ungleichwertigkeit dient der Rassismus der Legitimation sozialer Ungleichheit und als eine Praxis verteidigt er die Privilegien der Etablierten gegenüber Migranten, d.h. den neu hinzugekommen Außenseitern in den westlichen Gesellschaften. So wissen die verschleierten Frauen, dass sie und ihre Kinder immer „einen Schritt besser sein“ müssen, um „mit den Deutschen gleich zu ziehen“ (Terkessidis 2004: 197).

In der modernen Gesellschaft ist der Rassismus die negative Kehrseite der kollektiven Zugehörigkeit. Anstatt einer Anerkennung der anderen Gruppe, bewirkt der Rassismus deren Diskriminierung. Die Praxis der rassistischen Diskriminierung wertet die Eigengruppe und deren Mitglieder auf, die Fremdgruppe und deren Mitglieder dagegen ab. Während die eigene Gruppe idealisiert wird, indem deren „beste“ Mitglieder als Beispiele für die gesamte Gruppe genommen werden, wird die Fremdgruppe entwertet, indem deren Minderwertigkeit auf das Verhalten der „schlechtesten“ Mitglieder zurückgeführt wird (vgl. Elias/Scotson 1965). Dies ist unter anderem eine der zentralen Argumentationsstrategien der „Kronzeuginnen“ Necla Kelek (2005) und Seyran Ateş (2006), die ihre eigenen schlechten Erfahrungen mit dem Islam, der islamischen Gemeinschaft und islamischen Kultur verallgemeinern (vgl. Shooman 2014: 110-124). Es ist jedoch auch das dominante Muster der Repräsentation des Islam, der Musliminnen und Muslime in den Medien.[17] Wie die PEGIDA-

16 Zur Praxis der Stigmatisierung als eines „signification process“ sowie der sich durch „re-signification“ gegen diese Stigmatisierung wendenden diskursiven Identitätspolitiken der Musliminnen und Muslime als eines Kampfes um Anerkennung siehe auch Jouili 2009.

Demonstrationen gezeigt haben, wird dieses Muster vor allem dann aktiviert, wenn die Fremden als eine Bedrohung des eigenen sozialen Status und der bestehenden sozialen Ordnung empfunden werden.

Je mehr sich die zweite Generation der Migrantinnen und Migranten beruflich und sozial in die Mitte der Gesellschaft begeben, desto stärker werden sie dort als eine Bedrohung wahrgenommen und abgelehnt. Denn durch ihren sozialen Aufstieg werden sie zu Konkurrentinnen der Etablierten und gefährden die bestehende sozialstrukturelle Ordnung, in der die Migrantinnen und Migranten ganz mehrheitlich zur Unterschicht der un- und angelernten Arbeiterschaft gehörten. Norbert Elias hat in seinen „Notizen zum Lebenslauf" die Spannungen, die entstehen, wenn Außenseiter in die Positionen der Etablierten vordringen, wie folgt reflektiert:

> „Ihr überlegener Status, der ein integrales Element des individuellen Selbstwertgefühls und des persönlichen Stolzes vieler ihrer Angehörigen bildet, wird dadurch bedroht, dass die Mitglieder einer im Grunde verachteten Außenseitergruppe nicht nur soziale Gleichheit, sondern auch menschliche Gleichwertigkeit beanspruchen. Die Konkurrenz um gesellschaftliche Chancen zu Mitgliedern der eigenen Gruppe wird als selbstverständlich hingenommen. Mit Mitgliedern einer verachteten Außenseitergruppe in Wettbewerb treten zu müssen, erscheint als erniedrigend und unerträglich, besonders in der Zeit des Übergangs, wenn jedermann sich dessen bewusst ist, dass diese Chancen zuvor ein Monopol der Etablierten und den Menschen der Außenseitergruppe verschlossen war." (Elias, aus Notizen zum Lebenslauf (1984), zitiert nach Cakir 2014: 53)

In dieser Situation begegnet die Mehrheit der Bevölkerung den Musliminnen und Muslimen mit einer zunehmend ablehnenden Haltung (vgl. Religionsmonitor 2015). Anstatt die Angleichung der Migranteninnen und Migranten an die deutsche Kultur und Lebensweise anzuerkennen, wird deren unüberwindbare kulturelle und religiöse Andersheit betont. Die interviewten Frauen fühlen sich auf dem Ausbildungs- und Arbeitsmarkt dementsprechend häufig als *„zweite Wahl in Person"*.

Die bisher genannten Praktiken führen zu Prozessen der Ausgrenzung. Subjektiv wird diese Ausgrenzung als „Verweisung" erlebt: „Du gehörst nicht dazu!", was heißen soll: „Du gehörst eigentlich woanders hin!" (Terkessidis 2004: 180ff.). Im Alltag kann die Verweisung sowohl implizit hinter der Herkunftsfrage: „Woher kommst Du?" stehen, als auch als explizite Ausweisung formuliert werden: „Geh dorthin zurück, wo du herkommst?", „Türken raus!" oder „Ihr Scheiß-Türken, verpisst euch!" (ebd. 184f.).

17 Siehe dazu ausführlich Abschnitt 1.2.

Die verschleierten Frauen haben es meistens mit impliziten „Verweisungen“ zu tun, wenn es sich bei den diskreditierenden Blicken, die ihnen häufig begegnen, um keine expliziten Verweisungen handelt. So wird ihnen nicht gesagt, dass sie nicht verschleiert arbeiten können. Sagen sie am Telefon, dass sie ein Kopftuch tragen, bricht die Kommunikation ab und sie werden nicht zu Vorstellungsgesprächen eingeladen. Im Vorstellungsgespräch wird eine der Frauen indirekt gefragt: „*Wie bedenken Sie zu arbeiten?*“, und erst nachdem sie darauf nicht wie gewünscht eingeht, lautet die Frage: „*Werden Sie auch während der Arbeit das Kopftuch tragen?*“ Die Verweisungen können in dem Hinweis bestehen, dass eine verschleierte Bewerberin mit einem so guten Zeugnis sich „*im öffentlichen Dienst bestimmt langweilen*“ würde. Oder sie zeigen sich darin, dass trotz guter Noten zwei Jahre lang ohne Erfolg nach einer Ausbildungsstelle gesucht wurde, obwohl sie „*in den zwei Jahren über hundert Bewerbungen umsonst abgeschickt*“ hat. Eine andere Frau erhält zunächst keinen Vertrag für die weiterführende Ausbildung zur Krankenpflegerin, obwohl sie diesen als die Klassenbeste am Ende ihres ersten Ausbildungsjahres automatisch hätte bekommen müssen. Sie erhält ihn erst „*zwei, drei Monate*“ nach den Anderen. Wiederum eine andere der interviewten Krankenpflegerinnen kann nur durch die Unterstützung der Pflegedienstleitung den Widerstand der „*sehr ausländerfeindlichen*“ Personalabteilung gegen ihre Entfristung überwinden. Aber auch sie kommt dann nicht in den OP, für den sie sich beworben hatte, sondern in die HNO, in die sie nie wollte. Die Verweisungen können auch in dem Hinweis bestehen, dass „*das Kopftuch nicht zum Schrank passen*“ würde oder „*nicht hygienisch*“ sei, dass die Patienten es nicht akzeptieren und wegbleiben würden oder die Krankenpflegerin „*für die Putzfrau halten*“ würden.

Diese Verweisungen grenzen die verschleierten Frauen aus der Teilhabe an Ausbildung und beruflicher Arbeit aus, sie verweisen sie meisten eher implizit als explizit auf soziale Positionen außerhalb der beruflichen Arbeit, in denen sie „ganz unten“ ein „Niemand“ sind und niemanden stören. Die Desozialisation, der Ausschluss aus sozialen Kreisen ebenso wie aus der sozialen Teilhabe, geht mit einer Verringerung von Lebenschancen einher und führt in ihren extremeren Formen zu einer Dehumanisierung der Anderen.

Wulf D. Hund bezeichnet Assimilation und Segregation als „die Spannweite rassistischer Politik“ (ders. 2007: 109). Während eine Politik der Assimilation erwartet, dass „die Migranten auch zu Hause Deutsch sprechen“ und damit die Auslöschung der anderen kulturellen Identität fordert, macht eine Politik der Segregation die Migrantinnen und Migranten zum „Fremdkörper“ und „inneren Feind“ im eigenen Land. Der Rassismus, der sich häufig hinter der Forderung nach einer Assimilation der Anderen an die „deutsche Leitkultur“ versteckt, kommt dadurch zum Vorschein, dass er die Erfüllung seiner Forderungen für unmöglich hält und auch keineswegs ermöglichen möchte. Die Praktiken rassistischer Diskriminierung werden daher umso stärker, je mehr sich die in Deutschland aufgewachsenen Generationen der Migrantinnen und Migranten assimilieren, indem sie sich beruflich-ökonomisch, aber auch sozio-kulturell in die deutsche Gesellschaft integrieren. Dabei verschleiert der gegenwärtige Rechtspopulismus seinen rassistischen Charakter durch die Ethnisierung der Anderen, indem er den Begriff der Ethnie an die Stelle der Rasse setzt. So verschleierte der Verlag von Thilo Sarrazins Bestseller „Deutschland schafft sich ab" eine durchweg rassistische Argumentation, indem er „in der Spätphase der Überarbeitungen vorschlug, Sarrazin solle den von ihm verwendeten Begriff der ‚Rasse' durch ‚Ethnie' ersetzen." Der Autor plaudert dies in einem Interview jedoch gerne mit dem Kommentar aus, er sei diesen Textentschärfungsvorschlägen des Lektors „brav wie ein Lamm" gefolgt.[18]

So wird „das Muslim-Sein in den Medien als Äquivalent zu einer Ethnie konzipiert – und als Antagonismus zum Deutsch-Sein" (vgl. Shooman 2014: 67). Die Kulturalisierung der Religionen in der modernen Gesellschaft macht die Ethnisierung des Islam möglich: An die Stelle einer national definierten Ethnie wie zum Beispiel derjenigen der „Türken", tritt die durch Religion definierte Ethnie der muslimischen Bevölkerung (vgl. Schulze 2013, Çakir 2014: 131-150). Diese Ethnisierung des Islam, d.h. die diskursive und alltagspraktische Konstitution der Muslime als kulturelle Einheit und Gesamtheit zu fassende Gruppe, geht einher mit einer Herabminderung des Islam. Diese erfolgt, indem Islamismus und Terrorismus im dominanten Diskurs und in alltäglichen Praktiken zum *pars pro toto* des Islam gemacht werden: d.h. das Image des Islam wird durch die kleine Minderheit der radikalen Islamisten[19] und Terroristen geprägt und nicht durch die große Mehrheit der Musliminnen und Muslime, die unsere Werte und Lebensweise teilen und mit denen wir friedlich zusammenleben. Der Rassismus ist in der modernen Gesellschaft daher die negative Kehrseite jeglicher Ethnisierung (Hahn 2013).[20]

---

18 „Es war ein langer und lauter Furz". Henryk M. Broder interviewt Thilo Sarrazin, in: taz v. 7.12.2011; zitiert nach Hentges 2014: 202f..

19 Weniger als ein Prozent aller Muslime gehören in Deutschland zur Minderheit der radikalen Islamisten (Religionsmonitor 2015). Dass diese, wie klein ihre Zahl auch immer sein mag, eine potentielle Bedrohung der inneren Sicherheit durch Terror darstellen, soll in keiner Weise bestritten werden. Es ist jedoch nicht legitim aufgrund dieser Bedrohung alle Muslime als gefährlich und gewaltbereit zu stigmatisieren.

20 Umso wichtiger und erfreulicher waren die deutlichen Differenzierungen zwischen Islamisten und Islam, Muslimen und Terroristen seitens der meisten verantwortlichen

Praktiken rassistischer Diskriminierung können mittels der in diesem Abschnitt dargestellten vier Dimensionen beobachtet, analysiert und reflektiert werden. Die Bezeichnungen dieser vier Dimensionen – Entfremdung, Stigmatisierung, Entwertung, Ausgrenzung – sind kontingent, denn sie stellen ein relativ offenes analytisches Instrumentarium dar. Eine theoretische Festlegung der Begrifflichkeit ist nur bedingt möglich, da die Wahl der Begrifflichkeit sich letztendlich immer auch nach der jeweiligen konkreten Problem- und Fragestellung richten sollte. Die Frage, wann genau aus einer Diskriminierung eine *rassistische* Diskriminierung wird, bleibt damit offen. Der Übergang von diskriminierenden zu rassistischen Praktiken ist ein fließender, eine exakte Definition des Umschlagens von dem Einen in das Andere daher immer kontingent.

Die Spannweite der diskriminierenden Praktiken ist sehr weit: Sie reicht vom diskreditierenden Blick bis zum rechtlichen Ausschluss aus einem Berufsfeld. Das Differenzschema (Abb. 3) zielt zunächst einmal nicht auf eine Operationalisierung, die das Ausmaß und die Intensität rassistischer Praktiken genau messen könnte, sondern bietet als eine theoretische Konzeption ein Objektiv, mittels dessen das Phänomen reflektiert werden kann. Das zentrale Argument, dass es sich bei den Diskriminierungen gegen das Kopftuch um rassistische Diskriminierungen handelt, bezieht sich auf das Zusammenwirken vieler Aspekte und Faktoren: die Wechselwirkung der vier dargestellten Praktiken der Diskriminierung konstituieren insgesamt ein Muster der rassistischen Diskriminierung, das die gesamte Gesellschaft betrifft und keines ihrer Mitglieder außen vor lässt.

Das Differenzschema bietet daher auch keinen Rassismus-Check auf die Fragen: Welche Praktiken sind ab welchem Grad der Intensität rassistische und welche nicht? Wie rassistisch bin ich im Vergleich zu den Anderen? Wie rassistisch ist die deutsche Gesellschaft im Vergleich zu anderen Gesellschaften? Das Differenzschema bietet jedoch einen Rahmen zur (Selbst-)Beobachtung, Analyse und Reflexion. In deren Fokus stehen die sozialen Praktiken des *doing race* und *racial othering*; seien es nun meine eigenen, die der Anderen oder die der gesamten Gesellschaft. In den empirischen Untersuchungen der Studie wurden diese Praktiken aus einer mikrosoziologischen Perspektive beobachtet, aus der

---

Politiker und Kommentatoren angesichts des grausamen Terrors auf das Satiremagazin Charlie Hebdo am 7. Januar 2015. Dabei geht es nicht darum zu behaupten, der islamistische Terror habe nichts mit dem Islam zu tun, sondern darum, sich um eine differenzierte Betrachtung zu bemühen, inwiefern er etwas mit dem Islam zu tun hat. Gleichzeitig zeigte sich an den durchaus vorhandenen Bemühungen eine Verbindung zwischen dem extremen Terror des politischen Islamismus und dem Islam als Religion herzustellen, wie manche darum bemüht sind, solche Differenzierungen im Duktus der Fürsorge für das Gemeinwesen zu verwischen.

subjektiven Perspektive der betroffenen Frauen. Eine makrosoziologische Perspektive würde im Unterschied dazu die verschiedenen strukturellen Prozesse, die der sozialen Produktion rassistischer Praktiken zugrunde liegen, in den Blick nehmen. Im letzten Abschnitt werden wir die Praktiken rassistischer Diskriminierung daher im Kontext allgemeiner Strukturdynamiken der modernen Gesellschaft verorten.

4.3 Rassismus als eine Praxis negativer Vergesellschaftung

Der Rassismus kann als eine Praxis negativer Vergesellschaftung bezeichnet werden (Hund 2006). Der absolute Flucht- bzw. Endpunkt dieser negativen Vergesellschaftung ist der soziale Tod des Subjekts, die Desozialisation und Entmenschlichung der Anderen. Ist die Rechtlosigkeit das zentrale Merkmal der Desozialisation, so ist die Entwürdigung des Menschen zum Objekt, als welches er seiner Leiblichkeit im Sinne einer eigenen Verfügungsgewalt über seinen Körper beraubt wird, das zentrale Merkmal der Entmenschlichung. Hierbei handelt es sich um eine in der Tendenz totalisierende Praxis der Exklusion aus der Gesellschaft. Einer Praxis, die auf eine Exklusion der ganzen Person zielt und bis hin zu deren Vernichtung reichen kann. Angesichts dieses absoluten Flucht- und Endpunktes, stellt sich die Frage, wo der Rassismus beginnt? Wann wird eine diskriminierende zu einer rassistischen Praxis?

Dimensionieren wir rassistische Diskurse und Praktiken in der offenen Art und Weise, wie wir es mittels der Differenzschemata getan haben, dann kann jede Diskriminierung als eine (potentiell) rassistische Handlung interpretiert werden. Die Schwäche einer derart offenen Konzeption des Rassismus, wie wir sie in den Abschnitten 4.1 und 4.2 entfaltet haben, besteht darin, dass rassistische Praktiken nicht mehr eindeutig und klar von diskriminierenden Praktiken zu unterscheiden sind. Die Übergänge zwischen diskriminierenden und rassistischen Diskursen und Praktiken sind fließend. Ob es sich um eine diskriminierende, d.h. die Anderen benachteiligende, oder eine rassistische Praxis handelt, kann dann nicht anhand einzelner Handlungen, sondern nur aufgrund eines komplexen Handlungs- und Strukturmusters bestimmt werden. Dieses geht aus den verschiedenen Dimensionen und Praktiken rassistischer Diskriminierung hervor und kann nur im Kontext der jeweiligen sozialen Situation bewertet werden.

In den Differenzschemata (Abb. 1 und 3) haben wir den Rassismus durch dessen kategoriale Dimensionierung definiert. Die theoretischen Dimensionierungen machen die rassistischen Praktiken beobachtbar und beschreibbar. Die Dialektik, welche die komplexen Wechselbeziehungen der verschiedenen Dimensionen in den Blick nimmt, bietet eine Methode der Analyse und Reflexion. Somit stellen die Dimensionen ein Objektiv her, mittels dessen rassistische Diskurse und Praktiken beobachtet und bezeichnet werden können. Die zu untersuchenden Diskurse und Praktiken stehen als Gegenstand der Untersuchung im Zentrum der Differenzschemata; ihre Bezeichnung als rassistische Praxis bleibt jedoch im Einzelfall grundsätzlich offen und kontingent. Denn es lässt sich keineswegs deduktiv aus den Dimensionen des Differenzschemas ableiten, ob die Stigmatisierung des Schleiers als Teil einer rassistischen Praxis bezeichnet werden kann oder nicht.

Ob es sich damit um eine rassistische Praxis handelt, bleibt daher eine offene, eine durchaus zu diskutierende Frage. Wie diese Frage beantwortet wird, hängt zum einen davon ab, wer etwas warum, wann, von wo aus wie beobachtet (vgl. Hirschauer 2014). Zum anderen hängt sie von den Erfahrungen, der Empirie ab, die dabei verwendet wird. So handelt es sich in dieser Studie bereits aufgrund des Auswahlkriteriums, dass die verschleierten Frauen Kinder haben und berufstätig sein möchten, um ein selektives Sample, das keinerlei Repräsentativität beanspruchen kann. Auch wenn wir unsere Ergebnisse in Beziehung zu den thematisch relevanten Ergebnissen anderer qualitativer und quantitativer Forschungsarbeiten gesetzt haben, so verbleiben wir doch immer in einer Argumentation, die vom Einzelfall und dessen Anspruch auf Anerkennung ausgeht. Wir richten uns mit unserem Plädoyer, die Lebensgeschichte, die Stimme und das Verhalten einzelner Personen als solche wahrzunehmen, gegen eine stereotypisierend Vorverurteilung und Stigmatisierung. Inwiefern es sich dabei um ein „lediglich" diskriminierendes oder gar rassistisches Vorurteil handelt, hängt dann neben der Intensität und dem Ausmaß der Diskriminierung immer auch von der jeweiligen Situation und deren Kontextuierung ab.

Das folgende Differenzschema (Abb. 4) verortet den Rassismus als eine Praxis negativer Vergesellschaftung im Kontext anderer gesellschaftlicher Strukturdynamiken. Dabei kreuzt sich die Achse der Herstellung sozialer Ungleichheit mit derjenigen der Essentialisierung (bzw. Naturalisierung) sozialer Ungleichwertigkeit. Die beiden Dimensionen der Essentialisierung sozialer Ungleichwertigkeit sind der Sexismus als eine Essentialisierung geschlechtlicher und der Rassismus als eine Essentialisierung kollektiver Ungleichwertigkeit. Mit den Begriffen der Hierarchisierung und Zentrierung bezeichnen wir die beiden strukturellen Dynamiken der Herstellung sozialer Ungleichheit: Während die sozialstrukturelle Hierarchisierung in der modernen Gesellschaft in der Herstellung einer sozialen Klassen- und Schichtengesellschaft bis hin zu agonalen Klassenverhältnissen besteht, sind der Imperialismus und Kolonialismus, das Verhältnis des Westens zur restlichen Welt und das Verhältnis einer autochthonen Mehrheitsbevölkerung zu einer allochthonen Minderheit wesentliche Dynamiken der Zentrierung sozialer Beziehungen auf der gesamtgesellschaftlichen Ebene.

Abb. 4: Rassismus als eine Strukturdynamik negativer Vergesellschaftung

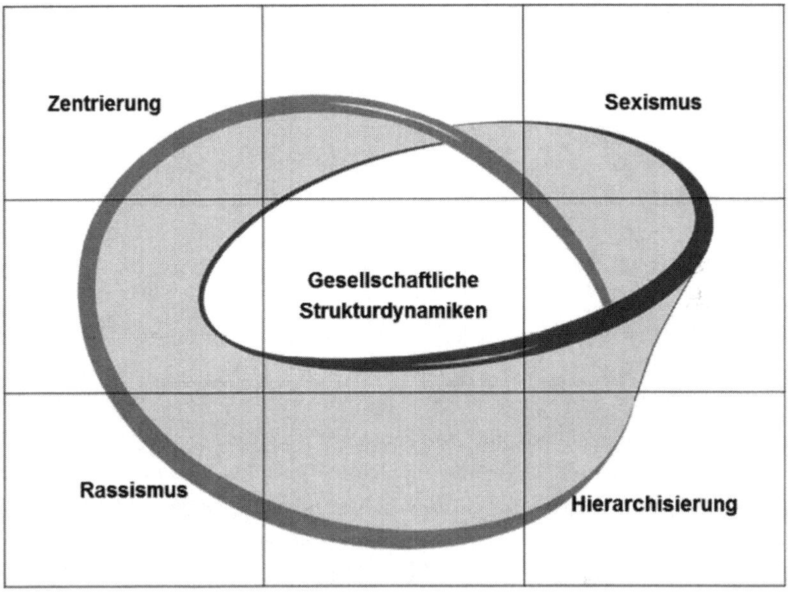

So wie die Zentrierung als eine spezifische Form der Hierarchisierung angesehen werden kann, so kann der Sexismus als eine spezifische Form des Rassismus angesehen werden. Die Herstellung sozialer Ungleichheit entsprechend der Unterscheidung von „oben" und „unten" ist jedoch durchaus zu unterscheiden von derjenigen, die zwischen Zentrum und Peripherie differenziert. In gleicher Weise ist die Essentialisierung von Geschlechterdifferenzierungen von der rassistischen Essentialisierung kollektiver Zugehörigkeiten zu unterscheiden. Bei der Differenzierung der Geschlechter handelt es sich um eine andere Art der kollektiven Zugehörigkeit als bei der, die zwischen verschiedenen Gruppen von Menschen, Rassen, Ethnien und Religionen unterscheidet.

Die sozialen Praktiken der Entfremdung, Ausgrenzung, Entwertung und Stigmatisierung sind auch Praktiken der Herstellung sozialer Ungleichheit, der Hierarchisierung und Zentrierung. Die Essentialisierung bzw. Naturalisierung von Ungleichwertigkeit ist das, was diese Praktiken in Bezug auf kollektive Zugehörigkeiten zu rassistischen Praktiken macht. Ob es sich dabei um eine Ungleichwertigkeit „von Natur aus" oder „weil ihre Kultur so ist" handelt, in beiden Fällen sind es diskursive Prozesse, welche die Naturalisierung bzw. Essentialisierung der Ungleichwertigkeit erzeugen.

An der Stigmatisierung des Kopftuchs zeigen sich besonders deutlich die Wechselwirkungen zwischen den strukturellen Dynamiken der Herstellung sozialer Ungleichheit und der Essentialisierung von Ungleichwertigkeit. Das Kopftuch ist ein ambivalentes Symbol, da es sowohl die Unterdrückung der verschleierten Frau als auch deren kulturelle Selbstbestimmung in und gegenüber der Mehrheitsgesellschaft zum Ausdruck bringen kann. Es ist als ein deutlich sichtbares Zeichen des subjektiven Glaubens zugleich ein politisches Symbol des Islamismus, da sich Frauen in vielen islamistischen Ländern verschleiern müssen. Als letzteres wird es zu einem zentralen Symbol des Antiislamismus, der Islamfeindlichkeit und eines antiislamischen Rassismus. In der Stigmatisierung des Kopftuchs gehen daher rassistische und sexistische Diskriminierung sowie geschlechtliche und rassistische Essentialisierungen unmittelbar ineinander über.

Die Essentialisierung von sozialer Ungleichwertigkeit dient der Legitimation und Stabilisierung von sozialer Ungleichheit. Wie der Sexismus, so kann der Rassismus daher nur im Kontext der Herstellung sozialer Ungleichheit bzw. der Stabilisierung bestehender Macht- und Herrschaftsverhältnisse verstanden werden. Beim Rassismus und Sexismus handelt es sich um Dynamiken negativer Vergesellschaftung. Sie führen zur Desozialisation und Entmenschlichung, indem sie die betroffenen Menschen entwürdigen und existentiell bedrohen. Rassismus und Sexismus sind illegitime Diskurse und Praktiken, da sie im Gegensatz zu den Grundrechten der deutschen Verfassung und den Menschenrechten stehen (vgl. Bielefeldt 1998; 2007). Sie treten daher meistens in einer eher impliziten als expliziten, einer sich selbst verleugnenden Praxis als einer expliziten Ideologie der Ungleichwertigkeit auf. Die Stigmatisierung des Schleiers erfolgt dann als eine paradoxe Umkehrung der Werte, wenn sie zur Verschleierung des eigenen Rassismus und Sexismus dient. Indem im Namen der Menschenrechte, der Gleichheit und Solidarität für die Befreiung der verschleierten „fremden Frau“ vom Sexismus und Rassismus der Anderen gekämpft wird, kann die eigene stigmatisierende und in der Tendenz rassistische Praxis verschleiert werden. In einer solchen Situation der Verdopplung und Verkehrung der Verhältnisse hilft nur ein genauer Blick auf das Geschehen, die Empirie und deren Deutungen.[21] Die empirischen Untersuchungen, die den Kern dieser Studie darstellen,

21 So formulierte bereits Birgit Rommelspacher angesichts der Gesetze, die es verschleierten Muslima verwehren, ihren Beruf als Lehrerinnen auszuüben: „Aber genauso wie die Position der Angehörigen der Minderheitenkultur im Konfliktfall zu prüfen ist, muss auch die Position der Mehrheitskultur untersucht werden. Dabei fragt sich zunächst, was ihr Motiv ist, sich in dem Zusammenhang so intensiv um die Emanzipation der Frauen zu bemühen. Es wäre sicherlich eine Unzahl von Gerichts-

sind diesen Weg gegangen. Die Lebensgeschichten und Erfahrungen der interviewten Frauen bilden einen Gegendiskurs zur Stigmatisierung des Kopftuchs. Es ist eines unserer zentralen Anliegen, diesem Gegendiskurs eine Stimme zu geben.

verfahren anhängig, wenn man mit demselben Eifer dem Verdacht antiemanzipatorischer Einstellungen bei deutschen christlichen Männern und Frauen nachginge. Dies und die Tatsache, dass die Position der betroffenen Frau selbst sowie die Erfahrungen mit ihrer bisherigen beruflichen Praxis als Lehramtsanwärterin so gut wie keine Rolle in der Auseinandersetzung spielte, legt die Vermutung nahe, dass es dabei nicht in erster Linie um Fragen der Selbstbestimmung von Frauen geht, sondern sehr viel mehr um die Frage, welches Konzept von Geschlechterverhältnis in der Gesellschaft verpflichtend ist, d.h. wer in dieser Gesellschaft die Deutungsmacht hat. Es scheint hier also eher um die Frage kultureller Dominanz als um eine Befreiung der Frau zu gehen.“ (dies. 2002: 124)

5. Anhänge

5.1 Überblick über das Sample

Tabelle: Sozioökonomische Daten der interviewten Frauen

Name	Alter	Migration	Kopftuch	Anzahl Kinder / Dauer Familienphase	Eigene Qualifikation/ Beruf des Ehemanns	Erwerbsverlauf (vor/nach Familienphase)
Derya	35	In Deutschland geboren und aufgewachsen	Trägt Kopftuch seit Schulzeit	2 (Alter: 10 u. 12) Familienpause: ca. 3 Jahre vor der Ausbildung	Einzelhandelskauffrau, Erzieherin Ehemann: Industriemechaniker im Einzelhandel (VZ)	Vor Familienphase: Ausbildung als Verkäuferin Nach Familienphase: Ausbildung zur Erzieherin; Leitung Kindertagesstätte (selbstständig)
Emine	27	In Deutschland geboren und aufgewachsen	Trägt Kopftuch seit Schulzeit	1 (Alter: 4) Familienpause: 2 Jahre	Erzieherin Ehemann: Großhandelskaufmann, Lagerfachkraft (VZ)	Vor Familienphase: 1,5 Jahre arbeitslos Nach Familienphase: Vertretung als Erzieherin (TZ erhöht auf 75%)
Esra	29	In Deutschland geboren und aufgewachsen (Vater türkisch, Mutter deutsch)	Trägt Kopftuch seit Schulzeit	1 (Alter: 6) Familienpause: 2 Jahre	Arzthelferin; Studium Wirtschaftsinformatik Ehemann: Schlosser/ Schweißer (VZ)	Vor Familienphase: 1 Jahr als Arzthelferin (VZ) Nach Familienphase: Leiterin eines Nachhilfevereins (TZ), Aufnahme des Studiums der Wirtschaftsinformatik

Name	Alter	Migration	Kopftuch	Anzahl Kinder / Dauer Familienphase	Eigene Qualifikation/ Beruf des Ehemanns	Erwerbsverlauf (vor/nach Familienphase)
Sibel	36	Geboren in der Türkei Seit 3. Lebensjahr in Deutschland	Kopftuch seit Ende der Ausbildung, jedoch nicht während der Erwerbsarbeit	2 (Alter: 5 u. 11) Familienpausen: 3 und 2 Jahre	Medizinisch-Technische Assistentin (MTA) Ehemann: Glasreiniger	Vor Familienphase: MTA im Klinikum (VZ) Nach Familienphasen: Rückkehr auf gleiche Stelle (TZ: 75%)
Hülya	42	In Deutschland geboren und aufgewachsen; Nach Hochzeit 8 Jahre in Türkei, anschl. Rückkehr nach D.	Trägt Kopftuch seit Heirat (Bei Rückkehr nach Deutschland vorübergehend abgelegt)	4 (Alter: 6 bis 20) Familienpause: 7 Jahre nach Rückkehr nach Deutschland: (Geburt der 2 jüngeren Kinder)	Friseurin Ehemann: Kellner	Vor Familienphase: 1 Jahr als Friseurin Nach Deutschland-Rückkehr: 3,5 Jahre als Friseurin (VZ) Nach Familienphase: plant Wiedereinstieg als Friseurin für muslimische Frauen (TZ)
Rabia	37	In Deutschland geboren und aufgewachsen	Trägt Kopftuch seit 16. Lebensjahr, bisher nicht während Erwerbsarbeit, möchte aber nach Berufsrückkehr	2 (Alter: 1 u. 7) Familienpausen: bei 1. Kind 3 Jahre, befindet sich aktuell in zweiter Familienpause	MTA Ehemann: in der Türkei Lehrer / Studium in Deutschland, Maschinenbauer (VZ)	Vor Familienphase: MTA in Klinikum (VZ) Nach Familienphase: Kurz vorm Wiedereinstieg als MTA (TZ) Aktuell noch in 2. Familienpause

Name	Alter	Migration	Kopftuch	Anzahl Kinder / Dauer Familienphase	Eigene Qualifikation/ Beruf des Ehemanns	Erwerbsverlauf (vor/nach Familienphase)
Sultan	41	In der Türkei geboren und aufgewachsen; Lebt seit erster Schulklasse in Deutschland	Trägt seit Kopftuch seit Schulzeit, bisher nicht während Erwerbsarbeit möchte aber nach Berufsrückkehr	3 (Alter: 6, 13 u. 17) Familienpausen: 2 Jahre bei ersten beiden Kindern / 3 Jahre bei 3. Kind	Keine Ausbildung: Wunsch Qualifikation als Altenpflegerin zu erwerben Ehemann: Hausmeister im türkischen Verein (geringfügig)	Vor Familienphase: Küchenhelferin u. Pflegehelferin in Pflegeheim Nach Familienphase: Berufsrückkehr auf gleiche Stelle Aktuell: Verlust der Stelle durch Schließung des Pflegeheims; seit 2 Jahren arbeitssuchend
Büsra	28	In Deutschland geboren und aufgewachsen	Trägt Kopftuch seit Schulzeit	1 (Alter: 1,5) Familienpause: 14 Monate	Krankenpflegerin Ehemann: berufstätig (VZ); keine Angaben	Vor Familienphase: Krankenpflegerin (VZ) Nach Familienphase: Berufsrückkehr auf gleiche Stelle (TZ)
Ebru	30	In Deutschland geboren und aufgewachsen	Trägt Kopftuch seit 22. Lebensjahr	1 (Alter: 3) Familienpause: 2 Jahre	Krankenpflegerin Ehemann: Schichtarbeiter im produzierenden Gewerbe; kümmert sich am Wochenende um das Kind	Vor Familienphase: Krankenpflegerin (VZ) Nach Familienphase: Berufsrückkehr auf gleiche Stelle (TZ: 50%)

Name	Alter	Migration	Kopftuch	Anzahl Kinder / Dauer Familien-phase	Eigene Qualifika-tion/ Beruf des Ehemanns	Erwerbsverlauf (vor/nach Familienphase)
Merve	43	In Türkei geboren und aufgewach-sen; Lebt seit 8. Klasse in Deutschland	Trägt Kopftuch seit Schulzeit jedoch nicht während der Ausbildungszeit	3 (Alter: 12, 14, 19) Familienpausen: Zw. Geburt des 2. und 3. Kindes 2,5 Jahre, arbeitet jedoch von zu Hause aus in VZ weiter	Krankenpflegerin Ehemann: Händler im Großhandel; Schichtarbeiter im produzierenden Gewerbe	Arbeitete im eigenen Großhandelsunternehmen ohne nennenswerte Unterbre-chung (VZ und mehr); nach der Aufgabe des Unternehmens arbeitet sie als Altenpflegerin (zunächst VZ, dann TZ: 30%)
Özlem	36	In Deutsch-land gebo-ren und aufgewach-sen	Trägt Kopftuch seit 20. Lebensjahr Das Kopftuch wird im gesamten Interview nicht thematisiert	2 (Alter: 4 u. 9) Familienpause: 10 Jahre ab 1. Kind	Einzelhandelskauf-frau Ehemann: Bautechniker (in D. nicht anerkannt); Schichtarbeiter im produzierenden Gewerbe	Vor Familienphase: Reinigungskraft und Warenfüllerin (TZ) Nach Familienphase: Reinigungskraft (TZ)

Name	Alter	Migration	Kopftuch	Anzahl Kinder / Dauer Familienphase	Eigene Qualifikation/ Beruf des Ehemanns	Erwerbsverlauf (vor/nach Familienphase)
Aysenur	38	In Türkei geboren und aufgewachsen Lebt seit 12. Lebensjahr in Deutschland	Trägt Kopftuch seit Erdbeben in der Türkei und Geburt des 1. Kindes	2 (Alter: 10, 12) Familienpause: 11 Jahre ab 1. Kind	Reiseverkehrskauffrau Ehemann: Techniker (VZ); Fotodesigner und verschiedene Berufe nebenbei	Vor Familienphase: Leitung des Reisebüros eines Busunternehmens (VZ) Nach Familienphase: zunächst Sekretärin, dann Leiterin eines Nachhilfe- und Integrationszentrums (von TZ auf VZ) Aktuell Wunsch auf TZ zu reduzieren
Ipek	33	In Deutschland geboren und aufgewachsen	Trägt Kopftuch seit 2 Monaten vor Interview, auch während der Arbeit	2 (Alter: ca. 2 u. 5) Familienpause: Jeweils 1 Jahr nach jedem Kind; währenddessen kleinere Projekte	Abgebr. Bauingenieurstudium; Bauzeichnerin; Hochbautechnikerin (WB) Ehemann: Aufgabe des eigenen Unternehmens bei Migration nach Deutschland; erst Leiharbeiter; jetzt Eigener Kurierdienst für Arzneimittel (3 Mitarbeiter)	Vor Familienphase: Bauzeichnerin (VZ) Nach 1. und 2. Familienphase: Berufsrückkehr auf gleiche Stelle (TZ 50 bzw. 75%) Hauptverdienerin der Familie, da Ehemann prekär beschäftigt bzw. arbeitslos war

Name	Alter	Migration	Kopftuch	Anzahl Kinder / Dauer Familienphase	Eigene Qualifikation/ Beruf des Ehemanns	Erwerbsverlauf (vor/nach Familienphase)
Nurcan	39	In Türkei geboren und aufgewachsen Lebt seit 8. Lebensjahr in Deutschland	Trägt Kopftuch seit Schulzeit jedoch nicht während der Arbeitszeit; möchte aber nach Berufsrückkehr	3 (Alter: 5, 9 u. 10) Familienpause seit 10 Jahren, ab 1. Kind Aktuell arbeitslos und arbeitssuchend gemeldet	Apothekenhelferin Ehemann: Schreiner (VZ)	Vor Familienphase: Diverse prekäre Beschäftigungen (Apothekenhelferin, Laborangestellte, Zuschneiderin, Kassiererin im Supermarkt, Reinigungskraft, Fabrikarbeiterin) u. arbeitslos Nach Familienphase: arbeitslos und arbeitssuchend gemeldet
Yüksel	43	In Türkei geboren und aufgewachsen; seit 9. Lebensjahr in Deutschland	Trägt Kopftuch seit 23. Lebensjahr u. nach Geburt des 2. Kindes	4 (Alter: ca. 3, 10, 20 u. 22 Jahre) Familienphase: 6 Monate nach 1. Kind, 1 Jahr nach 2. Kind, ein paar Monate nach 3. und 4. Kind Lebte zwei Jahre von Ehemann getrennt	Keine Berufsausbildung; Zertifizierte Tagesmutter Ehemann: arbeitslos; prekäre Beschäftigung (VZ); keine genauen Angaben	Vor Familienphase: Reinigungskraft u. Briefeverteilerin Nach 1. und 2. Familienphase: Berufsrückkehr in gleiche Stelle (TZ/geringfügig) Nach 3. Familienphase: Tagesmutter (TZ) u. Nachbarschaftshilfe für ältere Menschen

Name	Alter	Migration	Kopftuch	Anzahl Kinder / Dauer Familienphase	Eigene Qualifikation/ Beruf des Ehemanns	Erwerbsverlauf (vor/nach Familienphase)
Meltem Interview ist unvollständig erhalten	32	In Deutschland geboren und aufgewachsen Besuchte 3 Jahre lang muslimisches Internat in Belgien	Trägt Kopftuch seit Aufenthalt im muslim. Internat	1 (Alter: 4) Familienpause: 1,5 Jahre	Kinderpflegerin u. Erzieherin Ehemann: Maschinenbauingenieur (VZ)	Vor und nach der Familienphase: Erzieherin an privaten muslimischen Gymnasium
Seher Interview wurde auf Türkisch gehalten	39	In Türkei geboren und aufgewachsen; seit Heirat in Deutschland	Trägt Kopftuch seit 21. Lebensjahr	4 (Alter: 4, 12, 15 u. 18) Familienpause: 6 Jahre nach ersten beiden Kindern, 9 Monate nach 3. Kind, 2,5 Jahre nach 4. Kind	Keine Ausbildung Ehemann: eigene Reinigungsfirma (VZ)	Arbeitet in der Reinigungsfirma ihres Ehemannes, seitdem dieser selbstständig ist, Wiedereinstieg auch als mitarbeitendes Familienmitglied
Nurgül Interview wurde auf Türkisch gehalten	44	In Türkei geboren und aufgewachsen; kam mit ca. 18 Jahren vor ihrer Heirat nach Deutschland	Nicht Bekannt, seit wann sie das Kopftuch trägt	2 (Alter: 20 u. 24) Familienpausen: 2 Jahre nach erstem Kind; 4 nach zweitem, Lebt seit 8-9 Jahren vom Ehemann getrennt	Ausbildung als Schneiderin in der Türkei, hat aber nicht im Beruf gearbeitet	Prekärer Erwerbsverlauf vor u. nach Familienphase: Aushilfe beim Bäcker; Kassiererin Supermarkt; Derzeit Reinigungskraft in Hochschul-Labor

Name	Alter	Migration	Kopftuch	Anzahl Kinder / Dauer Familienphase	Eigene Qualifikation/ Beruf des Ehemanns	Erwerbsverlauf (vor/nach Familienphase)
Kiymet Interview wurde auf Türkisch gehalten	32	In Türkei geboren und aufgewachsen Lebt seit Heirat in Deutschland	Nicht bekannt, seit wann sie das Kopftuch trägt	1 (Alter: 12) – lebt bei Ehemann Familienpause: 8 Jahre Lebt von Ehemann getrennt	Keine Berufsausbildung (Abitur in der Türkei) Ehemann: selbstständig; keine weiteren Angaben	Vor u. während Familienphase: Ehemann verbot ihr die Aufnahme einer Erwerbsarbeit Nach Familienphase: Arbeitet in geringfügiger Beschäftigung als Reinigungskraft, Kassiererin, in Textilfirma, verteilt Werbung Zum Zeitpunkt des Interviews nicht arbeitsfähig aufgrund OP und psychischer Gründe
Yildiz Interview wurde auf Türkisch gehalten	31	In Türkei geboren und aufgewachsen Lebt seit 25. Lebensjahr und Heirat in Deutschland	Trägt Kopftuch seit 18. Lebensjahr	1 (Alter: 5) Familienpause: 3 Jahre	Studium Kunsthandwerk in Türkei (Abschluss in Deutschland noch nicht anerkannt) Ehemann: berufstätig; keine weiteren Angaben	Vor Familienphase: 2 Jahre als Kunsthandwerkerin in Türkei gearbeitet Nach Familienphase: arbeitssuchend, zieht Rückkehr in die Türkei in Betracht falls sie keine Arbeit in ihrem Beruf in Deutschland findet

VZ = Vollzeit WB = Weiterbildung TZ = Teilzeit

5.2 Literatur

Ahmed, Leila (1992): Women and Gender in Islam. Roots of a modern Debate. New Haven/London: Yale University Press.

Akman, Saro/Gülpinar, Meltem/Huesmann, Monika/Krell, Gertraude (2005): Migrationshintergrund und Geschlecht bei Bewerbungen. Auswahl von Fach- und Führungsnachwuchskräften. In: Personalführung, Nr. 10/2005, S. 72–75. [zuletzt aufgerufen am 12.12.2013].

Amir-Moazami, Schirin (2007): Politisierte Religion: der Kopftuchstreit in Deutschland und Frankreich. Bielefeld: transcript.

Antidiskriminierungsstelle des Bundes (Hg.) (2012): Benachteiligungserfahrungen von Personen mit und ohne Migrationshintergrund im Ost-West-Vergleich. Expertise für die Antidiskriminierungsstelle des Bundes. Berlin. [zuletzt aufgerufen am 12.12.2103].

Arndt, Susan (2014): Rassismus und Wissen. In: Hentges, Gudrun et al. (2014): Sprache Macht Rassismus. Berlin: Metropol Verlag. 17 – 34.

Ateş, Seyran (2006): Große Reise ins Feuer: Die Geschichte einer deutschen Türkin. Reinbek: Rowohlt Taschenbuch Verlag.

Attia, Iman (2009): Die „westliche Kultur“ und ihr Anderes. Zur Dekonstruktion von Orientalismus und antimuslimischem Rassismus. Bielefeld: transcript.

Balibar, Etienne (1992): Gibt es einen „Neo-Rassismus“? In: Balibar, Etienne/Wallerstein, Immanuel (Hg.) (1992): Rasse, Klasse, Nation. Ambivalente Identitäten. [2. Aufl.] Hamburg, Berlin: Argument-Verlag. 23 – 38.

Bauman, Zygmunt (2005): Moderne und Ambivalenz. Das Ende der Eindeutigkeit. [3. Aufl.] Hamburger Edition: Hamburg.

Becker, Inna/El-Menouar, Yasemin (2014): Geschlechterrollen bei Deutschen und Zuwanderern christlicher und muslimischer Religionszugehörigkeit. Bundesamt für Migration und Flüchtlinge: Forschungsbericht 21.

Behloul, Samuel M./Leuenberger, Susanne/Tunger-Zanetti, Andreas (Hg.) (2013): Debating Islam. Negotiating Religion, Europe, and the Self. Bielefeld, transcript.

Berghahn, Sabine/Rostock, Petra (Hg.) (2009): Der Stoff, aus dem Konflikte sind. Debatten um das Kopftuch in Deutschland, Österreich und der Schweiz. Bielefeld, transcript.

Berghahn, Sabine (2009): Deutschlands konfrontativer Umgang mit dem Kopftuch der Lehrerin. In: Sabine Berghahn/Petra Rostock (Hg.) (2009). Der Stoff, aus dem Konflikte sind. Debatten um das Kopftuch in Deutschland, Österreich und der Schweiz. Bielefeld: transcript, 33-72.

Berry, John W. (1997): Immigration, acculturation, and adaptation. Applied Psychology, 46 (1), 5-34.

Bielefeldt, Heiner (1998): Philosophie der Menschenrechte. Grundlagen eines weltweiten Freiheitsethos. Darmstadt: Wissenschaftliche Buchgesellschaft.

Bielefeldt, Heiner (2003): Muslime im säkularen Rechtsstaat. Integrationschancen durch Religionsfreiheit. Bielefeld: transcript.

Bielefeldt, Heiner (2007): Menschenrechte in der Einwanderungsgesellschaft. Plädoyer für einen aufgeklärten Multikulturalismus. Bielefeld: transcript.

Bielefeldt, Heiner (2008): Das Islambild in Deutschland. Zum öffentlichen Umgang mit der Angst vor dem Islam. Deutsches Institut für Menschenrechte. [zuletzt aufgerufen am 12.12.2013].

Böckenförde, Ernst-Wolfgang (2009): Bekenntnisfreiheit in einer pluralen Gesellschaft und die Neutralität des Staates. In: Berghahn, Sabine/Rostock, Petra (Hg.) (2009). Der Stoff, aus dem Konflikte sind. Debatten um das Kopftuch in Deutschland, Österreich und der Schweiz. Bielefeld: transcript, 175-193.

Boos-Nünning, Ursula/Karakaşoğlu, Yasemin (2005): Viele Welten leben. Zur Lebenssituation von Mädchen und jungen Frauen mit Migrationshintergrund. Eine Studie im Auftrag des Bundesministeriums für Familie, Senioren, Frauen, Jugend. Münster: Waxmann.

Braun, Christina von/Mathes, Bettina (2007): Verschleierte Wirklichkeit. Die Frau, der Islam und der Westen. Berlin: Aufbau Verlagsgruppe.

Bunz, Andreas (2006): Die Kinder in Deutschland sagen leise Amen. Die Mehrheit der Deutschen plädiert für eine religiöse Erziehung der Kinder (Pressemitteilung). [zuletzt aufgerufen am 12.12.2013].

Buruma, Ian/Margalit, Avishai (2002): Occidentalism. In: The New York Review of Books, 17.01.2002.

Buruma, Ian/Margalit, Avishai (2004): Occidentalism: A Short History of Anti-Westernism. London: Atlantic Books.

Butterwegge, Christoph (2014): Salonrassismus – eine ideologische Reaktion auf die Angst vor dem sozialen Abstieg. Betrachtungen zum Sarrazin-Syndrom als Krisensymptom des Finanzmarktkapitalismus. In: Hentges, Gudrun/Nottbohm, Kristina/Jansen, Mechtild M./Adamou, Jamila (Hg.) (2014): Sprache – Macht – Rassismus. Berlin: Metropol-Verlag. 227 – 242.

Çakir, Naime (2014): Islamfeindlichkeit. Anatomie eines Feindbildes in Deutschland. Bielefeld: transcript Verlag.

Carrier, James G. (1995): Occidentalism: Images of the West. Oxford: Clarendon Press.

DER SPIEGEL (2014): Neue deutsche Welle: Wutbürger und Rechtsextreme formieren sich zu einer Protestbewegung und kämpfen gegen eine vermeintliche Islamisierung des Abendlandes. Ist die seit einiger Zeit gefeierte Weltoffenheit der Deutschen schon wieder Geschichte? Ausgabe 51/2014. 23 – 26.

DIE ZEIT (2014): Schwerpunkt Pegida – vereint in Wut und Angst. Ausgabe 52/2014, 17.12.2014. 2 – 4.

DIE ZEIT (2014): Neues aus der Tabuzone. Ausgabe 52/2014, 17.12.2014.

Du Bois, W.E. Burghardt (1903): The Souls of Black Folk. Essays and Sketches. Chicago: McClurg & Co.

Edthofer, Julia/Obermann, Judith (2007): Familienstrukturen und Geschlechterrollen in der Migration: eine qualitative Analyse von Müttern und Töchtern türkischer Herkunft. SWS-Rundschau, 47 (4), 453-476.

Elias, Norbert (1964): Gruppencharisma und Gruppenschande. In: Jentges, Erik (Hg.) (2014). Norbert Elias: Gruppencharisma und Gruppenschande. Mit einer biografischen Skizze von Hermann Korte. Marbach am Neckar: Deutsche Schillergesellschaft.

Elias, Norbert/John L. Scotson (1965): The Established and the Outsiders. A Sociological Enquiry into Community Problems. London. Ebenso Elias 2014, 1998.

Elias, Norbert (1998): Group Charisma and Group Disgrace. In: Goudsblom, Johan/Mennell, Stephen (Hg.) (1998): The Norbert Elias Reader. Oxford: Blackwell Publishers. 104 – 112.

Esser, Hartmut (2006): Sprache und Integration: Die sozialen Bedingungen und Folgen des Spracherwerbs von Migranten. Frankfurt am Main: Campus Verlag.

Fanon, Franz (1965): A Dying Colonialism. (Original in Französisch 1959, Übersetzung von Haakon Chavalier) New York: Grove Press.

Fanon, Franz (1967): Black Skin, White Masks. (Original in Französisch 1952, Übersetzung von Charles Lam Markmann) New York: Grove Press.

Fanon, Franz (2003): Algeria Unveiled. S. 72-87 in: Bailey, David A. (Hg.): Veil: Veiling, Representation and Contemporary Art. Boston: MIT-Press.

Färber, Ch./Arslan, N./Köhnen, M. & Parlar, R. (2008): Migration, Geschlecht und Arbeit: Probleme und Potenziale von Migrantinnen auf dem Arbeitsmarkt. Opladen/Farmington Hills: Budrich UniPress.

Farrokhzad, Schahrzad (2002): Medien im Einwanderungsdiskurs. Überlegungen zur Konstruktion der „fremden Frau". In: Beiträge zur feministischen Theorie und Praxis, Heft 61, 75-93.

Farrokhzad, Schahrzad (2006): Exotin, Unterdrückte und Fundamentalistin – Konstruktionen der „fremden Frau“ in deutschen Medien. In: Butterwegge, Christoph/Hentges, Gudrun (Hg.): Massenmedien, Migration und Integration. [2. Aufl.] Wiesbaden: VS Verlag.

FAZ (2014): Die Sorgen der 99,9 Prozent. Ausgabe vom 16.12.2014, S. 2.

Fuchs-Heinritz, Werner (2000): Biographische Forschung. Eine Einführung in Praxis und Methoden. [2. Aufl.] Hagener Studientexte zur Soziologie, Band 5. Opladen: Westdeutscher Verlag.

Fundamental Rights Agency (FRA) (2009): „Daten kurz gefasst“. Muslime (EU-MIDIS). Wien: FRA

Gamper, Markus (2011): Islamischer Feminismus in Deutschland? Religiosität, Identität und Gender in muslimischen Frauenvereinen. Bielefeld: transcript.

Geißler, Rainer (2002): Die Sozialstruktur Deutschlands. Die gesellschaftliche Entwicklung vor und nach der Vereinigung. [3., grundlegend überarbeitete Auflage.] Wiesbaden: Westdeutscher Verlag.

Gestring, Norbert/Janßen, Andrea/Polat, Ayça (2006): Prozesse der Integration und Ausgrenzung. Türkische Migranten der zweiten Generation. Wiesbaden: VS Verlag.

Gilman, Sander. (1992): The Jew's Body. New York: Routledge.

Glaser, Barney G./Strauss, Anselm L. (1967/1998): Grounded Theory. Strategien qualitativer Forschung. Bern: Huber.

Goffman, Erving (1963): Stigma: Note on the Management of Spoiled Identity. New York: TOUCHSTONE BOOK.

Göle, Nilüfer (2004): Die sichtbare Präsenz des Islam und die Grenzen der Öffentlichkeit. In: Göle, Nilüfer/Ammann, Ludwig (Hg.): Islam in Sicht. Der Auftritt von Muslimen im öffentlichen Raum. Bielefeld: transcript Verlag.

Gümen, Sedef/Herwartz-Emden, Leonie/Westphal, Manuela (1994): Die Vereinbarkeit von Beruf und Familie als weibliches Lebenskonzept: Eingewanderte und deutsche Frauen im Vergleich. Zeitschrift für Pädagogik, 40. Jahrgang 1994, Heft 1, 63-80.

Hafez, Kai/Richter, Carola (2007): Das Islambild von ARD und ZDF. In: Aus Politik und Zeitgeschichte 26-27, 40-46.

Hafez, Kai (2013): Freiheit, Gleichheit und Intoleranz. Der Islam in der liberalen Gesellschaft Deutschlands und Europas. Bielefeld: transcript.

Hafez, Kai/Schmidt, Sabrina (2015): Die Wahrnehmung des Islams in Deutschland. In: Religionsmotor. Verstehen was verbindet. Gütersloh: Verlag Bertelsmann Stiftung.

Hahn, Hans Peter (2013): Ethnologie. Eine Einführung. Frankfurt am Main: Suhrkamp.

Hall, Stuart (1994a): „Rasse“, Artikulation und Gesellschaften mit struktureller Dominante. In: Hall, Stuart (1994): Rassismus und kulturelle Identität. Ausgewählte Schriften 2. Hamburg: Argument Verlag. 89 – 136.

Hall, Stuart (1994b): Der Westen und der Rest: Diskurs und Macht. In: Hall, Stuart (1994): Rassismus und kulturelle Identität. Ausgewählte Schriften 2. Hamburg: Argument Verlag. 137 – 179.

Hall, Stuart (2000): Rassismus als ideologischer Diskurs. In: Nora Räthzel (Hg). (2000): Theorien über Rassismus. Hamburg: Argument Verlag. 7 – 16.

Halm, Dirk/Liakova, Marina/Yetik, Zeliha (2006): Die öffentlichen Diskurse um den Islam in den Jahren 2000 und 2004 und ihre Auswirkungen auf das Zusammenleben von Muslimen und Mehrheitsgesellschaft in Deutschland. In: Zeitschrift für Ausländerrecht und Ausländerpolitik (ZAR), 26 (5–6), 199–206.

Halm, Dirk/Sauer, Martina (2015): Lebenswelten deutscher Muslime. In: Religionsmotor. Verstehen was verbindet. Gütersloh: Verlag Bertelsmann Stiftung.

Haug, Sonja/Müssig, Stephanie/Stichs, Anja (2009): Muslimisches Leben in Deutschland. Forschungsbericht im Auftrag der Deutschen Islamkonferenz. Nürnberg: Bundesamt für Migration und Flüchtlinge.

Henkes, Christian/Kneip, Sascha (2009): Die Plenardebatten um das Kopftuch in den deutschen Landesparlamenten. In: Berghahn, Sabine/Rostock, Petra (Hg.) (2009): Der Stoff, aus dem Konflikte sind. Debatten um das Kopftuch in Deutschland, Österreich und der Schweiz. Bielefeld: transcript, 33-72.

Helfferich, Cornelia/Klindworth, Heike/Kruse, Jan/Wunderlich, Holger (2008): Migrantinnen in Oberhausen: Familie, berufliche Integration und soziale Lage. 20- bis 44-jährige Frauen mit türkischem und ost- bzw. südosteuropäischem Migrationshintergrund in Oberhausen. Auswertungsbericht der BZgA–Oberhausen–Kooperationsstudie „Frauen leben – Familienplanung und Migration im Lebenslauf“, Freiburg: Bundeszentrale für gesundheitliche Aufklärung.

Hentges, Gudrun (2014): Zwischen „Rasse“ und Klasse. Rassismus der Eliten im heutigen Deutschland. In: Hentges, Gudrun/Nottbohm, Kristina/Jansen, Mechtild M./Adamou, Jamila (Hg.) (2014): Sprache – Macht – Rassismus. Berlin: Metropol-Verlag. 193 – 226.

Hentges, Gudrun/Nottbohm, Kristina/Jansen, Mechtild M./Adamou, Jamila (Hg.) (2014): Sprache – Macht – Rassismus. Berlin: Metropol-Verlag.

Hillmert, Steffen (2011): Bildung und Lebensverlauf – Bildung im Lebensverlauf. In: Rolf Becker (Hg.): Lehrbuch der Bildungssoziologie. [2., überarbeitete und erweiterte Auflage.] Wiesbaden: VS Verlag, 223-244.

Hirschauer, Stefan (2014): Un/doing Differences. Die Kontingenz sozialer Zugehörigkeiten. In: Zeitschrift für Soziologie, Jg. 43, Heft 3. 170 – 191.

Human Rights Watch (Hg.) (2009): Diskriminierung im Namen der Neutralität. Kopftuchverbote für Lehrkräfte und Beamtinnen in Deutschland. [zuletzt aufgerufen am 12.12.2013]

Hund, Wulf D. (1999): Rassismus. Die soziale Konstruktion natürlicher Ungleichheit. Münster: Westfälisches Dampfboot.

Hund, Wulf D. (2006): Negative Vergesellschaftung. Dimensionen der Rassismusanalyse. Münster: Westfälisches Dampfboot.

Hund, Wulf D. (2007): Rassismus. Bielefeld: transcript.

Huntington, Samuel P. (1996): The Clash of Civilizations and the Remaking of World Order. New York: Touchstone.

Informationsdienst Wissenschaft (idw) (2003): Kinder, Küche, Koran oder Karriere: Narrative Interviews mit Töchtern aus zugewanderten Familien. (Pressemitteilung). [zuletzt aufgerufen am 12.12.2013 unter https://idw-online.de/en/news73652]

Innerarity, Daniel (2013): Demokratie des Wissens. Plädoyer für eine lernfähige Gesellschaft. Bielefeld: transcript.

Jäger, Siegfried/Zimmermann, Jens (Hg.) (2010): Lexikon Kritische Diskursanalyse. Eine Werkzeugkiste. [1. Auflage.] Münster: Unrast Verlag.

Jäger, Siegfried (2012): Kritische Diskursanalyse. Eine Einführung. [6., vollständige überarbeitete Auflage.] Münster: Unrast Verlag.

Jessen, Frank/von Wilamowitz-Moellendorff, Ulrich von (2006): Das Kopftuch –Entschleierung eines Symbols? Zukunftsforum Politik. Sankt Augustin/Berlin: Konrad-Adenauer-Stiftung e.V.

Joppke, Christian (2009): Veil: Mirror of Identity. Cambridge: Polity Press.

Jouili, Jeanette S./Amir-Moazami, Schirin (2006): Knowledge, Empowerment and Religious Authority Among Pious Muslim Women in France and Germany. The Muslim World: 96, 617 – 642.

Jouili, Jeanette S. (2009): Negotiating secular boundaries: Pious micro-practices of Muslim women in French and German public spheres. Social Anthropology/Anthropologie Sociale: 17, 455- 470.

Kaas, Leo/Manger, Christian (2010): Ethnic Discrimination in Germany's Labour Market: A Field Experiment. IZA Discussion Paper No. 4741. Bonn: IZA

Kalter, Frank (2005): Ethnische Ungleichheit auf dem Arbeitsmarkt, in Martin Abraham/Thomas Hinz (Hg.): Arbeitsmarktsoziologie. Probleme, Theorien, empirische Befunde. Wiesbaden: VS Verlag, 303 -332.

Kalter, Frank/Granato, Nadia/Kristen, Cornelia (2011): Die strukturelle Assimilation der zweiten Migrantengeneration in Deutschland - eine Zerlegung gegenwärtiger Trends. In: Rolf Becker (Hg.): Integration durch Bildung. Wiesbaden: VS Verlag.

Kalpaka, Ankita/Räthzel, Nora (2000): Die Schwierigkeit, nicht rassistisch zu sein. In: Nora Räthzel (Hg). (2000): Theorien über Rassismus. Hamburg: Argument Verlag. 177 – 190.

Karakaşoğlu-Aydin, Yasemin (1999): Muslimische Religiosität und Erziehungsvorstellungen. Eine empirische Untersuchung zu Orientierungen bei türkischen Lehramts- und Pädagogik- Studentinnen in Deutschland. Diss. Frankfurt am Main: IKO-Verlag.

Kaufmann, Jean-Claude (1999): Das verstehende Interview. Konstanz: UVK.

Kelek, Necla (2005): Die fremde Braut: Ein Bericht aus dem Inneren des türkischen Lebens in Deutschland. Köln: Kiepenheuer & Witsch-Verlag.

Klinkhammer, Gritt (2000): Moderne Formen islamischer Lebensführung. Eine qualitativ-empirische Untersuchung zur Religiosität sunnitisch geprägter Türkinnen in Deutschland. Marburg: Diagonal-Verlag.

Kreutzer, Florian (2013): Ausgänge aus der „Frauen-Falle"? Die Un-Vereinbarkeit von Familie und Beruf im Bild-Text-Diskurs. Bielefeld: transcript.

Kreutzer, Florian (2014a): Das Möbiusband als Leitbild einer dialektischen Phänomenologie der Beratung. In: Guggemos, Peter et al. (Hg) (2014): Herausforderungen und Erfolgsfaktoren beschäftigungsorientierter Beratung – Beiträge aus der Beratungsforschung. 22 – 40.

Kreutzer, Florian (2014b): Die Berufsrückkehr: Eine liminale Statuspassage zwischen Familie und Beruf. Manuskript, Publikation in Vorbereitung.

Link, Jürgen (2006): Versuch über den Normalismus. Wie Normalität produziert wird. Göttingen: Vandenhoeck & Ruprecht.

Lünenborg, Margreth/Fritsche, Katharina/Bach, Annika (2011). Migrantinnen in den Medien. Darstellungen in der Presse und ihre Rezeption. Bielefeld: transcript.

Madubuko, Nkechi (2011): Akkulturationsstress von Migranten. Berufsbiographische Akzeptanzerfahrungen und angewandte Bewältigungsstrategien. Wiesbaden: VS Verlag.

Mahrenholz, Ernst Gottfried (2009): Das Kopftuch und seine Verwicklungen. Anmerkungen zum Urteil des Bundesverfassungsgerichts vom 24.09.2003. In: Berghahn, Sabine/Rostock, Petra (Hg.) (2009): Der Stoff, aus dem Konflikte sind. Debatten um das Kopftuch in Deutschland, Österreich und der Schweiz. Bielefeld: transcript, 193-224.

Markom, Christa (2014): Rassismus aus der Mitte. Die soziale Konstruktion der „Anderen" in Österreich. Bielefeld: transcript.

Mecheril, Paul/Scherschel Karin (2011): Rassismus und „Rasse". In: Melter, Claus/Mecheril, Paul (Hg.) (2011): Rassismuskritik. Band 1: Rassismustheorie und –forschung. Schwalbach: Wochenschau Verlag, 39 – 58.

Meer, Nasar (2008): The politics of voluntary and involuntary identities: are Muslims in Britain an ethnic, racial or religious minority? In: Patterns of Prejudice, Vol 42, No. 1. 2008.

Meuser, Michael (2010): Geschlecht und Männlichkeit. Soziologische Theorie und kulturelle Deutungsmuster. [3. Aufl.] Wiesbaden: VS Verlag.

Nökel, Sigrid (2002): Die Töchter der Gastarbeiter und der Islam: zur Soziologie alltagsweltlicher Anerkennungspolitiken, eine Fallstudie. Bielefeld: transcript.

OECD-Pressemitteilung vom 15.10.2009. Nachkommen von Migranten: schlechtere Perspektiven auf dem Arbeitsmarkt auch bei gleichem Bildungsniveau. [zuletzt aufgerufen am 12.12.2013].

Oestreich, Heide (2004). Der Kopftuchstreit. Das Abendland und ein Quadratmeter Islam. Frankfurt am Main: Brandes & Apfel.

Ofner, Ulrike Selma (2003): Akademikerinnen türkischer Herkunft. Narrative Interviews mit Töchtern aus zugewanderten Familien. Berlin: Weißensee Verlag.

Open Society Institute [OSI] (Hg.) (2010a): Muslime in Berlin. New York, London/Budapest: OSI

Open Society Institute [OSI] (Hg.) (2010b): Muslime in Hamburg. New York, London/Budapest: OSI.

Open Society Institute [OSI] (Hg.) (2011): Muslims in Europe. A Report on 11 EU Cities. New York/London/Budapest: OSI.

Palm, Dorothee (Hg.) (2000): Frauengeschichten. Musliminnen in Deutschland erzählen aus ihrem Leben. Köln: Teiresias Verlag.

Pantel, Nadia (2013): Muslimas empört über Femen-Aktion: Nacktes Missverständnis, sueddeutsche.de. [zuletzt aufgerufen am 08.04.2013].

Peucker, Mario (2010): Diskriminierung aufgrund der islamischen Religionszugehörigkeit im Kontext Arbeitsleben – Erkenntnisse, Fragen und Handlungsempfehlungen. Erkenntnisse der sozialwissenschaftlichen Forschung und Handlungsempfehlungen, europäisches Forum für Migrationsstudien. Bamberg: Europäisches Forum für Migrationsstudien.

Plümecke, Tino (2013): Rasse in der Ära der Genetik. Die Ordnung des Menschen in den Lebenswissenschaften. Bielefeld: transcript.

Prevenzanos, Klaudia (2013): Klischeebilder: Muslime in deutschen Medien, dw.de. [zuletzt aufgerufen am 29.04.2013].

Religionsmonitor (2015): Sonderauswertung Islam 2015. Die wichtigsten Ergebnisse im Überblick. Gütersloh: Bertelsmann Stiftung.Röhr-Sendlmeier, Una M./Yun, Jenny (2006): Familienvorstellungen im Kulturkontakt: ein Vergleich italienischer, türkischer, koreanischer und deutscher junger Erwachsener in Deutschland. Zeitschrift für Familienforschung, 18 (1), 89-110.

Rommelspacher, Birgit (1998): Dominanzkultur. Texte zu Fremdheit und Macht. Berlin: Orlanda Frauenverlag.

Rommelspacher, Birgit (2002): Anerkennung und Ausgrenzung. Deutschland als multikulturelle Gesellschaft. Frankfurt: Campus Verlag.

Rommelspacher, Birgit (2009): Zur Emanzipation „der“ muslimischen Frau. Aus Politik und Zeitgeschichte. H. 5, 34-38.

Rosenberger, Sieglinde/Sauer, Birgit (2012): Politics, Religion and Gender Framing and Regulating the Veil. London: Routledge.

Sacksofsky, Ute (2009): Kopftuchverbote in den Ländern – am Beispiel des Landes Hessen. In: Berghahn, Sabine/Rostock, Petra (Hg.) Der Stoff, aus dem Konflikte sind. Debatten um das Kopftuch in Deutschland, Österreich und der Schweiz. Bielefeld: transcript, 33-72.

Said, Edward (1979): Orientalism. New York: Vintage.

Salentin, K. (2007): Diskriminierungserfahrungen ethnischer Minderheiten in der Bundesrepublik. Bielefeld: Institut für interdisziplinäre Konflikt- und Gewaltforschung, [zuletzt aufgerufen am 12.12.2013]

Salzbrunn, Monika (2014): Vielfalt / Diversität. Bielefeld: transcript.

Sauer, Martina/Halm, Dirk (2009): Erfolge und Defizite der Integration türkeistämmiger Einwanderer. Entwicklung der Lebenssituation 1999 bis 2008. Stiftung Zentrum für Türkeistudien. Wiesbaden: VS Verlag.

Sächsische Zeitung (2014). Das krumme Leben des Pegida-Chefs. Ausgabe 02.12.2014.

Scherschel, Karin (2011): Rassismus als flexible symbolische Ressource – Zur Theorie und Empirie rassistischer Argumentationsfiguren. In: Melter, Claus/ Mecheril, Paul (Hg.) (2011): Rassismuskritik. Band 1: Rassismustheorie und –forschung. Schwalbach: Wochenschau Verlag,123-139.

Schiffer, Sabine (2005a): Die Darstellung des Islams in der Presse. Sprache, Bilder, Suggestion: eine Auswahl von Techniken und Beispielen. Würzburg: Ergon.

Schiffer, Sabine (2005b): Islam in den deutschen Medien. In: Aus Politik und Zeitgeschichte 20, 23-30.

Schiffer, Sabine (2010): Grenzenloser Hass im Internet. Wie „islamkritische" Aktivisten in Weblogs argumentieren. In: Th. G. Schneiders (Hg.): Islamfeindlichkeit. Wenn die Grenzen der Kritik verschwimmen. [2. aktualisierte und erweiterte Auflage.] Wiesbaden: VS Verlag, 355–376.

Schimank, Uwe (2005): Die Entscheidungsgesellschaft. Komplexität und Rationalität der Moderne. Wiesbaden: VS Verlag.

Scott, Joan Wallach (2007): The politics of the Veil. Princeton and Oxford: Princeton University Press.

Shooman, Yasemin (2008): Islamfeindschaft im World Wide Web. In: W. Benz (Hg.): Jahrbuch für Antisemitismusforschung (Nr. 17). Berlin: Metropol-Verlag, 69–96.

Shooman, Yasemin (2014): „…weil ihre Kultur so ist". Narrative des antiislamischen Rassismus. Bielefeld: transcript.

Simmel, Georg (1908/1992): Soziologie. Frankfurt am Main: Suhrkamp.

Spiegel online (2014): „Pegida Märsche gegen Ausländer: Demonstrativer Irrsinn.", 16.12.2014.

Stichs, Anja/ Müssig, Stephanie (2013): Muslime in Deutschland und die Rolleder Religion für die Arbeitsmigration. In: Halm, Dirk/Meyer, Hendrik (2013): Islam und die deutsche Gesellschaft. Wiesbaden: Springer VS. 49 - 88.

Stutzer, Erich/Dr. Saleth, Stephanie et al. (2010): Im Auftrag des Ministeriums für Arbeit und Sozialordnung, Familien, Frauen und Senioren. Report: Familien in Baden-Württemberg: Migration, Familie und Beruf 04/2010.

Struck, Olaf (2001): Gatekeeping zwischen Individuum, Organisation und Institution. Zur Bedeutung und Analyse von Gatekeeping am Beispiel von Übergängen im Lebenslauf. In: Lutz Leisering, Rainer Müller, Karl F. Schumann (Hg.): Institutionen und Lebensläufe im Wandel. Institutionelle Regulierungen von Lebensläufen. Weinheim: Juventa, 29 -54.

Süddeutsche.de (2014): Pegida ist eine Schande für Deutschland. 14.12.2014.

Tarvenkorn, Alexander (2011): Migranten in Deutschland. Ihre Rolle in der Gesellschaft und im deutschen Schul- und Ausbildungssystem. In: Rolf Becker (Hg.): Integration durch Bildung. Bildungserwerb von jungen Migranten in Deutschland. Wiesbaden: VS Verlag, 39 – 56.

Terkessidis, Mark (2004). Die Banalität des Rassismus. Migranten zweiter Generation entwickeln eine neue Perspektive. Bielefeld: transcript.

Wagner, Michael/Weiß, Bernd (2010): Erwerbssituation und Partnerschaft: Deutsche und türkische Paare im Vergleich. In: Tilo Beckers, Klaus Birkelbach, Jörg Hagenah, Ulrich Rosar (Hg.): Komparative empirische Sozialforschung. Wiesbaden: VS Verlag.

Waldenfels, Bernhard (1992): Einführung in die Phänomenologie. München: W. Fink.

Waldenfels, Bernhard (2006): Grundmotive einer Phänomenologie des Fremden. Frankfurt am Main: Suhrkamp Verlag.

West, Condace/Zimmermann, Don H. (1987): Doing Gender. Gender & Society 1, S. 125-151. Verwendet nach Kimmel, Michael S. (Hg.) (2004): The Gendered Society Reader. Oxford: University Press, S. 150 – 168.

West, Condace/Fenstermaker, S. (1995): Doing difference. Gender & Society 9, 8-37.

Wetterer, Angelika (2003): Rhetorische Modernisierung: Das Verschwinden der Ungleichheit aus dem zeitgenössischen Differenzwissen. In: Knapp, Gudrun-Axeli/Wetterer, Angelika (2003): Achsen der Differenz. Gesellschaftstheorie und feministische Kritik 2. Münster: Westfälisches Dampfboot, 286-319.

Woellert, Franziska/Kröhnert, Steffen/Sippel, Lilli & Klingholz, Reiner (2009): Ungenutzte Potenziale. Zur Lage der Integration in Deutschland. Berlin: Berlin-Institut für Bevölkerung und Entwicklung.

Zick, Andreas/Küpper, Beate/Hövermann, Andreas (2011): Die Abwertung des Anderen. Eine Europäische Zustandsbeschreibung zu Intoleranz, Vorurteilen und Diskriminierung. Berlin: Friedrich-Ebert-Stiftung.

5.3 Abbildungsverzeichnis

Globaler lokaler Islam

Schirin Amir-Moazami
Politisierte Religion
Der Kopftuchstreit in Deutschland
und Frankreich

2007, 294 Seiten, kart., 28,80 €,
ISBN 978-3-89942-410-2

Markus Gamper
Islamischer Feminismus in Deutschland?
Religiosität, Identität und Gender
in muslimischen Frauenvereinen

2011, 354 Seiten, kart., zahlr. Abb., 29,80 €,
ISBN 978-3-8376-1677-4

Nilüfer Göle, Ludwig Ammann (Hg.)
Islam in Sicht
Der Auftritt von Muslimen
im öffentlichen Raum

2004, 384 Seiten, kart., 26,80 €,
ISBN 978-3-89942-237-5

Leseproben, weitere Informationen und Bestellmöglichkeiten finden Sie unter www.transcript-verlag.de